信息社会与区域经济发展研究

蒋秀莲 著

中国矿业大学出版社
·徐州·

图书在版编目(CIP)数据

信息社会与区域经济发展研究 / 蒋秀莲著. —徐州：中国矿业大学出版社，2020.11

ISBN 978-7-5646-4194-8

Ⅰ. ①信… Ⅱ. ①蒋… Ⅲ. ①信息化社会—研究—中国②区域经济发展—研究—中国 Ⅳ. ①G201②F127

中国版本图书馆 CIP 数据核字(2020)第 204067 号

书　　名　信息社会与区域经济发展研究
著　　者　蒋秀莲
责任编辑　徐　玮
出版发行　中国矿业大学出版社有限责任公司
（江苏省徐州市解放南路　邮编 221008）
营销热线　(0516)83884103　83885105
出版服务　(0516)83995789　83884920
网　　址　http://www.cumtp.com　**E-mail**:cumtpvip@cumtp.com
印　　刷　苏州市古得堡数码印刷有限公司
开　　本　787 mm×1092 mm　1/16　**印张** 10.75　**字数** 211 千字
版次印次　2020 年 11 月第 1 版　2020 年 11 月第 1 次印刷
定　　价　52.00 元

前　言

“信息社会”现已成为当代学者研究的重点课题，有关信息社会的思想和理念影响着人们的思维模式和行为方式，并逐渐引起各国政府、联合国及各国际组织的高度关注。自“一带一路”倡议提出以来，建设成果丰硕。“一带一路”的内容被联合国大会、联合国安理会等国际组织纳入决议，“一带一路”已成为当今世界规模最大、最有前景的国际合作平台。

本书主要研究了：国内外信息化测度方法，信息化与经济发展的相关理论、模型，信息社会的内涵、基本特征、发展阶段、测评指标体系，“一带一路”沿线国家信息社会发展水平时空分异，中国信息社会发展水平时空分异，中国信息社会发展水平与区域经济发展关系等内容。

研究结果表明，“一带一路”沿线国家间信息社会发展水平差异较明显，大部分国家仍处于信息社会的准备阶段；信息技术的应用普及和深入，为信息社会水平落后地区的快速发展提供了机遇。“一带一路”沿线国家及中国信息社会发展均存在 σ 收敛、绝对 β 收敛和俱乐部收敛。中国信息社会发展水平与经济发展正相关（极个别地区例外），促进区域经济的发展，信息社会指数越高的地区，其促进作用越显著。

感谢有关专家、学者等为本书成稿提供的支持和帮助！

本著作由徐州工程学院学术著作出版基金资助出版。

作　者

2020 年 5 月

目　录

第一章 绪 论

第一节 研究背景与意义

信息技术迅速崛起，引起了社会经济发展的重大变革。信息社会的发展水平已成为决定国家经济发展水平、衡量国家综合国力和国际竞争力的重要标志。习近平在党的十九大报告中指出，加速先进制造业的发展，促进实体经济和互联网、人工智能、大数据深度融合，在中高端消费、创新引领、共享经济、绿色低碳、现代供应链等领域培育新的增长点、创造新的动能。在未来发展方向上，互联网相关技术将渗透到各个行业，促进实体经济完成转型升级，为新的经济持续增长打下良好的基础。

2013 年 9 月和 10 月，习近平在访问中亚和东南亚时，提出了共建“丝绸之路经济带”和“21 世纪海上丝绸之路”的重大倡议，该倡议受到国际社会的广泛关注。“一带一路”倡议自提出以来，建设成果丰硕，不断取得新进展。“一带一路”的内容被联合国大会、联合国安理会等纳入决议，“一带一路”已成为当今世界规模最大、最有前景的国际合作平台。

从地理学角度，信息社会的发展会降低时空对信息传播的阻碍，获得的信息将会呈现相同的趋势，空间距离的摩擦会减少，与此同时，信息社会发展对传统行业创新重组及信息社会发展所衍生出来的新型服务行业和新产品等也将会促进经济增长、减少地区差异。在实际社会生活中，国家、地区在发展、普及和应用信息技术等方面存在差距的主要原因是经济主体间的不平衡，而这种差距表现为数字鸿沟；同时，这种差距又进一步地促进了地区间差异和社会不平等，并且已经成为阻碍信息社会发展的瓶颈。

中国正经历着从工业社会向信息社会的全面转型。信息社会的发展带动电子商务的全面发展。2019 年，中国电子商务市场规模持续引领全球，服务能力和应用水平继续提高。2019 年中国网民超过 9 亿人，互联网普及率为 64.5%；

全国电子商务交易额达34.81万亿元，其中网上零售额达10.63万亿元，同比增长16.5%，实物商品网上零售额8.52万亿元，占社会消费品零售总额的比重上升到20.7%；电子商务从业人员达5 125.65万人。

信息产品与服务的日益普及，很大程度上改变了全球经济社会发展和人民生活，信息社会理念正变得越来越深入人心，信息社会的建设成为世界各国的共同愿景。2017年，全球126个样本国家中，有57个国家进入信息社会，发达国家全部进入信息社会，绝大多数发展中国家正在加速向信息社会转型，仍有12个低收入发展中国家处于信息社会起步期。

在互联网及信息技术广泛应用的今天，利用信息手段推动传统产业尤其是制造业的发展，有利于提高生产效率。区域经济发展与区域信息社会发展水平间的关系越来越显著，信息社会水平的提高不仅能够带动区域经济社会的全方位进步，而且能加速区域产业结构的优化升级与重组。随着信息技术的迅速发展，我国传统的经济增长模式已经发生重大改变。因而研究信息社会水平与区域经济发展的关系，定量分析信息社会水平对区域经济发展的贡献率，并根据实证研究结果提出相关的政策建议，对促进区域经济高质量发展具有现实意义。

第二节 研究综述

一、国内研究综述

人类社会形态到目前大致分为四个阶段：渔猎社会、农业社会、工业社会和信息社会。随着信息技术的迅速发展及广泛应用，新的技术革命对人类社会尤其是经济发展产生深远影响，不同领域的学者从各自的角度对信息社会与经济发展进行了深入的研究与探讨。

20世纪80年代，我国开始探讨信息相关理论。随着信息化建设不断深入，信息技术的广泛应用，我国学者对信息化与区域经济发展的关系也有了一定的研究。1997年，国家信息化工作领导小组首次定义了中国化的信息化概念。我国学者在借鉴国外先进经验和方法的基础上，结合中国国情，提出符合中国特色的信息化评价体系，并进一步研究信息化对经济发展的影响。国内学者的相关研究见表1-1。

关于信息化水平测度，国内比较著名的信息化测评体系主要有国家统计局的信息化发展指数、国家信息中心的信息社会指数（Information Society Index，简称ISI）等。2006年，中国发布《2006—2020年国家信息化发展战略》，在国民经济信息化、社会信息化、信息基础设施、信息资源的开发利用、信息产业等层面制定了战略目标，明确提出了“为迈向信息社会奠定坚实基础”的目标。立足于信息社会发展趋势，国家信息中心信息化研究部决定，对信息社会发展理论及其实践活动进行持续研究，进而提出了用于测算信息社会发展水平的评价指标体系。2010 年国家信息中心完成了首份中国信息社会测评报告——《走进信息社会：中国信息社会发展报告 2010》，对全国 31 个省(自治区、直辖市)的信息社会发展现状进行了测评。2013 年，研究测评范围扩大到地级以上城市。2015 年，国家信息中心发布《全球信息社会发展报告》，这是中国首次定量测度和研究全球及 126 个国家的信息社会发展水平。

表 1-1 国内学者的相关研究

年份	国内学者	主要工作	研究结论
1999	乌家培	提出一个概念	信息化是由工业经济转变为信息经济、工业社会过渡到信息社会的过程
2003	朱佩娟、彭鹏、邓华云	研讨信息化对湖南农业产业化的作用机理	信息化对湖南农业产业化有积极影响
2006	赵广凤、刘秋生	研究信息化对工业的影响	信息化推动工业发展
2008	吴静、王铮、熊文	借鉴国内外相关信息化水平测算方法，构建信息化水平评价指标体系，测度信息化基础设施，进行实证分析	信息化水平拉动第一、第三产业经济增长，对第二产业来说，信息化基础设施建设较好与较差的地区有差异：较好的地区信息化水平对经济增长有积极影响，较差的地区信息化水平对经济增长有消极影响
2010	卢丽娜、于风程、范华	构建农业信息化水平评价指标体系，测度我国农业信息化水平	5 年内，我国农业信息化发展水平增长了 2.3 倍，对我国农业现代化的发展有极大的促进作用
2010	范昕昕、高乐华	探讨农业信息化与产业化之间的作用机制	农业信息化推动农业产业化持续发展，农业产业化推动农业信息化不断演化
2011	李建忠、俞立平	应用联立方程测度信息化对经济发展规模的影响	信息化对扩大经济发展规模有积极影响
2012	孙琳琳、郑海涛、任若恩	采用增长核算账户框架，利用 C-D生产函数和行业面板数据，与德国、美国、英国、法国等发达国家作对比，进行实证分析	在中国未来的经济发展中，信息化发挥着愈加重要的作用

在信息化与信息社会水平测度的研究方面，1999 年，梁海丽等改进了日本信息化指数模型，并在此基础上建立了新的模型。该模型是由 5 个类别和 13 个项目组成的模型系统。改进的模型指标体系较为合理，但仍存在信息技术和网络因素考虑不足等问题。2005 年，郑京平等人构建了一种信息能力评价指标体系，其综合了波拉特法、信息化指数法等测算方法的优势。该测算体系包含了多个指标并分为四大类：囊括信息技术与装备操纵能力、信息资源建设使用水平、信息人才及其素质、信息产业支撑情况。2007 年，钟义信等人借鉴马克卢普、波拉特关于信息化指数的相关理论，建立了信息化综合指数法来衡量信息社会水平。信息化综合指数法比信息化指数法更能全面地反映一个国家或地区的信息化程度或水平。2013 年，高锡荣测算国内 31 个省域信息化水平发展效率，提出国内各地区信息化发展存在差异。2013 年，张劼圻和郑建明在分析比较马克卢普和波拉特两种方法对信息化测度的基础上，结合实际情况，研究了信息化与工业化的融合进程。2014 年，崔艳艳测算了四个城市的信息化建设程度，并据此提出相关的改善建议。2014 高巍采用计量经济学理论，研究制造企业的创新能力是否与信息化建设存在一定的协整关系，并得到肯定的答案。2016 年，李胜浩在借鉴国内外信息化测度理论的基础上，结合河南省信息化建设的实际情况，运用因子分析法对该省 2001—2014 年信息化水平进行测度。

国内对“一带一路”的研究分析多是关于影响经济增长的因素，如交通设施、收入水平和教育水平等。2015 年，叶迎基于对“一带一路”国家要素禀赋的分析，利用面板门槛模型分析“一带一路”沿线 41 个国家面板数据的人力资本对经济增长的作用，表明人力资本的经济增长效应需要具备一定的条件，包括基础设施投资和制度等。2017 年，倪超军和王丹采用空间溢出效应模型，对“一带一路”沿线国家 2009—2015 年的交通基础设施、空间溢出和经济增长进行研究，发现“一带一路”国家的交通基础设施建设促进了经济的增长。2017 年，苏丽锋和李俊杰基于经济增长理论框架，选择 2002—2014 年“一带一路”沿线国家的面板数据，构建线性回归模型，研究了教育对“一带一路”沿线国家的经济增长的作用，并比较分析了不同地区和收入水平对教育的影响。结果表明，不同层次的受教育水平的劳动力对各国经济增长有显著的促进作用，且受国内制造业结构的影响较大，但对不同地区和收入水平的国家的影响差异较为显著。

目前，我国学者对信息化发展的数字鸿沟、时空差异和空间自相关进行了较多研究。2010 年，宁进厅和邱娟等对 2000—2009 年中国互联网行业生产和消费状况进行研究，发现互联网产业发展区域差异显著，消费差异小于生产差异，中国中西部省份大多处于低消费-低生产的状况。通过对中国互联网用户增长的探索性收敛分析，2011 年，汪明峰和邱娟发现，1997—2008 年中国互联网用户增长的省域差异存在明显的 σ 收敛和 β 收敛，收敛速度自西向东递减。通过对中国互联网普及水平的研究分析，汪明峰发现互联网的普及存在显著的空间自相关和异质性，互联网技术在扩散过程中具有溢出效应。2017 年，张红历在《中国信息社会发展水平的时空分异研究：2007—2016》中提出，中国信息社会的发展存在明显的地区差异，存在显著的 σ 收敛和 β 收敛，地区间收敛速度差异较大。

2006 年，吴玉鸣利用空间计量经济学研究了 1978—2002 年中国经济省域的收敛性，发现中国省域经济有条件 β 收敛。2008 年，张晓旭等采用空间计量经济学方法，研究了 1978—2003 年中国各省的绝对 β 收敛，发现当不考虑空间自相关时，没有绝对 β 收敛；相反考虑空间自相关时，存在绝对 β 收敛。2014 年，林光平等应用空间计量经济学方法研究了 1978—2010 年中国省域的经济收敛性，结果表明，中国省域均存在 σ 收敛、绝对 β 收敛。

关于信息化与区域经济关系的研究，2013 年，马泽昊利用我国 31 个省（自治区、直辖市）1998—2010 年的面板数据，利用 C-D 生产函数，研究了信息化与区域经济总量增长的关系，得出信息化能够很好地促进区域经济增长的结论。尽管信息化在优化服务业结构布局时表现得不太明显，但在优化农业、工业方面十分突出。2014 年，颜珍利用空间计量法对我国 2005—2010 年的截面数据，进行空间探索分析，并针对如何加强我国信息化建设提出相关建议。陶丹等基于信息化指数法构建重庆信息化水平评价体系，测度重庆 1997—2011 年的信息化水平，并将信息化要素引入 C-D 函数中，运用岭回归分析法，对信息化促进重庆经济增长的作用进行实证研究，结果表明，信息化已成为重庆经济增长的重要因素，并且处于规模报酬递增阶段。2016 年，龙飞利用 C-D 生产函数，对我国 1980—1992 年 GDP 与信息、资本和劳动要素进行回归分析，结果表明，对国民经济增长的贡献，资本要素占比最高，信息要素其次，劳动要素最低。1993 年，靖继鹏汲取波拉特范式的精华，为信息产业策划了一种全新的整体性措施，并命名为综合性信息产业实力方法。该方法包括六个主要类别，每个类别细分为 252 个小类和总项目指标。在这种方法中，信息产业发展的潜力、信息产品的发展、信息产业的生产力以及信息资源分配被称为软变量。信息资源的使用被界定为一个硬变量，信息产业的协调发展被称为一个协同变量。2002 年，晏阳对我国信息产业的比较优势进行研究，从信息产业的产生过程和界定入手，结合比较优势理论的发展展开论述，详细分析我国信息产业具备的比较优势，并根据不同的比较优势探讨我国信息产业发展的对策。提出发展软件产业、完善信息产业加工贸易、实施市场多元化三个对策。2007 年，黄树洪分别采用了 C-D 函数、CES 生产函数和超越对数生产函数三种不同的模型分析了可能影响经济增长的因素。2003 年，徐强和戴芸根据江苏省 13 个城市的经济发展和信息化数据，利用回归模型分析了 GDP 与信息化指数之间的关系，研究结果表明，区域信息化是促进区域经济发展的因素。2003 年，常永华利用灰色关联分析法分析了信息化与我国西部地区经济发展的关系，并指出信息水平的落后是西部地区经济落后的主要原因；同时也比较了中国东、西部地区信息化水平，并对推进西部地区信息化建设提出了建议。2004 年，殷雄和王浣尘利用线性回归模型对信息化发展水平与经济发展水平的相关性进行实证分析，研究结果表明，信息化发展水平同经济发展水平两者之间存在着较强的相关性，社会信息化水平的提高对经济的发展有促进作用。2004 年，苗红程从多个角度分析了信息化水平对经济发展的促进作用，认为信息资源的开发利用和信息技术在经济领域的应用对提高经济运行效率和质量有促进作用，能为整个社会提供优质快捷的产品和服务。2006 年，刘荣添和叶民强基于 1992—2004 年间的省级面板数据，使用 Solow 函数和修正的 C-D 生产函数，估算出社会信息化水平对区域经济发展的作用，研究结果表明，除劳动和资本之外，社会信息化水平也是影响区域经济发展的重要因素，并且社会信息化水平已经成为当时及以后促进我国经济持续快速发展的主要动力。2015 年，张跃胜从理论上探讨了信息化与经济增长率的关系，认为资本、劳动、信息化三者共同决定经济的增长；并讨论了信息化对各产业的影响，发现信息化对各产业的冲击持续时间存在差异；认为通过信息化可促进技术创新能力和劳动力素质的提高。2018 年，潘伟等基于信息化的城市群经济增长实证模型，对京津冀、长三角、珠三角城市群进行了实证检验，发现信息化发展的不均衡会导致城市群知识溢出、经济增长存在差异。

由于国内对信息化的衡量测度标准不统一，不同研究成果很难进行比较。虽然专家学者们对信息化测度进行了诸多研究，但研究与测评所采用的数据主要集中于信息基础设施、电信类指标、计算机等传统信息技术，主要体现了信息社会发展的“量”，而对于新一代信息技术的使用成效“质”的部分涵盖不足。要全面准确地把握信息社会（信息化）发展水平，需要包含信息技术“量”和“质”的指标及测评数据为基础。国家信息中心从 2005 年开始对信息社会发展理论和实践活动进行跟踪及研究，并构建了信息社会测评指标体系。2010 年，中国发表了首份信息社会发展水平测评报告，测评对象涉及全国各省。2013 年起，测评对象范围扩展到全国 31 个省（自治区、直辖市）与 300 多个地级及以上城市。鉴于准确性、权威性以及可信性，本书采用国家信息中心发布的信息社会指数，研究信息社会发展水平对区域经济发展的促进作用。

二、国外研究综述

在经历了农业社会和工业社会后，科技信息革命引领人类走向信息社会。

在影响经济发展的诸多因素中，决定性因素逐渐偏移到信息技术上。信息社会，信息化已经成为推动世界各国经济发展的重要动力。1961 年，斯蒂格勒首次将信息要素作为经济活动的重要因素加入经济运行机制中进行研究。自 1987 年诺贝尔经济学奖获得者经济学家罗伯特·索洛提出"生产率悖论"，信息化与经济发展的关系成为重要的研究课题。

20 世纪中叶，有关"信息化"的研究就已开始。丹尼尔·贝尔(Daniel Bell)最先对此进行研究，1959 年，他提出"后工业社会"这一术语，用来描述社会信息化现象。1973 年，丹尼尔·贝尔在《后工业社会的来临——对社会预测的一项探索》一书中对信息化相关理论进行了第一次系统阐述。1962 年，美国经济学家弗里茨·马克卢普(Fritz Machlup)研究并论证了经济发展中信息和知识发挥的作用。1963 年，日本社会学家梅棹忠夫在《信息与产业论》一文中提出的"信息社会"概念，正在被越来越多的人接受。20 世纪 70 年代以来，西方学术界将工作重心放在了对信息社会这一热点问题的研究上，并从经济、社会等角度探究信息社会。国外对于信息社会水平测度与经济发展关系的研究主要集中在信息社会水平对国家、区域、企业经济发展的贡献领域。2006 年，普鲁曼·温格菲尔德(Pruulmann Vengerfeldt)利用领域理论分析框架研究了爱沙尼亚的信息社会状况。

关于信息化测评的研究一直是国内外研究机构和学者的关注重点。国际上比较著名的信息化评估体系主要有：美国国际数据集团(IDG)的信息社会指数，俄罗斯联邦各地区信息化建设评估指标体系，韩国的信息化指数，世界经济论坛的网络就绪指数(NRI)，国际电信联盟的信息化发展指数(IDI)等。国际数据集团(IDG)建议选用信息社会指数法来对比和测量不同国家汲取、吸收和高效率运用信息的信息技术本领。

国外学者对信息社会和空间自相关也有较多的研究，2013 年，津巴(Ziemba)和泽拉兹尼(Zelazny)以波兰信息社会为研究对象，介绍了波兰现有的信息社会测度方法和国际公认的信息社会核心指标，探讨了如何在波兰建立一个信息社会定量测量方法的框架。2012 年，维达斯·布巴尼亚(Vidas Bubanja)等分析了全球经济危机对未来的影响和未来信息社会的技术创新，并对信息社会进行了美好的展望。

在研究时空分异时，不可避免地要使用收敛性分析，将研究内容与经济增长进行类比，进行收敛性分析。国外学者对经济增长的收敛性进行了大量研究，2004 年，巴罗(Barro)利用 98 个国家 1960—1985 年的数据对条件 β 收敛进行实证分析时，引入了初期实际人均 GDP 和入学率两个变量，结果表明实际人均 GDP 增长率与初期人均 GDP 呈负相关，而与初期人力资本呈正相关，即当落后国家与发达国家的人力资本水平相近时才存在绝对 β 收敛；如果按照财产保护和贸易开放程度可将 117 个国家分为两类，即“合格国家”和“不合格国家”，实证研究表明，“合格国家”存在俱乐部收敛，“不合格国家”则不存在俱乐部收敛。

1977 年，美国经济学家波拉特（Porat）在《信息经济》一书中将信息产业与传统的农业、工业、服务业共同并入国民经济的划分中。波拉特在马克卢普的基础上，创造了一套完整的信息经济测度方法：在整个社会所有信息活动的范围内，第一、第二和第三产业的信息与信息活动是分开的，它们成功地定量测度了美国信息经济的规模和结构。该理念被称为波拉特范式，在国际上得到广泛应用。通过建立波拉特信息测度体系，确立衡量国家信息经济规模的指标，即信息经济增加值占 GNP 或 GDP 的比例、信息部门就业人数占全社会就业人数的比例、信息部门就业者收入占国民收入的比例，用投入产出法从国民生产总值中分离出信息产业的产值，基于测算结果为美国经济提供政策建议。

在信息社会水平促进国家经济增长领域，2000 年克雷默（Kraemer）就信息技术对 GDP 的影响问题，利用柯布-道格拉斯生产函数，关联度分析 36 个国家 14 年的数据，研究表明，发达国家和发展中国家信息技术投资结构是不同的，并且信息技术投资结构对所在国家经济增长的贡献有着明显差异。2004 年，克里斯托弗・古斯特（Christopher Gust）等通过测算和分析 13 个工业化国家 1992—1998 年的统计数据，证明了信息技术对经济发展有着促进作用，并且信息技术对美国的经济增长推动作用在此次的测算中尤为突出。

在信息社会水平促进区域经济发展领域，2002 年，孟庆轩等对中国信息通信技术的发展进行实证分析，发现尽管中国的信息通信技术没有发达国家的先进，但信息通信技术已成为影响中国经济发展最具前景的因素。2004 年，丁雷等利用中国 29 个地区 1986—2002 年的数据，实证分析电信基础设施对区域经济发展的影响，并得出区域经济发展的一个重要因素是电信基础设施建设。基于一般均衡法，2010 年，迭戈・马丁内斯（Diego Martinez）等收集 1980—2004 年美国经济发展相关数据，实证研究了信息通信技术的发展与美国经济发展的关系，结果表明信息通信技术产业内技术的改变可使美国的劳动生产率提高 35%。

在信息社会水平促进企业经济发展领域，2000 年，费奥法尼斯等对比分析信息建设成功与建设不成功的企业，研究发现，对于信息化建设较为成功的企业，其具备较好的公司运营业绩。2002 年，乔根森（Jorgenson）等在研究信息通信技术是否可以带动劳动率增长时发现，提升信息技术占总资本的比重，可增大信息技术投资对经济发展的贡献程度。2003 年，德瑞克（Dedrick）通过对法国企业进行研究，发现信息技术的投资给企业带来了巨大回报。2004 年，皮特（Peter）等研究了 126 个建筑型企业，比较分析了信息化投资对成本以及收益的影响。

2014 年,德国的保罗·威尔芬斯(Paul Welfens)和詹斯·佩雷(Jens Perret)根据官方数据,结合修正的 C-D 函数,剖析了信息技术对国民经济发展的贡献程度,结果表明:信息技术在拉动国民经济增长方面发挥着积极作用,不能低估信息技术的贡献率。

20 世纪 40 年代,英国经济学家克拉克(Clarke)通过研究 40 多个国家劳动力投入和总产出在三个产业之间的差异,形成了完整的产业结构理论。1960 年,罗斯托(Rostow)提出,经济增长是一个部门发生变化的过程,影响现代经济增长的重要因素是技术创新,技术创新推进了产业结构的升级。1966 年,库兹涅茨(Kuznets)认为经济增长是总量的动态变化过程,总量的变化会引起产业结构的变化。1996 年,伯格(Boge)和布鲁斯(Bruce)的研究表明,在发达国家的投入产出模型中,结构效益对经济增长的促进作用远大于个别产业劳动生产率提高所带来的经济效益,结构效益在经济增长中起主要作用。2004 年,巴罗的研究表明,当产业结构由第一产业向第二产业再向第三产业变动演进时,发达国家的经济增长速度呈现先上升再下降的规律。乔根森从国际比较的角度考察了美国经济发展历程,探讨了美国经济增长的根源,认为经济结构的转变是促进其经济增长的重要影响因素。

纵观国内外文献,信息化对经济发展的作用已被广泛认可。国内外学者大多利用定性分析和定量分析两种方法,结合现实数据,实证研究信息化与区域经济发展的相关关系。但是,对于数据的处理方式以及信息化指标的选取与构建,不同学者采取的方法差异较大,导致所求得的信息化对区域经济发展的贡献率也不同。

第三节 研究内容

"信息社会"已成为当代学者研究的重点课题,有关信息社会的思想和理念已影响人们的思维模式和行为方式,并逐渐引起国际社会的高度关注。"一带一路"自倡议提出以来,建设成果丰硕。"一带一路"的内容被联合国大会、联合国安理会等纳入决议,"一带一路"已成为当今世界规模最大、最有前景的国际合作平台。基于此,本书主要研究内容如下:

(1) 研究国内外信息化测度方法,信息化与经济发展的相关理论和模型。

(2) 研究信息社会的内涵、基本特征、发展阶段、测评指标体系及其内涵,在此基础上基于信息社会测评指标体系及指标的权重,加权计算得到信息社会指数。对"一带一路"沿线国家及中国各地区信息经济、网络社会、在线政府、数字生活四个维度的指数及代表各区域信息社会发展水平的 ISI 进行处理,研究各区域信息社会发展状况。

(3) 对信息社会发展水平进行时空分异研究。对“一带一路”沿线国家及中国ISI,采用描述性统计、空间数据分析以及收敛性分析。使用泰尔指数对时间特征进行差异分析,空间特征使用空间统计方法分析集聚性与差异性。通过 σ 收敛分析,研究地区差异、地区间信息社会发展是否存在趋同性。通过绝对收敛分析,研究信息社会发展水平较低地区能否赶上信息社会发展水平较高地区。通过俱乐部收敛分析,验证不同区域信息社会发展水平之间是否收敛于相同稳态。

(4) 深入分析信息社会发展促进经济发展方式转变的途径与机制,定量研究信息社会发展水平对中国区域经济发展的作用。利用改进的C-D生产函数建立回归模型,搜集中国各地区近年GDP、固定资产投资、劳动力并同各区域信息社会指数构成时间序列数据,利用有关软件对这些数据进行回归分析。根据研究结论探讨信息社会及经济高质量发展的对策。

(5) 研究结果表明,“一带一路”沿线国家正处于信息社会发展准备阶段的加速转型期。“一带一路”沿线国家间信息社会水平差异较明显,大部分国家仍处于信息社会发展的中低水平阶段;信息技术应用的普及和深入,为信息社会水平落后地区的快速发展提供了机遇。“一带一路”倡议的实施促进了亚洲、美洲和非洲地区发展中国家大力发展信息技术基础设施,广泛普及和应用信息通信技术。“一带一路”沿线国家信息社会发展具有空间自相关性、空间集聚性和差异性,但目前呈现出显著性的国家较少,表明“一带一路”建设的辐射作用和扩散作用在信息社会发展的过程中尚未显现。中国信息社会发展水平区域差异明显,空间集聚性显著。“一带一路”沿线国家及中国信息社会发展均存在 σ 收敛、绝对 β 收敛和俱乐部收敛。中国信息社会发展水平与经济发展正相关(极个别地区例外),促进区域经济的发展,ISI越高的地区,其促进作用越显著。ISI每提高1%,均会不同程度地促进地区经济的发展,惯性作用极为明显,结果都非常稳健。

第四节　研究方法

一、研究方法

本书主要研究了信息社会的内涵、基本特征、发展阶段、测评指标体系及其内涵,并对代表各地区信息社会发展水平的信息社会指数进行处理分析研究;研究了“一带一路”国家信息社会发展水平时空差异;利用改进的C-D生产函数建立回归模型,利用有关软件对有关数据进行回归分析,根据结果探讨信息社会及经济快速高质量发展的对策。书中所使用的研究方法主要有以下几种。

(1) 描述性统计方法。以《全球信息社会发展报告2017》《中国信息社会发展报告2017》中信息社会指数及其分类指数为基础，计算“一带一路”沿线国家2011—2017年、中国2008—2017年社会指数及其分类指数的年均增长率，研究信息社会发展水平概况和时间特征。其次，对“一带一路”沿线国家2011—2017年、中国2008—2017年信息社会指数进行描述性统计，计算信息社会指数算术平均值、极差和变异系数，并根据计算结果分析信息社会发展时空差异特征。

（2）泰尔指数及其分解法。运用泰尔指数进行区域信息社会发展水平差异分析。把“一带一路”沿线国家按地理分布，以亚洲地区、欧洲地区、美洲地区、非洲地区四大区域分析区间差异和区内差异，分析四大区域之间及其内部的时空差异特征；把中国分成东部、中部、西部、东北四个区域进行研究；利用Matlab软件编程计算泰尔指数。

（3）探索性空间数据分析（Exploratory Spatial Data Analysis，简称ESDA）方法。为研究“一带一路”沿线国家、中国信息社会发展的空间效应，通过全局空间自相关分析（全局莫兰指数）、局部空间自相关分析（局部莫兰指数）、莫兰散点图等研究其空间集聚性、差异性及自相关性等。主要用GeoDa软件完成有关分析。

（4）收敛性分析方法。对区域信息社会发展水平进行收敛性研究分析。以信息社会发展的特点以及对其区域差异的研究为基础，提出三种类比区域经济增长收敛的假说——σ收敛、绝对β收敛和俱乐部收敛，并进行实证研究。

（5）岭回归方法。使用岭回归方法，对信息社会指数与区域经济发展之间的关系进行回归分析。

二、数据来源

本书研究所用数据主要来自国家信息中心发布的《全球信息社会发展报告2017》《中国信息社会发展报告》（2014—2017）和全国、各省的统计年鉴。研究所用信息社会指数数据是直接取自信息社会发展报告，有些数据是经由报告里有关数据计算得出。由于国家信息中心2015年对信息社会发展水平测评指标体系进行了调整，对有些指数进行了重新测评，导致不同报告中的少许数据不一致，存在微弱差别。基于研究目的和研究阶段性，因此对从不同报告里取用的少许数据进行了合理化处理，但不影响研究结果。

2017年12月，国家信息中心发布了《全球信息社会发展报告2017》《中国信息社会发展报告2017》，至2020年8月没有再次发布信息社会发展报告，因此本书有关信息社会指数的分析研究，数据截止于2017年。某些内容基于研究阶段的考虑及其他相关数据无法获得，故信息社会指数没有选取到2017年。

第二章 相关理论

第一节 信息社会理论

随着信息革命的出现和社会信息化进程的推进，人类社会将从工业社会向信息社会转变。基于不同的阶段或不同的视角，学者们使用了许多词语来描述“信息社会”，比如后工业社会、后现代社会、超工业社会、知识社会、信息化社会、电子技术时代、高技术社会信息时代等。关于信息社会是什么，主要包括以下几种典型的理论或学说。

一、后工业社会说

丹尼尔·贝尔是第一个提出信息社会即将来临的人。1973 年，丹尼尔·贝尔出版《后工业社会的来临——对社会预测的一项探索》一书，提出了“后工业社会学说”概念。他认为，人类社会的发展有三个阶段：前工业社会、工业社会和后工业社会。他提出后工业社会的特征与工业社会大不相同：从经济的角度看，服务业在后工业社会中占主导地位；从职业构成的角度看，以专业性、技术性和科学性为特征的职业在后工业社会中起主导作用；从技术的角度看，生产和生活技术的发展愈加有计划、有节制，人们也越来越依赖智能技术；从政策制定和决策的角度看，理论知识成为社会革新的中心支柱。

二、知识社会论

1968 年，彼特·德鲁克提出了“知识经济学说”。在这一学说中，他提出了“知识工作者”这一概念。知识工作者特指那些可以通过知识来提高生产效率的管理者，知识工作者在社会劳动中处于中心地位。他提出，在知识社会中，衡量经济基础和潜力的重要标志是知识。此外，阶级冲突的形态也发生变化，从有产阶级与无产阶级之间的冲突转变为有知识阶级与无知识阶级之间的冲突。

三、第三次浪潮说

1980 年，在《第三次浪潮》(*The Third Wave*)一书中，阿尔文·托夫勒使用“浪潮前锋”分析方法对历史进行分析，进而提出继农业化浪潮和工业化浪潮后，人类将迎来信息化浪潮。他认为，三次浪潮分别与农业社会、工业社会和信息社会相对应。相比较于工业社会，信息社会与其最大的不同是：工业社会由财富主导，而信息社会由知识主导。

四、信息社会说

1982年，约翰·奈斯比特出版了《大趋势——改变我们生活的十个新趋向》一书，在这本书中他提出了"信息社会"的概念。1990年，他出版了《2000年大趋势——90年代十大新趋向》，在这本书中他对信息社会的主要特征进行了更深入地分析：① 从农民到工人，再到职员，这是美国的简史。② 在工业社会，主要资源是资本；在信息社会，主要资源是信息。③ 知识是经济社会的驱动力，信息业的增长驱动经济增长。④ 技术的发展使得高技术与高情感相平衡。⑤ 信息跨越时间和距离，全球信息化时代已经来临。⑥ 在农业社会，人们习惯向过去看，依赖过去的经验；在工业社会，人们更注重现在；在信息社会，人们更关心将来。

五、网络社会说

曼纽尔·卡斯特是世界上著名的信息社会研究专家和城市社会学家，他被称为信息时代的理论家、"网络社会"最优秀的思想家及"九十年代的贝尔"。他在其所著的信息时代三部曲《网络社会的兴起》(1996)、《认同的力量》(1997)和《千年的终结》(1998)的基础上，结合《信息化城市》(1989)，提出了网络社会理论。他认为网络正在催生一个崭新的社会模式，构建出一种全新的社会形态，即网络社会，为社会的整体变革提供了动力源泉。信息时代的支配功能与过程是以网络为中心组织起来的。

结合上述理论和学说可知，相对于农业社会和工业社会这两种社会形态，信息社会是一种全新的社会形态。农业社会是一种自给自足的小农经济形态，以农业生产为主导经济，以人力和畜力为动力，以种植和养殖为主要生产活动，以满足家庭生活需要为生产目的。工业社会以资本和机器为主要资源，以工业生产为主导经济，以使用大机器和消耗无生命能源为主要生产方式。信息社会则是以信息技术为基础，以信息经济、知识经济为主导经济，以电子化、数字化、网络化为基本社会交往方式。

由于信息社会的复杂性和异质性，学术界对信息社会的定义往往存在较大差异。目前较为流行并得到国际社会广泛接受的信息社会定义，是2003年日内瓦信息社会世界峰会(World Summit on the Information Society，简称WSIS)通过的《原则宣言》和《行动计划》中做出的界定：信息社会是一个以人为本、具有包容性和面向全面发展的社会。在此信息社会中，人人可以创造、获取、使用和分享信息和知识，使个人、社会和各国人民均能充分发挥各自的潜力，促进实现可持续发展并提高生活质量。上述定义从个人和社会的视角对信息社会进行了界定，揭示了信息社会所特有的广泛内涵。

第二节　经济增长理论

自从经济学出现以来，许多经济学家一直在探究经济增长的内在机理、影响因素以及实现途径。目前，世界范围内都将经济增长作为衡量一个国家或地区实现经济政策目标的重要标准。经济增长问题是经济研究中的永恒课题。很长时间以来，人们花费大量的精力研究经济增长理论，并持有不同的理论和观点。这不仅反映了人们识别影响经济增长的各种因素是一个动态的过程；而且也反映了在不同时期，各影响因素之间的相互关系有着根本的变化。经济增长是指一国或一地区在一定时期的产出增长。经典的经济增长理论主要包括古典经济增长理论、哈罗德-多马经济增长模型、新古典经济增长理论、新经济增长理论。

一、古典经济增长理论

古典经济增长理论是现代经济增长理论的起源，代表人物主要有亚当·斯密和大卫·李嘉图。1776年，亚当·斯密出版了《国富论》。在这本书中，他首次提出了传统的经济增长理论。他提出，国民财富是一国劳动在一定时期内生产的全部商品，而劳动生产力的改良可以导致国民财富的增加。增加国民财富和促进经济增长的主要途径：一是提高劳动生产率；二是增加劳动者数量；三是增加资本投入。此外，他提出劳动分工能提高生产率，进而拉动经济的持续增长，因此，他认为劳动分工是经济增长的重要推动力。1817年，大卫·李嘉图在《政治经济学及赋税原理》一书中，强调了经济增长的关键是资本积累。他着重研究工资、利润和地租间的相互关系对经济发展的影响程度。

古典经济增长理论的缺点是，对于经济增长问题，古典经济学家虽然已经研究了很长时间，但他们一直未能给出相关的数理模型。

二、哈罗德-多马经济增长模型

哈罗德-多马经济增长模型以凯恩斯理论为基础探讨实现经济稳定均衡增长的条件。它的出现是现代经济增长理论产生的标志，是宏观经济学领域的重要组成部分。1948年，英国经济学家罗伊·哈罗德在《动态经济学》一书中提出了经济增长模型。20世纪40年代中期，美国经济学家埃弗塞·多马在《扩张与就业》《资本扩张、增长率和就业》和《资本积累问题》等论文中提出了经济增长模型。两者提出的模型极为相似。他们认为，投资的增加可以扩大需求、增加国民财富和提高社会生产力。在西方经济文献中一般把他们的增长模型称为哈罗德-多马经济增长模型。哈罗德-多马经济增长模型是经济增长理论中的经典模型之一，该模型主要是结合凯恩斯的有效需求理论，长期考察一个国家稳定的国民收入和就业增长所需条件的理论模型。哈罗德-多马经济增长模型补充完善了凯恩斯主义，构建了现代经济增长理论的基本框架。模型进行了三点假设：资本-产出比固定；资本和劳动量投入生产时具备一定比例；劳动力增长速度不变。假设国民收入增长率为 g，则模型公式为：

$$g = \Delta Y/Y = \Delta K/K = I/K = s/c \tag{2-1}$$

式中 Y——国民收入；

ΔY——国民收入增加值；

K——资本存量；

ΔK——资本存量增加值；

I——净投资；

s——储蓄率；

c——资本产出比。

三、新古典经济增长理论

美国经济学家罗伯特·索洛在哈罗德-多马模型的基础上放宽了劳动和资本之间不能相互替代这一假设，并增加了规模报酬不变、资本边际收益为正且递减、满足稻田条件以及存在技术进步等假设，进而提出了新古典经济增长理论。该理论强调了技术进步在经济增长中的重要作用：当存在技术进步时，经济将实现均衡增长；当不存在技术进步时，仅仅依靠投资增加，经济将无法实现增长，换句话说，这时候的投资增加将会分成两部分，一部分用来提高人均资本拥有量（只考虑资本折旧），另一部分用来为新增人口提供平均数量的资本装备，根本无法产生剩余，因而经济很难实现增长。因此，相比资本增加对经济增长的作用，技术进步和劳动力质量的提高对经济增长的作用更大。由于该理论假设技术进步是外生的变量，所以很难解释技术进步是如何发生的。同时，关于人均 GDP 增长率和实际人均 GDP 增长率存在差异的问题，也无法给出合理的解释。基于索洛-斯旺模型，世界各国之间的经济增长应当遵循绝对 β 趋同。该模型认为，低收入水平国家的经济增长速度要高于高收入水平国家，进而经济增长才能最终趋于一致。但当面对世界各国经济发展的实际数据时，新古典经济增长理论却不能解释其中的差异。基于柯布-道格拉斯生产函数，罗伯特·索洛得出了一个新的增长模型。该模型假定：资本-产出比率是可变的；市场是完全开放竞争的，并且价格起主要调节作用；技术进步不会影响资本产出的比率。模型公式为：

$$g = a(\Delta K/K) + (1-a)(\Delta L/L) \tag{2-2}$$

式中 g——经济增长率；

a——资本对总产出的贡献；

$\Delta K/K$——资本存量增长率；

$1-a$——劳动对总产出的贡献；

$\Delta L/L$ ——劳动力增长率。

由式(2-2)可知，资本存量增长率、劳动力增长率和边际生产率共同决定了经济增长率。

罗伯特·索洛的新增长模型虽发展了哈罗德-多马模型，但依旧没能在模型中纳入技术进步。1960 年，罗伯特·索洛建立了索洛-米德模型，引入了技术进步因素，对原有模型进行了修正。其具体公式为：

$$Y=A(t)\times F(K,L) \quad (2\text{-}3)$$

式中 Y——总产出；

t——时间；

$A(t)$——不同时期的技术水平；

K——资本存量；

L——劳动力。

索洛-斯旺模型和索洛-米德模型是在凯恩斯主义的基础上发展而成的新古典增长模型，它仅把技术进步看作是外生变量，却无法解释技术进步是如何发生的。

四、新经济增长理论

新经济增长理论即内生经济增长理论。新古典经济增长理论假设技术进步是外生的，而技术进步已可以决定发达国家的经济增长，所以该经济增长理论未能很好地解释发达国家经济增长的影响因素。

在研究思路上，与新古典经济增长理论不同的是，新经济增长理论放弃了技术进步是外生变量的假设。新经济增长理论认为：人力资本、技术进步和知识是经济增长和经济发展的内生要素和重要引擎。美国经济学家保罗·罗默在研究经济长期增长的问题时，并没有采纳技术进步是外生变量的假设，而是认为技术进步存在于系统内部。此外，在放弃假设边际收益递减的情况下，保罗·罗默建立了以知识生产和知识溢出为基础的知识溢出模型。由于将技术进步内生化，所以新经济增长理论又被称为内生经济增长理论。保罗·罗默在解释经济增长问题时，在经济增长模型中纳入知识因素，并将知识分为两类：一般知识和专业知识，其中一般知识会产生规模收益，专业知识会产生要素递增收益。与此同时，保罗·罗默发现，世界范围内国家或地区的差异会导致经济增长出现显著差异，这种经济增长被他称为“差异性增长”。而这种差异性增长的出现，主要是因为在发达国家或地区，较大的创新知识存量和知识积累率可以促进要素报酬率的提高，进而获取高额垄断利润；反之，垄断利润也可以推进知识积累率的提高，这就好比萨缪尔森提出的“循环累积因果论”一样。在这种趋势下，发达国家会更发达，落后国家会更落后。这也就合理地解释了发达国家或地区长期以来为什么能够实现经济持续增长，以及各国在发展经济时人均收入水平和经济增长率等方面为什么存在越来越大的差距。保罗·罗默为了弥补这一不足，不再把技术进步作为外生增长因素，提出了技术进步的内生经济增长模型，将技术进步作为内生增长因素。新增长理论模型将产出和资本、劳动力、人力资本及技术进步共同组成生产函数，具体见下式。

$$Y=F(K,L,H,t) \tag{2-4}$$

式中 Y——总产出；

K——资本存量；

L——劳动力的投入；

H——人力资本（无形资本，以技术、品牌为代表的企业无形资本）存量；

t——时间。

与保罗·罗默的知识溢出模型相比，罗伯特·卢卡斯建立的人力资本溢出模型强调了人力资本因素的重要作用。他认为人力资本可以通过内生效应和外生效应作用于经济增长，内生效应是影响自身劳动生产率，外生效应是影响他人劳动生产率。与此同时，卢卡斯提出世界范围内各个国家人力资本的差异会导致各国的人均收入水平和经济增长率等方面出现差异。

新增长理论不同于新古典经济增长理论，其在经济增长模式中引入知识和专业化的人力资本，指出知识和专业化的人力资本积累可以提高投资收益率，并强调知识的持续投入可以使得经济持续增长。

第三节 产业结构相关理论

1672 年，英国经济学家威廉·配第在《政治算术》一书中，将不同国家产业之间的差别进行了对比分析，得出结论：国家发展阶段及收入的不同主要是源于产业结构之间存在差别，主要体现在商业收入多于工业收入，工业收入多于农业收入。他提出，随着经济的发展，产业生产将由有形资产向无形资产转移，从收入这个角度来看，当工业大于农业时，劳动力会从农业转移到工业，而当商业大于工业时，劳动力会从工业转移到商业。

1931 年，德国经济学家霍夫曼（Hoffman）出版了《工业化的阶段和类型》一书，在这本书中他提出了著名的霍夫曼定理。通过计算 20 多个国家的经济数据，他提出随着工业化进程的推进，资本资料与消费资料的比重将不断上升。

1940 年，英国经济学家科林·克拉克通过借鉴威廉·配第、费舍尔等人的理论，比较系统和全面地提出了产业结构理论，又被人们称为配第-克拉克定理。

他提出，经济的不断发展和人均国民收入水平的不断提高会导致劳动力逐渐由第一产业向第二产业转移，然后再向第三产业转移。

关于产业结构分类问题，世界各国不尽相同，但基本上都划分为三大类：第一产业、第二产业和第三产业。关于三次产业划分的相关研究，具体见表 2-1。

表 2-1　三次产业划分的相关研究

年份	国家	学者	著作	主要观点
1933 年	英国	费舍尔	《资本和知识增长》	从历史变迁的角度提出三次产业划分法：将农业和矿业概括为第一产业；将以各种方式对自然资源进行加工和再加工的产业概括为第二产业；将提供各种“服务”活动的产业单列出来，划为第三产业
1940 年	英国	科林·克拉克	《经济进步的条件》	以生产技术和生产方式的差异为标准划分三次产业：第一产业包括农业、林业和渔业；第二产业指制造业；第三产业是除第一、二产业外的所有经济活动，即服务业
1949 年	法国	哈斯蒂耶	《二十世纪的伟大希望》	从生产技术特点的角度对三次产业进行划分：将生产率处于平均水平的部门划为第一产业；将生产率增长较快的部门划为第二产业；将生产率增长缓慢甚至不增长的部门划为第三产业
1966 年	美国	库兹涅茨	《现代经济增长》	以原材料、生产型运营、最终产品及行业间的区别为标准划分三次产业：将农业、林业、渔业和狩猎归纳为第一产业；将制造业、采矿业、建筑业、运输业、通讯业和水利电力归纳为第二产业；而第三产业的划分更为细致，主要指商业、金融、贸易、动产、不动产、仆佣、专业人员和政府

随着众多学者对产业理论研究的深入，人们对产业结构的认识逐渐统一化。被人们普遍接受并广泛运用的产业结构概念是指各产业的构成及其相互关系。产业结构的概念有广义和狭义之分。狭义产业结构的内容包括：产业类型、产业链、技术基础以及产业发展程度。而广义产业结构是指在狭义内容的基础上，还包括产业之间数量比例关系和时空布局关系。

第四节　信息增值理论

信息化与工业化融合是中国从工业社会过渡到信息社会的推动力，是实现信息社会中国经济发展的重大战略。

一、信息增值理论

信息对人类社会和经济发展具有强大的促进作用。第一,信息增值的累积性。信息数量增多是人类实践活动、识别能力持续提高的产物,而非仅仅是事物数量相加的结果。另外,信息商品既能够起到承接作用,又能够起到积累作用。第二,信息增值的间接性。信息的增值可以采取其他因素转化而来的方式,而不局限于自身增值方式。第三,信息增值的时效性。当物质改变,信息也随之而变。信息可以表现事物是如何存在的,还可以表现事物是如何运动的,有怎样的运动状态。使用和传播信息会发生信息增值,进而促进经济发展。1948 年,香农(Shannon)提出了信息量的概念。1968 年,贝里斯(Belis)和高艾斯(Gaiasu)共同提出了信息质的概念。20 世纪 70 年代初,英国情报学家布鲁克斯(Brooks)提出信息是知识结构的一部分,可以改变知识结构,并提出了著名的布鲁克斯方程式:

$$K(S) + \Delta I = K(S + \Delta S) \tag{2-5}$$

式中 $K(S)$——知识系统吸收信息前的状态;

ΔI——知识系统吸收的信息;

$K(S+\Delta S)$——知识系统吸收信息后的状态。

式(2-5)反映了信息的价值,测度了信息增值的具体数值。

1992 年,张远认为信息价值具有间接性与累积性。1996 年,朱志坚构建模型,分析了信息在交易中如何具体增值。1997 年,吴钢华从信息增值的概念入手,提出信息在量上、质上和价值上得到增值。信息在量上的增值是指在信息传播过程中,人们接收信息后,对事物认识增加,进而使得信息量增值;信息在质上的增值是指人们接收到的信息发挥作用,进而使得信息质增值;信息在价值上的增值是指在信息价值和信息使用价值上的增值。1998 年,吴钢华提出信息增值的三个特征:时效性、间接性和累积性。2006 年,游斌在理解信息增值概念和特征的基础上,提出了 5 种信息增值行为,并列举了一系列现实中信息增值的案例,进而构建了信息增值模型,对信息增值进行了较为全面、系统的分析研究。

二、信息经济理论

1998 年,乌家培提出信息经济可分为两种类型:一是以信息产业为出发点,是信息产业的经济;二是以信息时代为出发点,是信息时代的经济,在这个时代,信息产业发挥主导作用。他提出,信息经济是一种计算机硬件与软件、卫星通信与移动通信、信息网络与信息服务、新材料和新能源等新兴产业处于重要地位的新型经济。2000 年,杨文祥提出信息经济是在信息资源的基础上,结合现代信息技术的应用,通过生产信息产品和相关服务来支配经济增长的新型经济结构。2001 年,《中国信息年鉴》提出信息经济是以信息产业和信息化为主要特征的经济形态。在信息社会,信息社会化和信息现代化是信息经济的主要表现形式;而定量测量信息产业产值与GDP的比值,是对信息经济的直接描述。随着信息技术的广泛应用,信息经济应运而生,从而使得就业人数增多,形成了规模经济。在信息社会,出现以知识和高技术水平为主要特征的新兴产业,形成知识密集型经济;劳动力变为智力型劳动力,以脑力代替体力;生产要素的主要特点是低能耗、高效益;IT技术推进了通信产业和虚拟技术的发展。

三、产值增值理论

结合波拉特信息化测度理论,产值增值理论阐述了信息部门及准信息部门增值对经济增长的贡献程度。1984年,波拉特从信息部门增值和准信息部门增值两个方面对产值增值进行测度。此外,他提出信息产业不仅具有高效益、低耗能等特点,还具备知识和技术特性,进而使得生产要素效率快速提高。信息部门产出的信息产品,生产效率从低效率转变为高效率,生产要素从高能耗、低效益转变为低能耗、高效益,使得信息部门产生增值。准信息部门通过政府部门或企业内部从事信息服务或信息劳动等工作,提高服务环境和效率,进而使得准信息部门产生增值。信息部门及准信息部门增值对经济增长产生积极影响。

第五节　产业结构与经济增长关系理论

产业结构与经济增长关系是一个古老而又现实的研究课题。20世纪60年代以后,国内外众多学者对产业结构和经济增长之间的关系进行了深入探讨。

一、库兹涅茨和罗斯托:经济增长的过程——总量增长与结构增长

1971年,库兹涅茨(Kuznets)提出,经济增长是一个总量的动态变化过程:总量的变化会引起产业结构的变化,换句话说,总量增长会导致人均国民收入水平的提高,然后引起需求变动,进而引起经济结构包括产业结构的变动。但在库兹涅茨的理论中,他强化了经济总量在快速增长时的作用,而不发达国家的经济总量一般处于较缓慢的增长状态,产业结构也随之处于缓慢的变动状态,因此,该理论更适用于经济较发达国家。

1990年,罗斯托(Rostow)提出,经济增长是一个部门发生变化的过程:由于各部门扎根于现代技术,从而产生技术溢出效应,进而加速经济增长,而这些只能基于部门加以研究。他强调如果离开部门分析,就不能解释经济增长是怎么发生的。他提出,影响现代经济增长的重要因素是技术创新,部门引入的技术创新推进了产业结构的升级。换句话说,由于产业结构之间交错复杂的联系,某个部门引进新技术一定会影响到其他部门。因此,现代经济增长的过程与产业结构相互关联,产业结构变动对经济增长有重大影响。

二、钱纳里(Chenery):引入结构变量的经济增长模型

1989年,钱纳里在生产函数的基础上引入了结构变量来研究经济增长,运用统计分析来表明结构变量在经济增长中的作用。他提出经济增长是一种非均衡性增长,会导致资源的高效率配置。换句话说,这种非均衡增长过程中存在着边际收益差异,所以必将导致资本和劳动在不同产业之间进行转移和流动,从而引起生产要素向高收益部门转移,进而经济结构发生变化,最终必将产生结构效应。此外,他提出发展中国家与发达国家的经济发展水平和经济结构关系有所差异,因此,结构转变对于经济增长产生的影响程度全然不同。相比之下,发展中国家的结构转变在经济增长中发挥更大的影响作用。新古典经济增长理论假设"竞争均衡",但发展中国家在生产要素转移方面还存在很大的困难,因此,该理论并不适用于发展中国家。

三、帕西内蒂(Pasinetti):结构动态经济学理论

2001年,帕西内蒂在研究经济增长时,对技术进步、人口增长和结构变化等影响因素进行多方面考察,得出结论:影响经济增长的最重要因素是结构变化。因此,当产业之间生产力水平的提高跟不上市场需求的增速时,为了满足产业生产和需求的条件,资本和劳动就会在产业之间进行转移和流动,从而导致资源配置效率的提高,进而促进经济持续增长。因此,影响经济增长的关键因素就是各产业间由于技术进步引起的生产力水平的差距以及生产要素在各产业间的流动方式。

四、我国学者研究产业结构与经济增长关系的相关理论

2001年,郭克莎出版了《结构优化与经济发展》一书,在这本书中,他提出结构因素是引起我国经济增长问题的主要因素。他从供求的层面进行分析,探讨了结构偏差对经济增长起到的限制性作用,结果表明,我国经济发展中存在供给矛盾,其中第二产业占GDP比重过高,导致出现供过于求的现象;第三产业发展极为缓慢,导致出现供不应求的现象。只有通过调整供给才能从根本上解决此问题,但是刺激需求的方法相对有限。此外,他提出限制经济增长的两个结构问题:结构转变速度缓慢和结构转变过程中产生的偏移或误差。这两个结构问题也体现了经济非均衡的状态。在我国的经济发展过程中,这种结构问题普遍存在,因此,实现产业结构升级的关键在于如何解决这种经济非均衡状态。2002年,刘伟和李绍荣在《产业结构与经济增长》一文中通过构建回归模型,定量测度了各个产业对经济增长的贡献程度。结果表明,第三产业对经济增长的贡献度最高。但是,只有第一产业和第二产业的发展才能真正地促进经济良性增长,如果只关注第三产业规模的扩大,可能会限制经济的增长。因此,在扩大第三产业规模的同时,也要注重第一产业和第二产业的生产效率的提高,从而确保经济的长期稳定增长。2010 年，汪浩和沈文星以安徽省为例，采用平稳性检验、协整检验和格兰杰因果检验等一系列方法对数据进行检验，然后建立回归模型，分析了安徽省三次产业对 GDP 的贡献程度。2011 年，金春雨和程浩等以吉林省为例，探讨了该省产业结构演变与经济增长之间的作用机理。2012 年，张平和董险锋以四川省为例，使用计量经济学的方法，证实该省产业结构变动极大地促进了经济增长。

第三章　信息社会及其发展水平测评

继农业社会、工业社会后，信息革命引领人类走向信息社会。2003 年信息社会世界峰会提出了共同建设信息社会的目标，2006 年联合国大会确定将每年的 5 月 17 日设定为“世界信息社会日”。面对全球信息化发展趋势，2006 年中共中央办公厅、国务院办公厅印发《2006—2020 年国家信息化发展战略》(中办发〔2006〕11 号)提出了“为迈向信息社会奠定坚实基础”的目标。

改革开放取得的伟大成就使中国快速进入中等收入国家行列，并正在加速向全面小康社会和高收入国家的目标迈进。与此同时，随着信息化在国民经济和社会发展各个领域的深入渗透，尤其是信息化与工业化深度融合的全面推进，移动电话、计算机、互联网在城乡居民生活中的广泛应用，中国正在经历着从工业社会向信息社会发展的全面转型，并成为现代化建设与中华民族伟大复兴的动力源泉。

2014 年 2 月 27 日，中央网络安全和信息化领导小组第一次会议召开，提出了建设网络强国的战略目标，全面普及网络基础设施，大力发展信息经济，提高自主创新能力。2014 年 11 月，首届世界互联网大会在中国举办，推动了中国与世界互联互通、共享共治。

第一节　信息社会概述

一、信息社会的内涵

从生产力的角度看，人类社会形态经历了农业社会、工业社会、信息社会三个社会发展阶段。为描绘人类正在迈向的社会阶段和社会形态，不同领域的优秀学者致力于从经济、社会、网络、技术以及文化等多个角度研究信息社会。目前较为流行并得到国际社会广泛接受的信息社会定义，是 2003 年日内瓦信息社会世界峰会通过的《原则和行动计划的宣言》中所做出的界定：信息社会是一个以人为本、具有包容性和面向全面发展的社会。在此信息社会中，人人可以创造、获取、使用和分享信息和知识，使个人、社会和各国人民均能充分发挥各自的潜力，促进实现可持续发展并提高生活质量。该定义从个人和社会的视角对信息社会进行了界定，揭示了信息社会特有的广泛内涵。本书主要借鉴国家信息中心界定的概念，所谓信息社会，是指以信息活动为基础的新型社会形态和新的社会发展阶段。这里的信息活动包括与信息的生产、加工、处理、传输、服务相关的所有活动，这些活动渗透进人类的政治、经济、社会、生活、文化等各个领域，并逐步成为人类活动的主要形式。在信息社会中，信息、物质、能量共同组成了社会不可或缺的资源，信息作为重要的战略资源，不仅可以多人共享、多次利用，还可以在使用过程中产生新的信息。而知识作为信息的高级形态，在信息社会中，将成为国家竞争力的核心要素。信息社会的主要内涵包括以下三点。

（一）以人为本，包容性和全面发展是信息社会的基本原则

首先，信息社会发展务必坚持以人为本。发展的根本目的和根本动力是人，经济社会的发展以人的全面发展为中心，离开人的发展，就无法实现信息社会的全面发展。其次，信息社会发展强调包容性。信息社会的利好必须惠及每一个社会阶层，尤其是社会弱势群体和底层民众，确保人人可以创造、获取、使用和分享信息与知识。包容性还要求承载多样性及对个性化的包容。再次，信息社会强调全面发展。信息社会的全面发展包括三个方面：一是个人的全面发展，即每个人的潜力都能得到充分发挥；二是社会的全面发展，包括社会经济、政治、文化、生活等各个领域的发展，人们生活质量不断提高；三是均衡发展，致力于缩小发达国家与发展中国家之间、各国内部不同地区之间的数字鸿沟，实现信息社会全面协调发展。

（二）信息社会是可持续发展的社会

信息社会立足于社会的可持续发展，其发展模式是一种“既能满足当代人的需要，又不对后代人满足其生存能力构成危害”的新型社会发展模式。信息社会，经济发展方式将从自然资源依赖型、实物资本驱动型向创新驱动、资源节约、环境友好、人与自然和谐相处转变。整个经济社会的运行，不仅满足当代人共享信息和知识、发挥各自潜力的需求，并且不会对后代人的全面发展产生负面影响；既要实现发展经济的目的，又要保护好人类赖以生存的大气、淡水、海洋、土地和森林等自然资源和环境，从而实现人的持续发展与自然环境的持续发展相协调、相适应。“低碳化”“环境友好”是信息社会可持续发展的重要体现。

（三）信息和知识成为信息社会最重要的资源

从历史的观点看，每一次技术革命，主要的生产力要素都会发生变化和转移。农业社会，土地起着决定作用；工业社会，生产力重心转向能源；信息社会，信息资源极其丰富，信息成为重要的战略资源，可以为许多人所共享，可以多次使用，在使用中信息不会损耗，而且可以增值，使用的人越多价值越高，并且可以在使用过程中产生新的信息。信息具有共享性、再生性和倍增性。知识是经过

加工的信息，是信息的高级形态。知识是社会发展的重要资源，在信息社会，知识创新成为国家竞争力的核心要素，知识生产与消费成为经济发展、社会进步以及人全面发展的重要方式。

二、信息社会的特征

随着信息技术的广泛应用，工业社会向信息社会转型，同时社会中呈现出与工业社会不同的新特征，主要体现在信息经济、网络社会、在线政府和数字生活四个方面。

（一）信息经济

信息经济作为信息社会中最基本的经济形态，在信息社会发展水平方面起着重要作用。与传统的农业经济和工业经济相比，信息经济是一种创新型经济形态，其主要特征体现在人力资源知识化、发展方式可持续、产业结构软化、经济水平发达等方面。

对于人力资源知识化，劳动者中具备高学历、掌握信息技术开发利用的知识型人才的比例逐步增大，同时要求普通劳动者具备较高的信息素养。对于发展方式可持续，信息经济作为推动经济可持续发展的重要推力，需要向创新应用型转变，以解决工业化发展引起的能源匮乏、环境污染等问题。在产业结构软化方面，服务行业的比重不断上升，传统行业经过不断改造、升级，越来越依赖于信息、知识、技术等软要素。在经济水平方面，信息技术的不断创新应用，需要雄厚的经济实力作为支持，但科技的进步反过来又不断推进经济的发展。

（二）网络社会

网络化作为信息社会最典型的社会特征，主要表现在信息服务的可获得性和社会发展的全面性两个方面。在信息服务的可获得性方面，信息基础设施不断普及和完善，信息产品与服务的资费不断降低，信息获取成本降低，居民支付能力得到提升，大众能最大限度地享受基本的信息服务。在社会发展的全面性方面，信息社会，人们的需求层次从基本的衣食住行转变为对健康生活的需求、对人与自然和谐发展的追求，城市将提供更多的医疗健康服务，强调生态环境保护，社会大众将充分享受现代城市文明生活。

（三）在线政府

在线政府是基于现代信息技术，以完成社会管理和公共服务的新型政府治理模式。在线政府具有科学决策、公开透明、高效治理、互动参与等特征。伴随着电子政务的大力推进，政府可及时、充分地获取各种信息，并利用各种决策分析工具、模型，提升决策过程和方法的科学性，提升政策的实施效果。在公开透明方面，公众可通过多种信息公开渠道，突破时空的限制，及时获取所需的各类政府信息。公众可通过网络对政府行为进行监督，有效保证政府运行的公开透明，从而实现信息社会的阳光政府。在高效治理方面，信息系统的建立与普及，使得传统手工办理方式发生了改变，政府工作效率得到极大提高。电子政务使得政府组织结构扁平化，使政府治理模式从管制型向服务型转变，以为公共提供更好的服务。互联网作为连接政府与公众的重要桥梁，是公众向政府反映利益诉求的重要工具，政府也可以通过网络了解民情、汇聚民智、完善服务。

（四）数字生活

数字化生活时代，人们的生活理念、生活方式经历着深刻的变革，重点表现在生活工具、生活方式、生活内容三个方面。在生活工具数字化方面，信息化的传统产品成为人们日常生活不可缺少的信息产品。生活方式的数字化，使得人们的工作更加富有弹性，人们的交际空间更加宽广，而家庭数字化将成为未来生活的发展趋势。生活内容的数字化，使得人们的工作内容将以处理、分配、挖掘信息为主，学习内容趋于自主化和个性化，消费内容将以信息为主，数字化内容将成为公众娱乐活动的首选。

三、信息社会的发展阶段

信息社会是信息技术广泛应用在经济、社会、政治、生活等领域的一种社会状态，也是信息技术应用不断深化和积累所引起的从量变到质变的一种必然结果。从工业社会向信息社会转型是一个长期、动态的过程，可以根据发展水平的高低，对信息社会进行阶段的划分。我们一般用国家信息中心发布的信息社会指数来衡量信息社会发展水平。为直观反映信息社会发展情况，将信息社会指数的取值范围设定在 0～1 之间，值越大，表明信息社会发展程度越高。根据信息社会指数的取值情况，划分信息社会发展阶段，具体见表 3-1。

表 3-1　信息社会发展阶段

阶段	准备阶段		发展阶段		
	起步期	转型期	初级阶段	中级阶段	高级阶段
ISI	0.3 以下	0.3～0.6	0.6～0.8	0.8～0.9	0.9 以上
基本特征	信息技术的初步应用	信息技术的加速扩散	信息技术深化影响	各个领域深刻变革	包容社会基本实现
面临问题	基础设施建设缓慢	发展不平衡	实用性不强	包容性不强	技术与创新瓶颈
主要任务	加快基础设施建设	加快改革与教育培训	加快改进机制	推广服务，实现服务的普及	鼓励技术创新

信息社会的准备阶段，即工业社会过渡到信息社会的阶段。在准备阶段，信

息技术不断地渗透到经济、政治、社会领域，这是一个长期的积累过程。准备阶段又分为起步期和转型期，起步期的基本特征是信息技术初步应用，基础设施无法与需求相匹配是其面临的主要问题。在此期间，要不断加快基础设施建设，并对人们进行教育培训，提高对信息技术的认知。当信息技术不断扩散并处于加速状态，信息化带动多个领域进行转型和变革，信息社会的准备阶段将从起步期进入转型期。在此时期，要加快调整与改革，逐步弥补发展不平衡。

信息社会的发展阶段，是进入信息社会之后的又一历史进程，在此阶段内，已实现经济、社会、生活的数字化、网络化与智能化，并且政府部门之间信息共享，实现公共服务管理智能化、网络化。在信息社会的发展阶段根据发展程度的不同可以分为初级阶段、中级阶段和高级阶段。在信息社会的初级发展阶段，基本实现经济、社会、生活的网络化、数字化。当信息社会进入中、高级阶段后，数字鸿沟已逐渐缩小，经济、社会、生活的网络化、智能化、数字化已达高水平，政府部门间协同办公更加普遍。

第二节　信息化与信息社会水平测评方法

信息社会这一概念刚被提出时，是对未来社会形态的构想，静态地表述了信息行业占据社会主导地位。由于经济发展方式的迅速转变，信息社会俨然变成了非常复杂的系统。而信息化对应着信息社会的发展进程，其衡量方法是一致的。如何客观、科学地反映和评估信息社会水平，将成为实证研究信息社会水平与区域经济增长关系的重点。本书根据国内外信息社会水平测度发展历程，选取具有代表性的测评方法进行比较。

一、马克卢普测度法

马克卢普在 1962 年出版的《美国的知识生产与分配》是一部具有国际影响力的宏观信息经济学著作，开创了信息化测算的新时代。他将美国的知识产业划分为教育、研究与开发、信息设备、通信媒介、信息服务五大类，相应地将知识职业分为教师、科学家、计算机工程师、演员、律师五大类。马克卢普的研究突破了国民经济核算的习惯做法，采用了知识产业规模的尺度来使用测度方法，对许多指标进行了修正，建立了对美国知识生产和分匹配的最早的信息经济测度体系。但是由于对知识产业的范围定义太过宽泛，再加上计算方法复杂烦琐，这使得在选取和测算数据时具有主观色彩和随意扩大的倾向，比如，马克卢普通过计算父母为留在家中教育孩子而放弃工作所损失的工资，衡量家庭教育价值。马克卢普的信息化测度方法在实践中没有流传开来。

二、波拉特法

1977年，在马克卢普测度体系的基础上，美国经济学家波拉特在其九卷巨著《信息经济：定义与测算》中将信息产业与农业、工业、服务业并列，称为第四产业，提出了一套系统完善的信息经济测算方法。该测算方法从经济学角度出发，定量地描述信息经济，具有很大的实用性。测算方法的核心是从国民经济部门中识别信息部门，并将识别出的信息部门划分成一、二级信息部门。其中，一级信息部门包含所有向市场提供信息产品或服务的企业，二级信息部门包含信息生产仅供内部消耗的民间和政府管理部门以及非信息企业。再分别计算两类信息部门对国民经济的贡献程度，建立一套可以量化的波拉特测算体系。波拉特法测算公式为：

$$\mathrm{GNP} = C + G + I + (X - M) \tag{3-1}$$

式中　GNP——国民生产总值中知识产业的总量；

C（消费）——消费者对最终信息产品及服务的消费量；

G（政府购买）——政府对最终信息产品及服务的消费量；

I（投资）——企业和政府对信息类固定资产的总投资；

X——信息产品和服务的出口；

M——信息产品和服务的进口；

$(X-M)$——出口净额。

波拉特方法可操作性强，数据获取容易，成为国际上测度信息经济的典范之一。

三、信息化指数法（RITE模型）

1965年日本电讯与经济研究所（Research Institute of Telecommunications and Economics，简称RITE）研究员小松崎清介首次提出了信息化指数法（RITE模型）。RITE模型包含多个指标，是以指数的形式来测定信息化发展程度的一种模型。该方法主要从社会经济信息流量和信息能力的角度出发，选取信息量、信息装备率、通信主体水平、信息系数4个一级指标反映社会信息化程度，具体包括11个二级活动指标，见表3-2。由于无法对各类不同质的指标进行直接计算，RITE模型假定四大类及各自分指标对信息化的贡献是等价的，即权重相同。计算信息化指数时，首先，选取国家或地区的某一年为基年，并将该年的各项指标数确定为基数。其次，确定被测地区其他年度的各项同类指标与基年指标的相对值，并且分别计算四大类各自的算术平均值。然后，加权求和计算得到四项指标值。最后，得到信息化指数。RITE模型的数据相对容易收集，计算较为简单，可操作性强。可从纵向维度对一个国家或地区的信息化发展进程进行测度与预测，也可从横向维度比较不同国家或地区的信息化程度差异。但是，该模型选取的指标涵盖的范围不够全面，没能将一些重要的影响因素在模型中体现出来，并且没有按照实际情况区分不同变量的贡献大小，而只是简单的算术平均，因此很难准确地反映真实的信息化进程。

表 3-2　信息化指数法(RITE)指标体系

<table>
<tr><th colspan="3">一级指标</th><th colspan="2">二级指标</th></tr>
<tr><td rowspan="12">信息化指数</td><td>指标名称</td><td>权重</td><td>指标名称</td><td>权重</td></tr>
<tr><td rowspan="5">信息量</td><td rowspan="5">1/4</td><td>人均年使用函数件</td><td>1/5</td></tr>
<tr><td>人均年通话次数</td><td>1/5</td></tr>
<tr><td>每百人每天报纸发行数</td><td>1/5</td></tr>
<tr><td>每平方公里人口密度</td><td>1/5</td></tr>
<tr><td>每万人书籍销售网点数</td><td>1/5</td></tr>
<tr><td rowspan="3">信息装备率</td><td rowspan="3">1/4</td><td>每百人电话机数</td><td>1/3</td></tr>
<tr><td>每百人电视机数</td><td>1/3</td></tr>
<tr><td>每万人计算机数</td><td>1/3</td></tr>
<tr><td rowspan="2">通信主体水平</td><td rowspan="2">1/4</td><td>第三产业就业人数百分比</td><td>1/2</td></tr>
<tr><td>每百人在校大学生数</td><td>1/2</td></tr>
<tr><td>信息系数</td><td>1/4</td><td>个人消费中除衣食住外杂费占总消费比例</td><td>1</td></tr>
</table>

四、国家信息化指标体系

2001 年 7 月，我国信息产业部公布了《国家信息化指标构成方案》，该指标体系由 6 个一级指标和 20 个二级指标组成，其中一级指标包括信息资源、国家信息网络、信息技术应用、信息技术与产业、信息化人才、信息化政策法规和标准。20 个二级指标数据大部分可以从国家或地方的有关统计年鉴中获得，具体见表 3-3。可利用此指标体系，对我国信息化水平进行测算，从而为信息化发展规划的制定提供量化、科学的依据。

表 3-3　国家信息化指标构成方案

	指标名称	单位
1	每千人广播电视播出时间	小时/千人(总人口)
2	人均带宽拥有量	千比特/人(总人口)
3	人均电话通话次数	通话总次数/人(总人口)

表 3-3(续)

	指标名称	单位
4	长途光缆长度	芯长/km
5	微波占有信道数	波道/km
6	卫星站点数	卫星点数
7	每百人拥有电话主线数	主线总数/百人(总人口)
8	每千人有线电视台数	有线电视台数/千人(总人口)
9	每百万人互联网用户数	互联网用户数/百万人(总人口)
10	每千人拥有计算机数	计算机拥有数/千人(总人口)
11	每百户拥有电视机数	电视机数/百户(总家庭数)
12	网络资源数据库总容量	吉字节
13	电子商务交易额	亿元
14	企业 IT 类固定投资占同期固定资产投资的比重	(%)
15	信息产业增加值占 GDP 比重	(%)
16	信息产业对 GDP 增长的直接贡献率	(%)
17	信息产业 R&D 经费支出占全国 R&D 经费支出总额的比重	(%)
18	信息产业基础设施建设投资占全部基础设施建设投资比重	(%)
19	每千人中大学毕业生比重	大专毕业文凭数/千人(总人口)
20	信息指数	(%)

五、信息社会指数

1995 年,在西方七国集团召开的"信息社会"大会上,国际电信联盟提出了一套评价信息化发展水平的指标体系,该指标体系包含 6 类指标,分别是电话线、蜂窝式电话、综合业务数字网、有线电视、计算机、光纤。该指标体系主要从信息基础设施方面对信息化水平进行测评,因而该指标体系不能有效反映国家或地区的信息化水平。1996 年,国际数据集团(International Data Group,简称 IDG)提出了信息社会指数法,并将指标的选取范围扩大到政治、文化等领域。自 1996 年起,IDG 每年都会综合评估 55 个国家的信息社会水平,并根据这些国家的信息社会指数,将参评国家的发展状况分为漫步型冰者、小跑型冰者、快跑型冰者、速滑型 4 个发展等级,并从全球角度对信息社会建设进行分析,为处于不同发展阶段的国家提供发展建议。

第三节　信息社会发展水平测评

在明确信息社会的内涵、特点、阶段划分等基本理论问题的前提下，在充分吸收和借鉴国际社会和国内有关机构关于信息社会以及信息化发展水平测评体系的基础上，按照理论通用、内涵清晰、数据可靠的基本要求，确定定量测算信息社会发展水平的方法。

定量测算信息社会发展水平大致可以分为以下五个步骤:第一步，确定信息社会的内涵、基本特征与发展阶段；第二步，选择代表性指标构建指标体系；第三步，确定底层指标的标准值及指标的权重；第四步，测算底层指标的指数值；第五步，逐级加权计算得到分类指标综合指数和总指数。

一、测评指标体系构建原则

1997 年，国际数据集团和《世界时代》(*World Times*)全球研究部在全球知识发展大会上提出了一个新概念，即信息社会指数。可以用 ISI 来衡量各国信息社会发展水平，还可以对各个国家获得、汲取和有效应用信息技术的能力进行比较和测评。

在测评信息社会时，大多采用多指标综合指数法，而如何选择指标体系则是最关键的一步。指标体系的选择应体现出信息社会的主要特征，并且所选取的指标应相对完整，具备良好的可扩展性，选取的数据应该是高质量易获得的。构建信息社会测评指标体系主要遵循以下原则:整体性和系统性、科学性和客观性、可操作性和可比性。

(一) 整体性和系统性

整体性和系统性是信息社会测评体系构建的首要条件。信息社会是一个高度复杂的大系统，在对信息社会进行测评时应当充分研究信息社会的特征，将信息社会作为一个有生命的有机体来研究，既要重视各个子系统及其各要素的情况，也要重视大系统与其子系统之间的关系。

(二) 科学性和客观性

制定的指标应当建立在科学的理论基础上，并且能够客观反映信息社会水平，舍弃与评价无关的指标，从而确保评价的全面性与可靠性。在对各级指标进行层次划分时，要依据本身逻辑，依照现实情况对选取的数据进行甄别，以保证测评结果能够客观精准地反映信息社会实际的发展状况。

(三) 可操作性和可比性

指标体系的选择不宜过于详细，否则会导致指标的可操作性变差。信息社会测评指标的选取应当尽可能地选取核心指标，且与现有的数据归类保持一致。设计的指标不仅能够客观地反映问题，还需具备全方位的可比性，能够进行国家间或区域间相互比较，有利于地区间取长补短，共同进步。

二、信息社会发展水平测评指标体系

指标体系是指由若干个相对独立又相互关联的统计指标组成的有机整体。建立信息社会评价指标体系的目的是为了测评区域信息社会指数。为了衡量区域信息社会发展状况，需要构建合理的指标体系对其进行测算。

经济、社会、政治、生活、文化和技术等多种因素综合作用于信息社会，所以信息社会是一个复杂和异质性的系统。对于高度复杂的信息社会的测评，可以选择一组不同性质的、能反映信息社会主要特征的指标，然后将指标值进行标准化，从而转化为一个能够反映信息社会发展水平和情况的综合指数，即多指标综合指数法。在建立指标体系时，选择指标需要按照以下三个基本原则：一是能够反映信息社会的主要特征；二是指标数据可获取性和高质量性；三是具有完整性和可扩展性。

为了全面掌握信息社会发展情况和变化，2005 年，国家信息中心信息化研究部开始对信息社会发展理论和实践活动进行跟踪及研究，并尝试进行定量测评研究工作，进而构建信息社会测评指标体系。经过数年的积累和探索，国家信息中心 2010 年发布了首份信息社会测评报告——《走进信息社会：中国信息社会发展报告 2010》，测评对象涉及全国 31 个省（自治区、直辖市）。2013 年，测评对象扩展到全国 31 个省（自治区、直辖市）与 300 多个地级及以上城市。

国家信息中心在 2015 年首次对全球信息社会发展水平进行测算分析，在借鉴国内外信息社会发展相关研究的最新理论成果和指标体系合理性、指标数据可获取性的基础上，对指标体系进行了调整，以确保国际、国内测评结果的一致性。一方面，剔除了部分指标，如有线电视接入指数、宽带接入指数等；另一方面，新增加了部分指标，如人均寿命指数和空气质量指数。此外，在新的指标体系下，少数指标的内涵也发生了相应的变化。最终形成的信息社会指标体系由 4 个一级指标 、9 个二级指标和 14 个三级指标构成，见表 3-4。2017 年，国家信息中心发布了《全球、中国信息社会发展报告 2017》。鉴于准确性、权威性，本书采用国家信息中心设计的信息社会发展水平评价指标体系及其发布的全球部分国家、全国各省市信息社会发展水平相关指数。

表 3-4　信息社会发展水平评价指标体系

一级指标		二级指标		三级指标	
指标名称	权重	指标名称	权重	指标名称	权重
信息经济指数	30%	经济发展指数	1/4	人均 GDP 指数	1
		人力资源指数	1/4	成人识字指数	1/3
				教育投入指数	1/3
				大学生指数	1/3
		产业结构指数	1/4	产值结构指数	1/2
				就业结构指数	1/2
		发展方式指数	1/4	研发投入指数	1/3
				创新指数	1/3
				能效指数	1/3
网络社会指数	30%	支付能力指数	1/2	固定宽带支付能力指数	1/2
				移动电话支付能力指数	1/2
		社会发展指数	1/2	人均寿命指数	1/3
				城镇化指数	1/3
				空气质量指数	1/3
在线政府指数	10%				
数字生活指数	30%	移动电话指数	1/3		
		电脑指数	1/3		
		互联网指数	1/3		

利用综合指数法，由表 3-4 可得信息社会指数的计算公式：

信息社会指数＝信息经济指数×30%＋网络社会指数×30%＋
　　　　　　在线政府指数×10%＋数字生活指数×30%

（一）信息经济指数

信息经济指数反映的是一个地区经济的发展水平、人力资源、产业结构以及发展方式情况，体现了信息社会经济方面的可持续发展潜力。信息经济指数由经济发展指数、人力资源指数、产业结构指数与发展方式指数 4 个子指标构成，见图 3-1。

信息经济指数作为信息社会评价指标体系的一级指标，权重为 30%。

信息经济指数＝1/4×经济发展指数＋1/4×人力资源指数＋
　　　　　　1/4×产业结构指数＋1/4×发展方式指数

经济发展是信息社会建设的前提和基础，经济发展指数能够反映一个地区

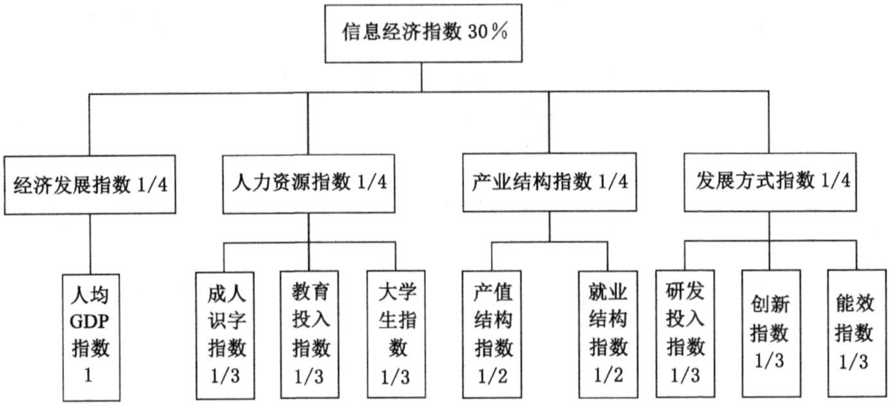

图 3-1　信息经济指数构成

经济发展水平对信息社会贡献能力的大小。尽管使用单一指标反映经济发展水平不能体现经济增长的资源环境代价，但是 GDP 仍是反映经济发展规模的最佳指标。

人力资源指数是衡量劳动者素质和人力资源积累的指标。在信息社会中，人的素质对信息技术应用的成效和知识驱动经济发展的强度起到决定作用，并进一步决定经济社会发展水平。拥有一定识字能力即可掌握信息技术的基本应用方法，并从手机、电脑等数字终端获取信息。而教育可以提高人们获取、加工、使用信息的能力，并且对教育的投入可以反映一个地区对教育的重视程度。实际上，不同程度的受教育水平引起的差别会相当大。高等教育将会提升人的各项信息处理能力，并使人能够在专业领域发挥信息技术倍增作用。

产业结构指数是衡量一个国家或地区的产业结构适应信息社会需要的标准，它由产值结构指数和就业结构指数决定。产值结构指数主要变量是 GDP 中第三产业增加值占的比重，它从货币方面反映产业结构的质量。信息技术在服务业的应用，使得包括信息服务业在内的现代服务业在经济中的比重不断提高，并成为信息社会的一个重要特征。就业结构指数对产业、经济、社会结构的水平和质量起到决定性作用，它反映不同产业中就业人员的分配情况。通过计算第一产业就业人员占总就业人口的比重，判断信息社会发展的程度。若第一产业就业比重越小，表明劳动力不断向第二、第三产业转移，那么就业结构越优化，信息社会发展程度也就越高。

信息社会是一个注重建设创新能力、发展绿色经济的社会，而发展方式指数反映了一个地区在研发、创新和能效方面的情况。它由研发投入指数、创新指数和能效指数三方面构成。研发投入指数作为衡量信息经济水平的重要指标，是由研究与试验发展经费支出占 GDP 的比重计算得到，反映一个地区科研领域的投入强度。一个社会对科研投入强度越高，表明这个社会越重视知识和科技发展，则技术创新成绩也就越好。创新指数代表了一个地区的创新能力，是信息社会可持续发展的潜力。因为创新能力比较抽象，可用百万人专利申请数来表示。信息社会是可持续发展的社会，节约、绿色环保已经成为信息社会的重要发展方式，能效指数可以反映一个地区可持续发展状况，它的计算是基于每单位地区生产总值的能耗。

（二）网络社会指数

网络社会指数是从社会的视角考察信息社会发展水平的指标，由支付能力指数和社会发展指数两个子指标构成，见图 3-2。

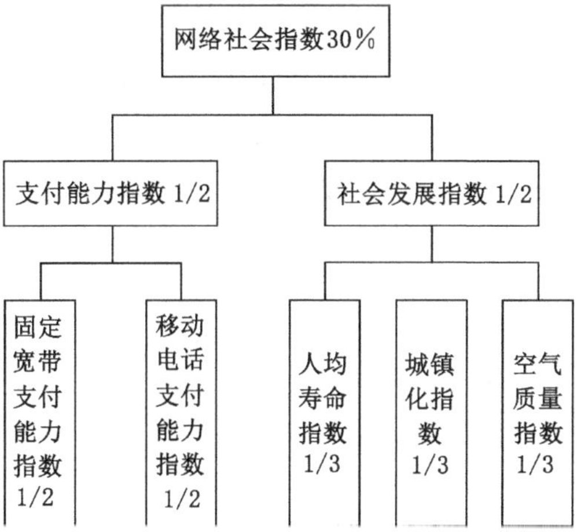

图 3-2　网络社会指数构成

$$网络社会指数=支付能力指数\times50\%+社会发展指数\times50\%$$

支付能力指数是居民所具有的使用信息技术支付能力的衡量标准，同时反映了不同信息技术的使用成本。即使网络信号可以覆盖每一个角落，也只是为居民上网、使用手机提供了可能，并不可以保证所有人都能够使用网络。要想让多数人使用，在价格上还需要保证大家可以负担得起。支付能力指数包括移动电话支付指数和宽带支付指数两个子指数。固定带宽支付能力指数反映人均 GDP 与宽带使用成本的倍数关系，倍数越大，支付能力越强。移动电话支付能力指数反映了人均 GDP 与移动电话使用成本之间的倍数关系，倍数越大，支付能力越强。

社会发展指数包括人均寿命指数、城镇化指数和空气质量指数三个子指标。随着信息技术的普及应用、医疗卫生水平的发展提升及产业结构的调整，一个国家或地区社会生产力得到发展，人均预期寿命会进一步提高，能够综合反映一个国家或地区的社会发展水平。可将指数的标准值设置为100，对人均预期寿命进行无量纲化。城镇化是指农村人口向城镇转移。在我国信息社会建设中，信息社会的城镇化是更高级的城镇化，发展中小城镇将成为我国城镇化建设的重点。空气质量情况与人类生活息息相关，它也是社会发展水平的重要考察指标。在信息社会，空气质量每天都是达标的。由于PM10含量的高低最引人注目，可选择PM10的年平均浓度作为空气质量指数的衡量指标。

（三）在线政府指数

在线政府指数反映了一个国家或地区政府依法为人民服务的能力和水平，主要考查政府如何通过信息技术，如政府网站、政府公众号等，来为国民提供服务及其效率如何。对于政府网站绩效的考察能够映衬出在线政府建设水平。可用联合国发布的电子政务发展指数作为衡量政府网站绩效的标准，并对国内的在线政府指数进行相应的调整。在线政府指数权重为10%，没有下级指标。

（四）数字生活指数

数字生活指数反映了信息技术在居民中的扩散和普及程度，以及现代信息技术扩散应用对公众生活的影响程度。数字生活指数由移动电话指数、电脑指数和互联网指数3个指标构成，见图3-3。

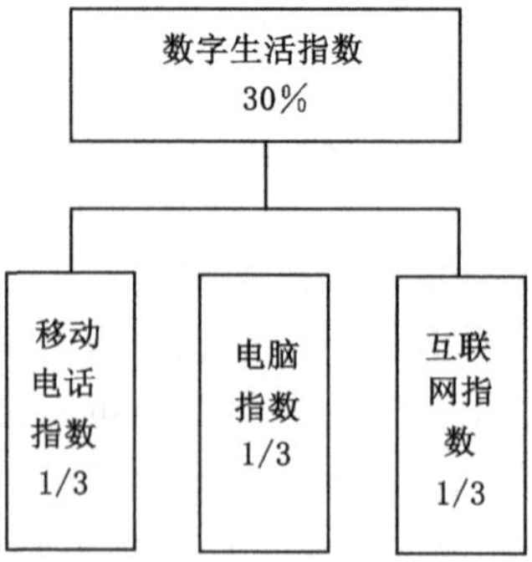

图3-3　数字生活指数构成

数字生活指数＝1/3×移动电话指数＋1/3×电脑指数＋1/3×互联网指数

移动电话指数即每百人中移动电话用户数，反映了公众使用移动电话的情况，可根据移动电话普及率计算得出。电脑指数反映了公众使用电脑的情况，即拥有电脑的家庭占比或每百人平均电脑拥有量。互联网指数，是指每百人互联网用户数，可根据互联网普及率计算得出。

第四章 “一带一路”沿线国家信息社会发展水平时空分异研究

第一节 “一带一路”沿线国家信息社会发展概况

研究采用的信息社会指数数据来源于国家信息中心发布的《全球信息社会发展报告 2017》，该报告对 126 个具有代表性的国家进行了信息社会发展水平评价，基本可以反映全球信息社会发展的总体状况。阿富汗、安哥拉及巴布亚新几内亚等 40 多个“一带一路”沿线国家或地区数据缺失，故未列入研究范围。因此，报告中包含 91 个“一带一路”沿线国家，基本反映了“一带一路”沿线国家信息社会发展的总体情况，故本书用 91 个“一带一路”沿线国家样本数据研究“一带一路”沿线国家信息社会发展水平时空分异。

一、全球主要国家信息社会发展现状

2017 年全球 ISI 为 0.574 8，处于从工业社会向信息社会过渡的转型期。全球 ISI 是 126 个样本国家 ISI 的算术平均值。本书所用到的全球、“一带一路”沿线国家、区域有关的信息社会各种指数的均值都是指算术平均值。

2017 年，全球 126 个主要国家中，有 57 个国家的 ISI 超过 0.6，进入信息社会发展阶段。其中，卢森堡、瑞士等 20 个国家的 ISI 超过 0.8，属于信息社会发展高水平国家。目前，世界大多数国家处于信息社会准备阶段。2011—2017 年 ISI 排名前三十的国家(以 2017 年指数排序)见表 4-1。

当前全球信息社会发展不平衡，欧美等发达国家 ISI 普遍超过 0.6，进入信息社会中级阶段，而亚非拉国家信息社会发展则相对落后，仍然处于信息社会发展的准备阶段。全球信息社会发展水平概况，欧洲 ISI 为 0.716 5，整体上已经进入信息社会。2017 年卢森堡的 ISI 为 0.908 7，位居全球第一，是唯一步入信息社会高级阶段的国家。瑞士、芬兰等 31 个国家已经进入信息社会中级阶段。2017 年 ISI 排名前十的国家中，有 8 个欧洲国家。亚洲 ISI 均值达到 0.538 5，新加坡、日本、巴林以及科威特 ISI 超过 0.8，进入信息社会中级阶段；韩国、以色列等8国处于信息社会的初级阶段；中国、印度、

表 4-1 2011—2017 年 ISI 排名前三十的国家(以 2017 年指数排名排序)

序号	国家	2011	2012	2013	2014	2015	2016	2017
1	卢森堡 *	0.881 4	0.892 0	0.904 6	0.900 5	0.903 6	0.909 8	0.908 7
2	瑞士	0.787 0	0.808 1	0.826 5	0.833 0	0.845 2	0.877 6	0.885 9
3	芬兰	0.831 3	0.856 6	0.878 0	0.881 3	0.891 5	0.879 3	0.883 5
4	挪威	0.834 8	0.847 4	0.858 0	0.861 1	0.862 1	0.864 1	0.875 6
5	英国	0.834 1	0.814 2	0.831 4	0.836 3	0.843 9	0.859 0	0.871 5
6	丹麦	0.861 9	0.845 4	0.866 0	0.862 7	0.857 0	0.860 2	0.870 1
7	新加坡 *	0.846 2	0.841 0	0.861 3	0.864 4	0.887 1	0.882 4	0.869 4
8	奥地利 *	0.777 4	0.811 2	0.812 7	0.820 9	0.844 1	0.855 9	0.869 4
9	澳大利亚	0.774 9	0.800 9	0.814 4	0.826 7	0.839 2	0.852 0	0.864 6
10	瑞典	0.837 7	0.855 0	0.876 1	0.874 5	0.866 2	0.860 9	0.858 0
11	美国	0.826 3	0.807 7	0.807 8	0.824 7	0.810 1	0.844 9	0.848 5
12	日本	0.763 4	0.796 2	0.811 5	0.826 7	0.835 1	0.850 9	0.846 3
13	冰岛	0.817 3	0.831 7	0.840 9	0.840 4	0.831 0	0.833 2	0.844 8
14	德国	0.796 4	0.798 5	0.780 5	0.779 2	0.818 3	0.819 4	0.829 4
15	新西兰 *	0.747 1	0.752 7	0.758 5	0.755 8	0.795 4	0.810 0	0.825 3
16	荷兰	0.813 0	0.814 2	0.834 7	0.826 0	0.814 0	0.811 7	0.820 5
17	巴林 *	0.695 3	0.676 7	0.712 8	0.758 7	0.787 4	0.809 2	0.817 4
18	科威特 *	0.636 8	0.687 9	0.723 0	0.731 0	0.745 4	0.756 7	0.814 7
19	比利时	0.777 6	0.769 6	0.792 8	0.787 6	0.785 5	0.797 8	0.810 7
20	爱尔兰	0.773 6	0.751 2	0.770 0	0.770 0	0.791 8	0.798 9	0.810 5
21	法国	0.725 2	0.742 3	0.757 2	0.762 7	0.780 3	0.788 6	0.796 9
22	爱沙尼亚 *	0.680 5	0.683 3	0.715 3	0.751 9	0.765 6	0.781 8	0.794 4
23	加拿大	0.801 4	0.784 5	0.780 8	0.781 5	0.777 1	0.789 4	0.786 5
24	以色列	0.802 4	0.783 8	0.798 8	0.801 2	0.765 8	0.769 7	0.783 9
25	韩国 *	0.741 7	0.761 8	0.756 8	0.761 3	0.771 7	0.776 1	0.783 8
26	阿联酋 *	0.685 1	0.696 9	0.718 7	0.746 8	0.755 5	0.768 2	0.773 1
27	立陶宛 *	0.649 5	0.676 2	0.696 1	0.705 8	0.720 8	0.725 7	0.764 8
28	文莱 *	0.643 4	0.676 9	0.709 2	0.712 1	0.703 2	0.714 3	0.752 7
29	捷克 *	0.638 4	0.648 2	0.663 3	0.661 8	0.688 5	0.719 2	0.747 3
30	塞浦路斯 *	0.692 0	0.706 7	0.724 8	0.727 6	0.725 7	0.733 4	0.741 0

注:国名后带“ * ”的为“一带一路”沿线国家。

伊朗等18个国家处于信息社会准备阶段的转型期;巴基斯坦等5国ISI低于0.3,仍处于信息社会准备阶段的起步期。南北美洲ISI为0.529 2,南北差距明显,北美洲的美国和加拿大遥遥领先,ISI分别为0.848 5和0.786 5,阿根廷、乌拉圭及智利等8国处于0.6～0.65区间,其余国家ISI低于0.6,仍处于信息社会的准备阶段。澳大利亚ISI为0.864 6,新西兰ISI为0.825 3,大洋洲这两国处于信息社会中级阶段,信息社会水平较高。非洲国家信息社会发展较为落后,整体ISI为0.377 2。在非洲国家中,毛里求斯的信息社会发展水平最高,ISI为0.674 1。

2017年ISI排名前三十的国家中,有13个"一带一路"沿线国家,其中,卢森堡排名最高,排在第一位;其次是新加坡和奥地利,排在7、8位;新西兰第15名;巴林和科威特分别是17、18名;爱沙尼亚第22名;第25～30名,皆为"一带一路"沿线国家,分别是韩国、阿联酋、立陶宛、文莱、捷克、塞浦路斯。

2011年,全球ISI仅为0.492 3,2017年ISI达到0.574 8,提升了16.8%,从这些数据可以看出,全球信息社会发展水平正在稳步提高。世界各国积极抓住信息技术发展应用机遇,创新信息技术和应用场景,促进全球信息社会进一步发展。

二、"一带一路"国家信息社会发展现状

《全球信息社会发展报告2017》中包含91个"一带一路"沿线国家。2011年"一带一路"沿线国家ISI为0.455 1,2017年为0.547 8,处于信息社会准备阶段的转型期,七年间ISI增长了0.092 7。2017年91个"一带一路"沿线国家中有36个国家ISI超过0.6,其中卢森堡处于信息社会高级阶段;新加坡、奥地利、新西兰、巴林和科威特5国处于信息社会中级阶段;爱沙尼亚、韩国等30个国家处于信息社会初级阶段;中国、印度、罗马尼亚等43个国家ISI低于0.6高于0.3,处于信息社会准备阶段的转型期;巴基斯坦、孟加拉国、柬埔寨等12个国家ISI低于0.3处于信息社会准备阶段的起步期。91个"一带一路"沿线国家主要分布在亚洲(30个)、欧洲(27个)、美洲(17个)、非洲(17个)四大区域。欧洲地区ISI最高,其次是美洲、亚洲地区,非洲地区最低,具体数据见表4-2。

表4-2　2011—2017年"一带一路"沿线国家ISI(以2017年指数排名排序)

排名	国家	区域	2011	2012	2013	2014	2015	2016	2017
1	卢森堡	欧洲	0.881 4	0.892 0	0.904 6	0.900 5	0.903 6	0.909 8	0.908 7
2	新加坡	亚洲	0.846 2	0.841 0	0.861 3	0.864 4	0.887 1	0.882 4	0.869 4
3	奥地利	欧洲	0.777 4	0.811 2	0.812 7	0.820 9	0.844 1	0.855 9	0.869 4
4	新西兰	美洲	0.747 1	0.752 7	0.758 5	0.755 8	0.795 4	0.810 0	0.825 3

表 4-2(续)

排名	国家	区域	2011	2012	2013	2014	2015	2016	2017
5	巴林	亚洲	0.695 3	0.676 7	0.712 8	0.758 7	0.787 4	0.809 2	0.817 4
6	科威特	亚洲	0.636 8	0.687 9	0.723 0	0.731 0	0.745 4	0.756 7	0.814 7
7	爱沙尼亚	欧洲	0.680 5	0.683 3	0.715 3	0.751 9	0.765 6	0.781 8	0.794 4
8	韩国	亚洲	0.741 7	0.761 8	0.756 8	0.761 3	0.771 7	0.776 1	0.783 8
9	阿联酋	亚洲	0.685 1	0.696 9	0.718 7	0.746 8	0.755 5	0.768 2	0.773 1
10	立陶宛	欧洲	0.649 5	0.676 2	0.696 1	0.705 8	0.720 8	0.725 7	0.764 8
11	文莱	亚洲	0.643 4	0.676 9	0.709 2	0.712 1	0.703 2	0.714 3	0.752 7
12	捷克	欧洲	0.638 4	0.648 2	0.663 3	0.661 8	0.688 5	0.719 2	0.747 3
13	塞浦路斯	欧洲	0.692 0	0.706 7	0.724 8	0.727 6	0.725 7	0.733 4	0.741 0
14	马耳他	欧洲	0.686 7	0.690 9	0.725 1	0.724 2	0.730 5	0.715 9	0.740 2
15	拉脱维亚	欧洲	0.608 0	0.611 2	0.630 1	0.647 3	0.668 2	0.683 7	0.738 8
16	阿曼	亚洲	0.609 3	0.631 6	0.667 1	0.707 3	0.718 1	0.736 1	0.738 2
17	俄罗斯	欧洲	0.573 1	0.609 3	0.642 2	0.672 1	0.720 8	0.724 5	0.736 6
18	意大利	欧洲	0.706 2	0.704 1	0.718 9	0.717 3	0.721 4	0.730 2	0.730 6
19	波兰	欧洲	0.594 3	0.600 1	0.625 6	0.635 7	0.667 5	0.694 6	0.725 3
20	斯洛伐克	欧洲	0.601 6	0.630 4	0.639 9	0.645 9	0.675 2	0.693 2	0.720 2
21	葡萄牙	欧洲	0.661 2	0.639 5	0.661 0	0.659 6	0.677 0	0.690 5	0.708 9
22	斯洛文尼亚	欧洲	0.671 3	0.663 7	0.675 7	0.671 6	0.681 6	0.681 8	0.701 5
23	特立尼达和多巴哥	美洲	0.622 9	0.559 2	0.628 7	0.642 2	0.658 8	0.670 6	0.697 4
24	沙特阿拉伯	亚洲	0.615 6	0.614 4	0.650 1	0.671 3	0.678 1	0.701 4	0.696 6
25	匈牙利	欧洲	0.620 3	0.632 0	0.643 7	0.645 0	0.650 4	0.668 1	0.675 6
26	巴巴多斯	美洲	0.648 7	0.658 5	0.668 0	0.667 7	0.656 2	0.656 8	0.670 2
27	马来西亚	亚洲	0.534 2	0.542 3	0.587 1	0.608 1	0.618 0	0.636 7	0.668 9
28	克罗地亚	欧洲	0.563 5	0.590 8	0.615 7	0.613 8	0.614 1	0.607 7	0.663 4
29	希腊	欧洲	0.626 0	0.624 5	0.642 8	0.643 0	0.639 9	0.650 2	0.662 8
30	乌拉圭	美洲	0.539 2	0.561 7	0.594 4	0.615 6	0.651 8	0.671 6	0.662 0
31	哥斯达黎加	美洲	0.520 4	0.543 6	0.556 5	0.595 7	0.625 5	0.641 1	0.659 1
32	哈萨克斯坦	亚洲	0.402 1	0.442 7	0.530 1	0.548 5	0.580 0	0.599 5	0.645 6
33	白俄罗斯	欧洲	0.510 0	0.498 2	0.520 3	0.536 1	0.577 7	0.598 3	0.641 1
34	智利	美洲	0.508 4	0.528 1	0.571 8	0.598 8	0.603 0	0.624 6	0.616 8

表 4-2(续)

排名	国家	区域	2011	2012	2013	2014	2015	2016	2017
35	安提瓜和巴布达	美洲	0.612 5	0.604 9	0.612 7	0.614 6	0.611 9	0.608 1	0.609 6
36	黑山	欧洲	0.516 4	0.520 2	0.537 4	0.560 5	0.577 2	0.587 3	0.601 8
37	委内瑞拉	美洲	0.450 7	0.483 2	0.488 6	0.532 7	0.591 2	0.589 0	0.585 7
38	阿塞拜疆	亚洲	0.384 0	0.437 9	0.473 2	0.497 7	0.515 3	0.527 4	0.583 8
39	黎巴嫩	亚洲	0.420 1	0.449 1	0.521 9	0.546 5	0.562 3	0.570 5	0.578 8
40	罗马尼亚	欧洲	0.495 7	0.511 6	0.495 9	0.502 8	0.517 8	0.528 0	0.578 0
41	巴拿马	美洲	0.511 2	0.506 1	0.536 7	0.547 1	0.553 0	0.548 7	0.561 2
42	土耳其	亚洲	0.445 9	0.458 6	0.486 9	0.496 7	0.514 6	0.529 6	0.560 1
43	保加利亚	欧洲	0.499 8	0.508 4	0.530 4	0.538 7	0.539 7	0.540 5	0.554 9
44	乌克兰	欧洲	0.422 2	0.436 3	0.456 6	0.480 3	0.496 6	0.521 1	0.554 1
45	突尼斯	非洲	0.405 2	0.417 3	0.432 3	0.442 4	0.469 6	0.497 8	0.532 5
46	塞尔维亚	欧洲	0.476 4	0.472 2	0.495 5	0.492 6	0.491 2	0.500 7	0.532 1
47	伊朗	亚洲	0.376 2	0.406 3	0.442 9	0.455 1	0.487 6	0.517 3	0.523 1
48	马其顿	欧洲	0.447 4	0.462 7	0.474 5	0.479 4	0.489 6	0.503 4	0.522 4
49	南非	非洲	0.395 9	0.421 8	0.460 0	0.474 8	0.498 1	0.502 8	0.521 3
50	亚美尼亚	亚洲	0.358 1	0.416 4	0.426 5	0.466 1	0.482 9	0.500 5	0.518 8
51	格鲁吉亚	亚洲	0.344 0	0.380 0	0.420 8	0.439 1	0.464 2	0.487 9	0.494 4
52	多米尼加	美洲	0.401 3	0.420 7	0.435 8	0.443 2	0.451 6	0.464 0	0.487 9
53	加蓬	非洲	0.391 0	0.403 7	0.441 1	0.449 1	0.451 4	0.456 1	0.486 1
54	中国	亚洲	0.324 3	0.356 4	0.390 4	0.416 5	0.435 3	0.454 0	0.474 9
55	摩洛哥	非洲	0.350 6	0.390 1	0.408 2	0.432 7	0.452 9	0.468 1	0.472 0
56	阿尔巴尼亚	欧洲	0.367 0	0.386 0	0.409 3	0.431 0	0.448 0	0.463 0	0.471 7
57	泰国	亚洲	0.407 9	0.385 3	0.403 8	0.418 5	0.442 0	0.447 2	0.462 9
58	秘鲁	美洲	0.388 0	0.396 3	0.411 4	0.420 3	0.442 0	0.453 6	0.458 6
59	厄瓜多尔	美洲	0.387 8	0.409 5	0.418 2	0.432 6	0.448 8	0.454 1	0.458 3
60	摩尔多瓦	欧洲	0.358 4	0.383 3	0.407 3	0.426 3	0.440 9	0.450 5	0.458 0
61	斯里兰卡	亚洲	0.353 8	0.342 1	0.390 8	0.403 8	0.423 1	0.438 4	0.455 3
62	埃及	非洲	0.337 6	0.359 9	0.384 6	0.413 0	0.435 5	0.436 3	0.449 1
63	蒙古国	亚洲	0.323 8	0.354 1	0.387 7	0.415 8	0.427 2	0.451 2	0.449 0
64	波黑	欧洲	0.378 1	0.398 3	0.427 4	0.433 6	0.439 8	0.442 3	0.447 2
65	牙买加	美洲	0.416 9	0.415 7	0.429 7	0.417 7	0.428 9	0.436 3	0.447 1

表 4-2(续)

排名	国家	区域	2011	2012	2013	2014	2015	2016	2017
66	阿尔及利亚	非洲	0.350 6	0.359 5	0.374 1	0.383 6	0.390 7	0.395 1	0.445 7
67	越南	亚洲	0.335 8	0.351 6	0.377 5	0.389 8	0.405 4	0.423 2	0.428 2
68	萨尔瓦多	美洲	0.368 7	0.380 5	0.394 1	0.403 8	0.404 3	0.421 5	0.421 0
69	菲律宾	亚洲	0.326 1	0.349 2	0.365 0	0.376 2	0.378 7	0.387 7	0.411 9
70	纳米比亚	非洲	0.310 3	0.331 6	0.341 9	0.343 7	0.362 7	0.372 2	0.403 9
71	玻利维亚	美洲	0.316 7	0.327 8	0.353 4	0.371 4	0.382 4	0.387 9	0.396 3
72	印度尼西亚	亚洲	0.296 0	0.311 9	0.335 5	0.349 2	0.357 1	0.377 5	0.389 6
73	古巴	美洲	0.337 6	0.341 6	0.343 1	0.363 4	0.371 0	0.381 8	0.385 7
74	加纳	非洲	0.236 3	0.252 3	0.282 3	0.319 6	0.334 4	0.354 2	0.384 3
75	吉尔吉斯斯坦	亚洲	0.314 1	0.319 6	0.346 4	0.358 7	0.359 8	0.372 1	0.382 9
76	圭亚那	美洲	0.325 4	0.342 6	0.347 1	0.359 6	0.356 9	0.364 8	0.368 3
77	塔吉克斯坦	亚洲	0.285 2	0.307 8	0.307 9	0.310 9	0.319 4	0.325 2	0.334 0
78	肯尼亚	非洲	0.224 4	0.239 2	0.274 1	0.286 0	0.296 8	0.313 8	0.333 7
79	尼日利亚	非洲	0.209 7	0.242 2	0.245 6	0.257 0	0.281 9	0.297 8	0.318 4
80	孟加拉国	亚洲	0.213 1	0.218 3	0.235 5	0.243 6	0.255 8	0.269 7	0.295 9
81	塞内加尔	非洲	0.236 3	0.239 5	0.252 4	0.264 0	0.274 3	0.278 3	0.293 4
82	巴基斯坦	亚洲	0.251 7	0.241 8	0.243 4	0.250 9	0.256 4	0.278 8	0.285 1
83	柬埔寨	亚洲	0.191 3	0.197 6	0.224 8	0.251 6	0.263 9	0.286 6	0.284 9
84	赞比亚	非洲	0.196 3	0.211 2	0.227 4	0.241 8	0.241 5	0.245 9	0.273 3
85	也门	亚洲	0.213 3	0.221 2	0.229 4	0.242 3	0.256 3	0.265 1	0.269 7
86	尼泊尔	亚洲	0.172 5	0.185 4	0.198 9	0.210 7	0.224 4	0.235 7	0.264 1
87	莫桑比克	非洲	0.177 6	0.190 7	0.198 2	0.207 1	0.225 1	0.251 7	0.259 9
88	贝宁	非洲	0.192 7	0.209 5	0.215 6	0.219 3	0.224 8	0.231 7	0.229 9
89	埃塞俄比亚	非洲	0.145 3	0.157 2	0.168 7	0.181 5	0.196 5	0.214 3	0.235 1
90	乌干达	非洲	0.192 5	0.205 9	0.218 8	0.199 2	0.193 5	0.201 2	0.219 4
91	马达加斯加	非洲	0.177 8	0.183 8	0.189 4	0.186 7	0.181 3	0.181 9	0.188 1
ISI 均值			0.455 1	0.468 6	0.490 8	0.504	0.518 2	0.530 2	0.547 8

注:因大洋洲国家只有新西兰有 ISI 数据,在分区域进行数据分析时把新西兰和美洲国家放在一起分析。

三、“一带一路”沿线国家分区域信息社会发展现状

91 个“一带一路”沿线国家主要分布在亚洲、欧洲、美洲、非洲四大区域,具

体见表4-3，根据地理位置进行区域比较分析。2011—2017年“一带一路”沿线国家四大区域ISI见表4-4，根据表4-4绘制“一带一路”沿线国家四大区域ISI时序图，见图4-1。

表4-3 “一带一路”沿线国家分区域情况表

区域	国家				
亚洲30国	中国	巴林	科威特	韩国	阿联酋
	沙特阿拉伯	马来西亚	哈萨克斯坦	阿塞拜疆	黎巴嫩
	亚美尼亚	格鲁吉亚	柬埔寨	泰国	斯里兰卡
	文莱	阿曼	尼泊尔	蒙古国	越南
	土耳其	伊朗	新加坡	巴基斯坦	孟加拉国
	菲律宾	印度尼西亚	吉尔吉斯斯坦	塔吉克斯坦	也门
欧洲27国	卢森堡	奥地利	爱沙尼亚	立陶宛	乌克兰
	意大利	波兰	斯洛伐克	葡萄牙	塞尔维亚
	白俄罗斯	黑山	罗马尼亚	保加利亚	马其顿
	捷克	马耳他	拉脱维亚	俄罗斯	阿尔巴尼亚
	斯洛文尼亚	匈牙利	克罗地亚	希腊	波黑
	摩尔多瓦	塞浦路斯			
美洲17国	智利	特立尼达和多巴哥	巴巴多斯	乌拉圭	哥斯达黎加
	圭亚那	安提瓜和巴布达	委内瑞拉	玻利维亚	古巴
	巴拿马	多米尼加	厄瓜多尔	牙买加	萨尔瓦多
	秘鲁	新西兰*			
非洲17国	埃及	突尼斯	南非	加蓬	摩洛哥
	阿尔及利亚	纳米比亚	加纳	赞比亚	莫桑比克
	埃塞俄比亚	乌干达	马达加斯加	尼日利亚	塞内加尔
	肯尼亚	贝宁			

注：新西兰为大洋洲国家，因“一带一路”沿线国家名单和报告中所记录的大洋洲国家只有新西兰一国，在分区域时把新西兰放入美洲。

表4-4 2011—2017年“一带一路”沿线国家四大区域ISI

区域	2011	2012	2013	2014	2015	2016	2017
亚洲地区	0.432 2	0.449 7	0.479 2	0.496 8	0.511 0	0.526 2	0.542 7
欧洲地区	0.577 3	0.587 9	0.606 4	0.615 3	0.630 3	0.641 1	0.663 4
美洲地区	0.482 2	0.489 8	0.508 6	0.522 6	0.536 9	0.545 7	0.553 2
非洲地区	0.271 1	0.287 9	0.306 2	0.317 6	0.330 4	0.341 7	0.363 5

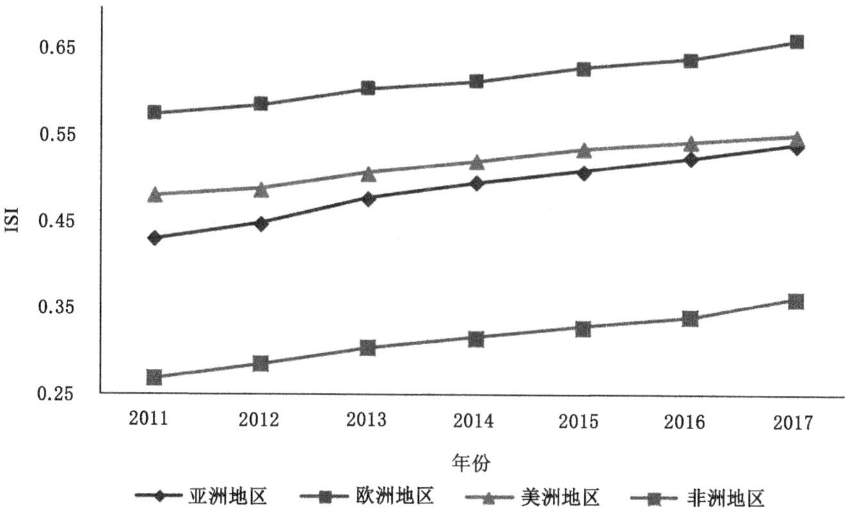

图 4-1 “一带一路”沿线国家四大区域 ISI 时序图

由图 4-1 可知,欧洲地区 ISI 最高,其次是美洲地区,再次是亚洲地区,非洲地区 ISI 最低。依据信息社会的内涵和基本特征,从信息经济、网络社会、在线政府和数字生活 4 个一级分类指标对“一带一路”沿线国家四大区域比较分析。四大区域四个分类指标指数见表 4-5 至表 4-8。

表 4-5 “一带一路”沿线国家四大区域信息经济指数

区域	2011	2012	2013	2014	2015	2016	2017
亚洲	0.447 9	0.452 6	0.457 3	0.466 3	0.473 1	0.477 7	0.487 4
欧洲	0.599 0	0.607 0	0.612 4	0.620 3	0.624 7	0.629 5	0.638 7
美洲	0.532 7	0.535 4	0.539 4	0.545 1	0.550 5	0.556 4	0.562 7
非洲	0.312 8	0.323 8	0.330 3	0.337 6	0.343 2	0.350 3	0.360 4

表 4-6 “一带一路”沿线国家四大区域网络社会指数

区域	2011	2012	2013	2014	2015	2016	2017
亚洲	0.453 8	0.441 4	0.464 2	0.469 5	0.483 4	0.494 0	0.514 6
欧洲	0.532 2	0.508 4	0.519 7	0.512 4	0.539 5	0.547 0	0.589 5
美洲	0.472 1	0.455 2	0.458 1	0.465 2	0.489 7	0.491 2	0.496 3
非洲	0.280 7	0.280 6	0.288 9	0.288 0	0.301 7	0.309 2	0.330 1

表 4-7 “一带一路”沿线国家四大区域在线政府指数

区域	2011	2012	2013	2014	2015	2016	2017
亚洲	0.474 3	0.508 0	0.541 8	0.542 9	0.544 0	0.561 0	0.564 6
欧洲	0.562 6	0.613 8	0.665 0	0.651 1	0.637 2	0.655 9	0.682 3
美洲	0.498 6	0.533 7	0.568 8	0.559 2	0.549 6	0.562 3	0.549 7
非洲	0.316 9	0.335 7	0.354 5	0.353 6	0.352 7	0.361 6	0.379 2

表 4-8 “一带一路”沿线国家四大区域数字生活指数

区域	2011	2012	2013	2014	2015	2016	2017
亚洲	0.380 8	0.435 7	0.495 1	0.539 2	0.565 5	0.595 5	0.618 7
欧洲	0.605 7	0.639 6	0.667 7	0.701 2	0.724 4	0.741 8	0.755 8
美洲	0.436 4	0.464 0	0.508 2	0.545 4	0.566 3	0.583 8	0.601 9
非洲	0.204 4	0.243 2	0.283 3	0.315 3	0.338 9	0.359 1	0.394 8

利用表 4-5 至表 4-8 中的数据，绘制“一带一路”国家四大区域的信息经济、网络社会、在线政府和数字生活 4 个“一级指标”的指数时序图，见图 4-2 至图 4-5。

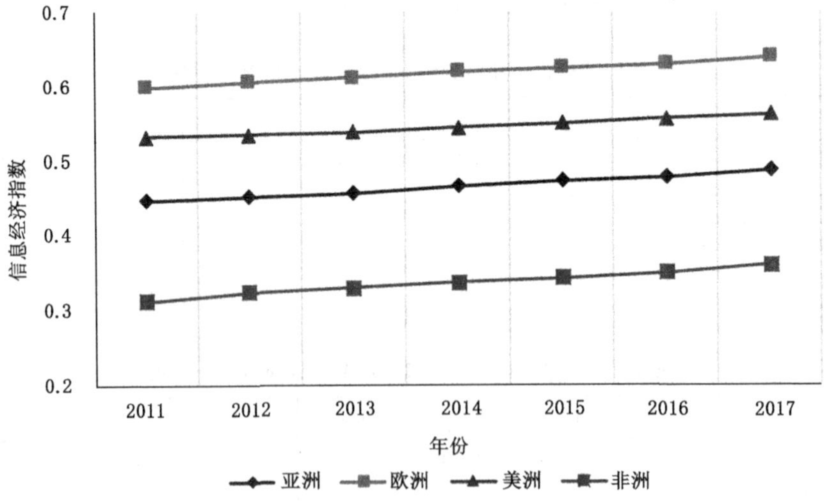

图 4-2 “一带一路”沿线国家四大区域信息经济指数对比

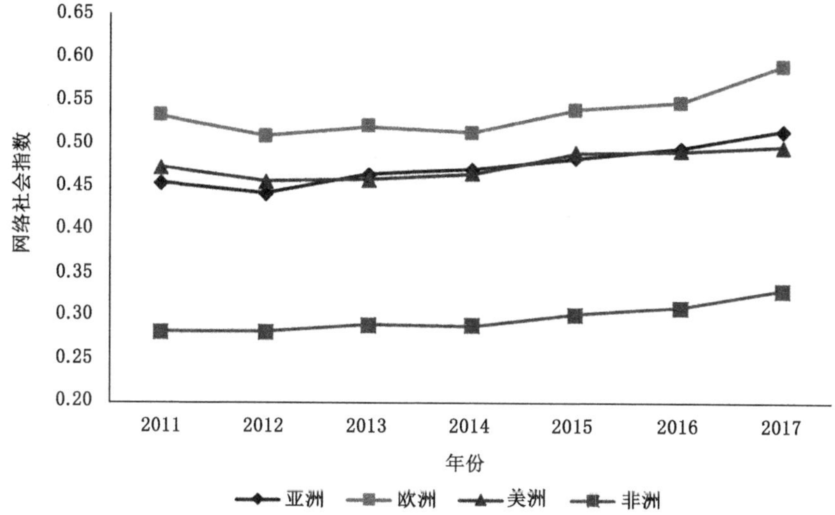

图 4-3 “一带一路”沿线国家四大区域网络社会指数对比

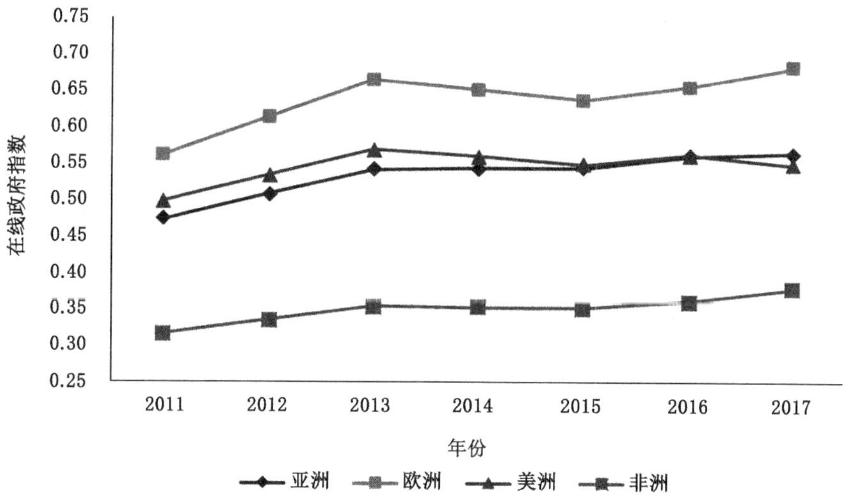

图 4-4 “一带一路”沿线国家四大区域在线政府指数对比

由图 4-2 至图 4-5 可以看出，2011—2017 年“一带一路”沿线国家四大区域的信息经济指数均稳定增长，欧洲地区最高，其次是美洲地区，然后是亚洲地区，非洲地区最低；网络社会和在线政府指数各区域均有所波动，2017 年欧洲地区网络社

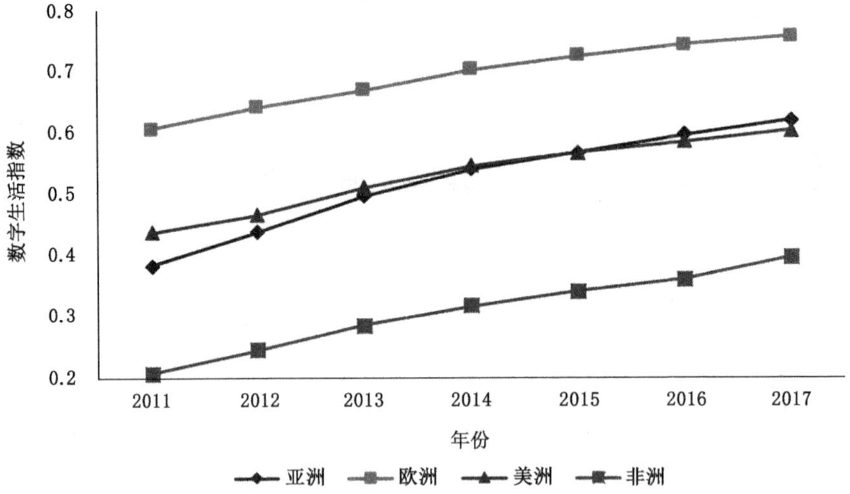

图 4-5 “一带一路”沿线国家四大区域数字生活指数对比

会指数显著增长，2011—2016 年，亚洲地区和美洲地区网络社会指数相近，2017 年亚洲地区网络社会指数明显超越美洲地区。2013 年，四大区域在线政府指数均有所下降；2015 年美洲地区和欧洲地区在线政府指数明显下降，亚洲地区和非洲地区下降幅度较小，2015、2016 年亚洲地区在线政府指数与美洲地区相近，2017 年亚洲地区在线政府指数超过美洲地区。欧洲地区数字生活指数依旧领先，2011 年亚洲地区的数字生活指数远低于美洲地区，2014、2015 年亚洲地区和美洲地区的数字生活指数持平，2016、2017 年亚洲地区的数字生活指数超越美洲地区；非洲地区数字生活指数增长较快，从 2011 年的 0.204 4 增长到 2017 年的 0.394 8。

四、“一带一路”沿线国家与全球信息社会发展比较分析

首先对 2011 年至 2017 年“一带一路”沿线国家 ISI 平均水平与全球 ISI 平均水平进行对比分析。2011—2017 年“一带一路”沿线国家与全球 ISI 稳定增长；2011—2017 年“一带一路”沿线国家 ISI 均低于全球平均水平，两者存在差距，但差距逐年缩小。“一带一路”沿线国家和全球 ISI 年增长率的趋势和波动方向一致，具体见图 4-6。

其次从信息经济、网络社会、在线政府和数字生活四个维度对“一带一路”沿线国家均值和全球均值进行比较分析。“一带一路”沿线国家和全球的信息经济、网络社会、在线政府和数字生活四个指标指数及其年增长率见表 4-9 至表 4-12。利用表 4-9 至表 4-12 中的数据绘制图 4-7 至图 4-10。

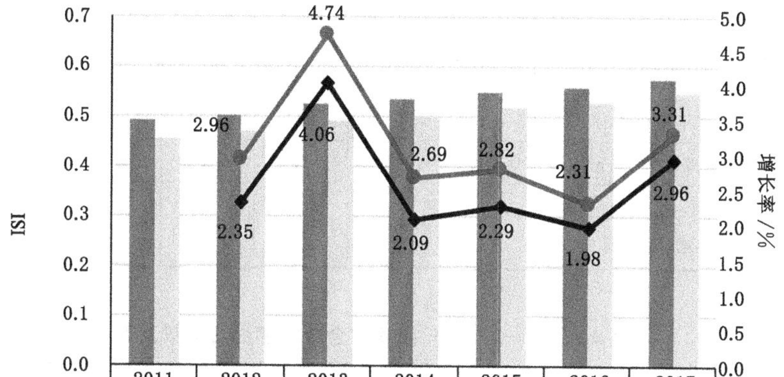

	2011	2012	2013	2014	2015	2016	2017
全球ISI均值沿线国家	0.492 3	0.503 8	0.524 3	0.535 2	0.547 5	0.558 3	0.574 8
“一带一路”沿线国家ISI均值	0.455 1	0.468 6	0.490 8	0.504 0	0.518 2	0.530 2	0.547 8
全球ISI年增长率		2.35%	4.06%	2.09%	2.29%	1.98%	2.96%
“一带一路”沿线国家年增长率		2.96%	4.74%	2.69%	2.82%	2.31%	3.31%

图 4-6 “一带一路”沿线国家与全球 ISI 及年增长率

表 4-9 “一带一路”沿线国家与全球信息经济指数及其年增长率

年份	2011	2012	2013	2014	2015	2016	2017
全球均值	0.525 6	0.531	0.535 7	0.542 5	0.547 5	0.552 4	0.560 1
全球年增长率/%	—	1.03	0.89	1.27	0.92	0.89	1.39
“一带一路”沿线国家信息均值	0.483 8	0.490 3	0.495 4	0.503 2	0.508 7	0.514 1	0.523 1
“一带一路”沿线国家信息年增长率/%	—	1.33	1.04	1.57	1.11	1.06	1.76

表 4-10 “一带一路”沿线国家与全球网络社会指数及其年增长率

年份	2011	2012	2013	2014	2015	2016	2017
全球均值	0.487 1	0.471 9	0.484 0	0.483 8	0.499 7	0.505 5	0.531 0
全球年增长率/%	—	−3.12	2.56	−0.04	3.29	1.16	5.04
“一带一路”沿线国家信息均值	0.448 7	0.434 4	0.447 4	0.448 2	0.467 9	0.475 3	0.499 7
“一带一路”沿线国家网络年增长率/%	—	−3.20	3.00	0.17	4.41	1.59	5.12

表 4-11 “一带一路”沿线国家与全球在线政府指数及其年增长率

年份	2011	2012	2013	2014	2015	2016	2017
全球均值	0.505 7	0.540 5	0.575 3	0.568 8	0.562 2	0.576 3	0.586 0
全球年增长率/%	—	6.88	6.44	−1.13	−1.16	2.51	1.68
“一带一路”沿线国家均值	0.476 2	0.512 7	0.549 1	0.543 4	0.537 7	0.552 9	0.562 9
“一带一路”沿线国家年增长率/%	—	7.66	7.11	−1.04	−1.06	2.83	1.81

表 4-12 “一带一路”国家与全球数字生活指数及其年增长率

年份	2011	2012	2013	2014	2015	2016	2017
全球均值	0.459 6	0.496 3	0.536 1	0.568 2	0.590 3	0.611 0	0.629 7
全球年增长率/%	—	7.99	8.02	5.99	3.89	3.51	3.06
“一带一路”沿线国家均值	0.425 8	0.466 4	0.510 1	0.547 6	0.571 5	0.593 6	0.615 4
“一带一路”沿线国家年增长率/%	—	9.54	9.36	7.34	4.37	3.87	3.68

由图 4-7 至图 4-10 可知，在信息经济、网络社会、在线政府和数字生活四个维度上，2011—2017 年“一带一路”沿线国家与全球各指数总体处于增长趋势。“一带一路”沿线国家四个维度的指数均低于全球，存在差距，但差距逐年缩小。“一带一路”沿线国家和全球网络社会指数增速波动一致且波动较大，2012 年“一带一路”沿线国家和全球网络社会指数均呈现负增长，2013 年均有所回升，

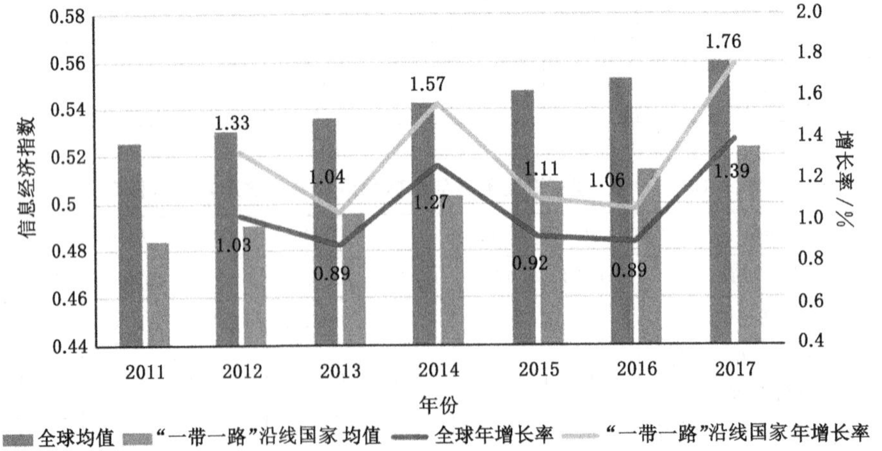

图 4-7 “一带一路”沿线国家与全球信息经济指数及其年增长率对比

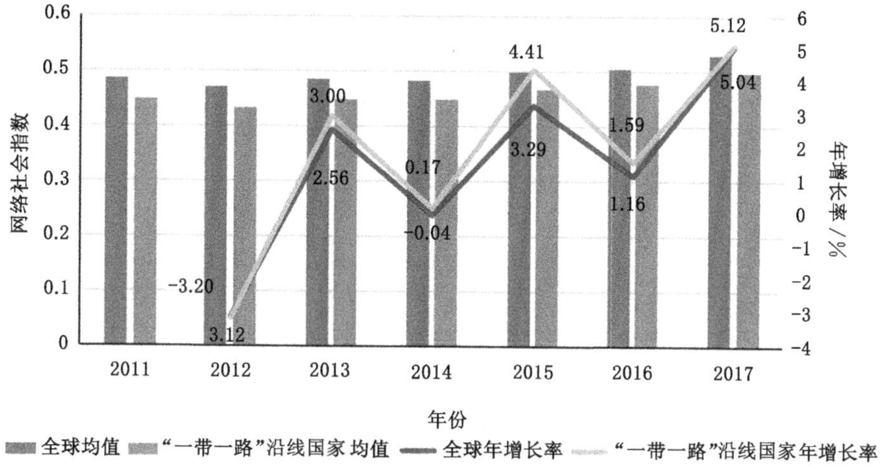

图 4-8 “一带一路”沿线国家与全球网络社会指数及其年增长率对比

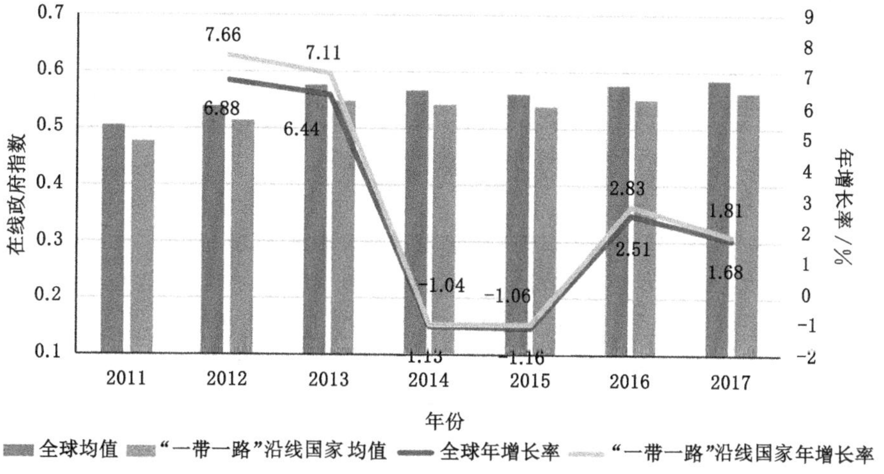

图 4-9 “一带一路”沿线国家与全球在线政府指数及其年增长率对比

2014 年全球网络社会指数再次出现负增长，为－0.04%，2014 年“一带一路”沿线国家网络社会指数略高于 2013 年，2017 年“一带一路”沿线国家和全球网络社会指数增速提升。2011 年“一带一路”沿线国家在线政府指数与全球在线政府指数相差 0.029 5，2014 年降至 0.025 4，2017 年降至 0.023 1。“一带一路”沿线国家数字生活指数与全球平均水平相比差距较小，“一带一路”沿线国家的数

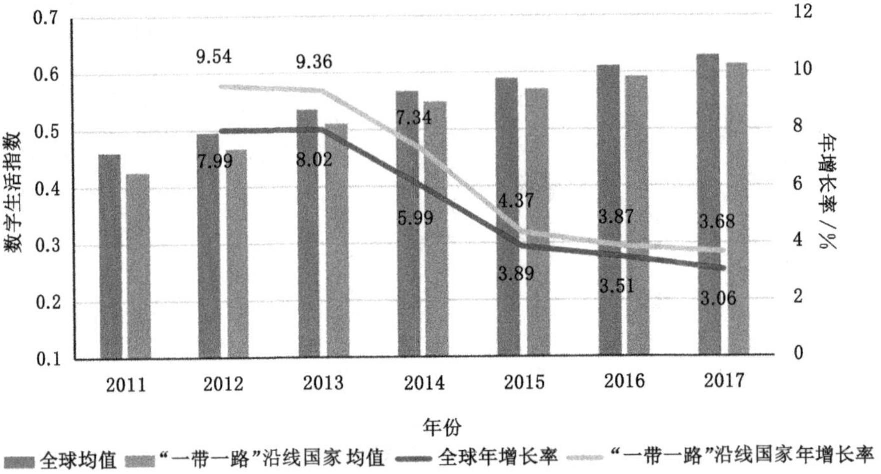

图 4-10 “一带一路”沿线国家与全球数字生活指数及其年增长率对比

字生活指数与全球平均数字生活指数增长趋势相近，且均呈现出持续稳定增长的趋势，但增速不再保持高速，趋向于稳定缓慢增长。

第二节 “一带一路”沿线国家信息社会发展水平的时空差异分析

一、“一带一路”沿线国家信息社会发展水平的时间特征分析

2011—2017 年“一带一路”沿线国家 ISI 从 0.455 1 增长至 0.547 8，增长 1.2 倍，年增长率为 3.14%，从“一带一路”沿线国家 ISI 平均值来看，“一带一路”沿线国家处于信息社会发展准备阶段的转型期，此阶段信息技术加速扩散普及，信息化实效开始显现。2011—2017 年“一带一路”沿线国家信息社会发展水平相关数据及时序特征，见表 4-13 和图 4-11。

从信息社会发展的四个维度来看，“一带一路”沿线国家数字生活指数是近年来信息社会建设中发展最为突出的领域，2011—2017 年 7 年间增长 1.45 倍，年均增长率达到 6.33%，对 ISI 增长起到了显著的拉动作用。网络社会指数 2012 年为负增长，2013 年有所回升，并稳步上升，年增长率为 1.81%。信息经济指数平稳增长但缓慢，年均增长率仅为 1.31%。在线政府指数始终比其他指数高，但波动较大，尤其是 2015 年明显下降，但增长速度仅次于数字生活指数，年均增长率为 2.83%。

表 4-13 2011—2017 年“一带一路”沿线国家 ISI 及其分类指数

年份	2011	2012	2013	2014	2015	2016	2017	年均增长率	2017/2011
ISI	0.455 1	0.468 6	0.490 8	0.504	0.518 2	0.530 2	0.547 8	3.14%	1.20
信息经济	0.483 8	0.490 3	0.495 4	0.503 2	0.508 7	0.514 1	0.523 1	1.31%	1.08
网络社会	0.448 7	0.434 4	0.447 4	0.448 2	0.467 9	0.475 3	0.499 7	1.81%	1.11
在线政府	0.476 2	0.512 7	0.549 1	0.543 4	0.537 7	0.552 9	0.562 9	2.83%	1.18
数字生活	0.425 8	0.466 4	0.510 1	0.547 6	0.571 5	0.593 6	0.615 4	6.33%	1.45

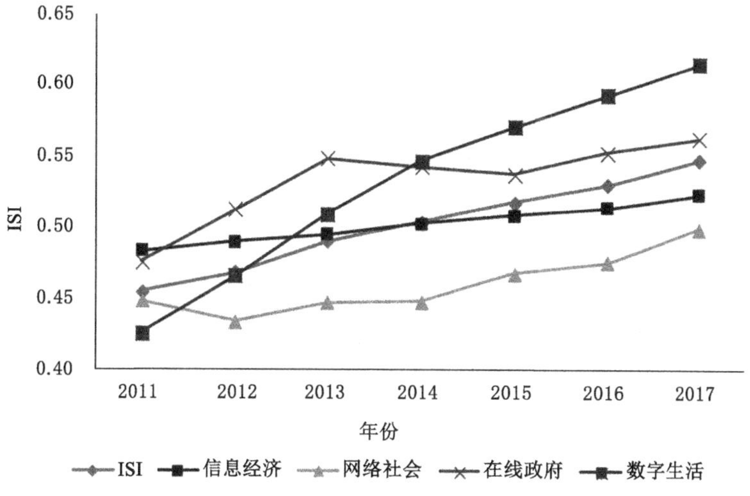

图 4-11 “一带一路”沿线国家 ISI 及其分类指数时序图

二、“一带一路”沿线国家信息社会发展水平时空差异分析

对 91 个“一带一路”沿线国家信息社会水平的平均值、极差和变异系数，进行描述性统计分析。变异系数计算公式如下：

$$SISI_t = \sqrt{\frac{1}{n}\left[\sum_{i=1}^{n}(ISI_{it} - \overline{ISI_t})^2\right]} \tag{4-1}$$

$$CV_t = SISI_t / \overline{ISI_t} \tag{4-2}$$

式(4-1)和式(4-2)中 $SISI_t$——n 个国家在时间 t 的 ISI 标准差；

$SISI_{it}$——国家 i 在时间 t 的 ISI；

$\overline{ISI_t}$——n 个国家在时间 t 的 ISI 平均数；

CV_t——变异系数；

t——时间，取值为2011—2017年；

i——国家序号，取值1～91；

n——国家数，取值91。

"一带一路"沿线国家信息社会水平描述性统计分析，见表4-14和图4-12。

表4-14 "一带一路"沿线国家ISI描述性统计分析

年份	2011	2012	2013	2014	2015	2016	2017
ISI均值	0.455 1	0.468 6	0.490 8	0.504 0	0.518 2	0.530 2	0.547 8
极差	0.736 1	0.734 8	0.736 0	0.719 0	0.722 3	0.727 9	0.720 6
变异系数	0.383 8	0.367 3	0.353 6	0.343 6	0.338 8	0.329 7	0.320 3

注：极差计算公式为MAX－MIN。

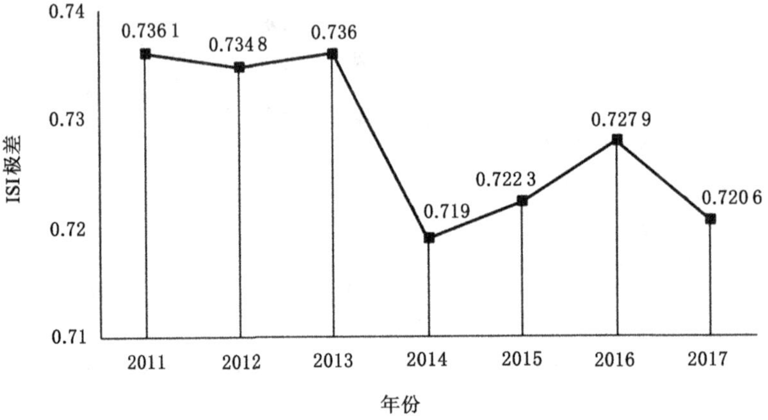

图4-12 "一带一路"沿线国家ISI极差时序图

由表4-14中的ISI均值可以看出，2011—2017年"一带一路"沿线国家ISI呈现稳定加速增长趋势。由表4-14中极差数据及图4-12可以看出，2011—2017年"一带一路"沿线国家信息社会发展水平的时空差异特征表现为：国家间ISI差距较大，2011年极差最大，为0.736 1，是当年ISI均值的1.6倍。7年间ISI的极差处于波动状态，从0.736 1降到0.720 6，国家间绝对差异整体上呈现缩小趋势。表示相对差异的变异系数逐年稳定下降，表明随着互联网与移动智能手机的推广普及，"一带一路"沿线国家的信息社会发展水平的相对差异在缩小。2017年卢森堡的ISI在0.9以上，处于信息社会发展的高级阶段，新加坡、奥地利、新西兰、巴林和科威特的ISI在0.8以上，处于信息社会发展阶段的中级阶段。卢森堡2011年就已进入信息社会发展的中级阶段，2013 年进入信息社会发展高级阶段。新加坡和奥地利分别在 2011 年、2012 年进入信息社会发展阶段的中级阶段，这两个国家因其独特的地理位置，人才、经济以及政策优势，ISI 指数始终保持领先，远超“一带一路”沿线的其他国家。新西兰和巴林在 2016 年达到信息社会发展的中级阶段，科威特在 2017 年迈入信息社会发展的中级阶段。“一带一路”沿线国家间 ISI 不均衡，二分之一的国家仍处于信息社会发展的准备阶段。卢森堡、新加坡及奥地利的 ISI 指数明显领先其他国家，成为“一带一路”沿线国家信息社会发展的核心增长极，也是形成信息社会发展地区差异的重要原因之一，如果把卢森堡、新加坡及奥地利三国剔除，ISI 变异系数 2011 年由0.383 8下降至 0.366 2，2017 年变异系数降至0.310 6，具体见表 4-15。

表 4-15　变异系数比较表

年　份	2011	2012	2013	2014	2015	2016	2017
91 个“一带一路”沿线国家	0.383 8	0.367 3	0.353 6	0.343 6	0.338 8	0.329 7	0.320 3
88 个“一带一路”沿线国家	0.366 2	0.349 3	0.338 0	0.329 8	0.325 5	0.317 4	0.310 6
全　球	0.405 5	0.389 0	0.373 1	0.361 9	0.352 6	0.344 2	0.332 2

注：88 个“一带一路”沿线国家是将 91 个“一带一路”沿线国家中的卢森堡、新加坡及奥地利除外。

三、“一带一路”沿线国家分区域信息社会发展水平的时空差异分析

将 91 个“一带一路”沿线国家分为亚洲地区、欧洲地区、美洲地区、非洲地区四大区域，采用泰尔指数进行差异分析。

1967 年，泰尔（Theil）在研究地区收入差异时，提出了泰尔指数模型，该模型可以分解为组间差距和组内差距。泰尔指数模型也可以应用到地区差异问题的研究中，并将地区总差异分解为地区间差异和地区内差异。泰尔指数模型见公式（4-4），分解的地区间差异模型和地区内差异模型见公式（4-5）和公式（4-6）。

假设包含 n 个个体的样本被分成 M 个群组，每组分别为 g_m（$m=1,\cdots,m$），第 m 组中的个体数目为 n_m，则有

$$\sum_{m=1}^{M} n_m = n \tag{4-3}$$

泰尔指数模型及泰尔指数分解模型如下：

$$T = T_{\mathrm{b}} + T_{\mathrm{w}} \tag{4-4}$$

$$T_{\mathrm{b}} = \sum_{m=1}^{M} X_{gm} \ln \frac{X_{gm}}{n_m / n} \tag{4-5}$$

$$T_{\mathrm{w}} = \sum_{m=1}^{M} X_{\mathrm{gm}} \left(\sum_{j=1}^{n_{\mathrm{m}}} \frac{X_{jm}}{X_m} \ln \frac{X_{jm} / X_m}{1/n_m} \right) \tag{4-6}$$

式中 T ——泰尔指数(总差异);

T_b——地区间差距;

T_w——地区内差距;

M——群组个数即地区数量(亚洲、欧洲、美洲、非洲),取值为 4;

n——“一带一路”沿线国家个数,取值 91;

X_{gm}——m 地区国家的 ISI 之和占 91 个“一带一路”沿线国家 ISI 之和的比重;

X_{jm}——m 地区 j 国家的 ISI;

X_m——m 地区国家的 ISI 之和。

地区间差异、地区内差异和 m 地区区内差异对总差异的贡献率计算公式如下:

$$C_b = \frac{T_b}{T} \tag{4-7}$$

$$C_w = \frac{T_w}{T} \tag{4-8}$$

$$C_{wm} = \frac{1}{T}\left(X_{gm}\left(\sum_{j=1}^{n_m}\frac{X_{jm}}{X_m}\ln\frac{X_{jm}/X_m}{1/n_m}\right)\right) \tag{4-9}$$

式中 C_b——地区间差异对总差异的贡献率;

C_w——地区内差异对总差异的贡献率;

C_{wm}——m 地区区内差异对总差异的贡献率。

91 个“一带一路”沿线国家信息社会发展水平泰尔指数及分解见表 4-16。

表 4-16 “一带一路”沿线国家信息社会发展水平泰尔指数及分解

年份		2011	2012	2013	2014	2015	2016	2017
泰尔指数		0.074 4	0.068 4	0.063 9	0.060 7	0.059 2	0.056	0.052 9
区间差异		0.028 3	0.025 3	0.023	0.021 5	0.020 6	0.019 5	0.018 1
区间差异贡献率/%		37.99	36.98	35.93	35.34	34.73	34.84	34.15
区内差异		0.046 2	0.043 1	0.041	0.039 3	0.038 6	0.036 5	0.034 9
区内差异贡献率/%		62.01	63.02	64.07	64.66	65.27	65.16	65.85
区内	亚洲地区	0.025 2	0.023 8	0.022 3	0.021 5	0.020 6	0.019 2	0.018 2
	欧洲地区	0.009 0	0.008 3	0.007 5	0.006 9	0.006 6	0.006 4	0.005 9
	美洲地区	0.006 4	0.005 5	0.005 5	0.005 1	0.005 4	0.005 2	0.005 1
	非洲地区	0.005 6	0.005 5	0.005 6	0.005 8	0.006 1	0.005 7	0.005 6

泰尔指数越大表示地区差异越大，由表 4-16 可知，2011—2017 年 91 个“一带一路”沿线国家 ISI 的泰尔指数并不高且呈稳定持续下降趋势。2011—2017 年，7 年间地区差异减少了 28.36％。2012、2013 年下降趋势较快，2013 年后泰尔指数下降趋势减缓。利用表 4-16 中泰尔指数数据绘制图 4-13 和图 4-14。

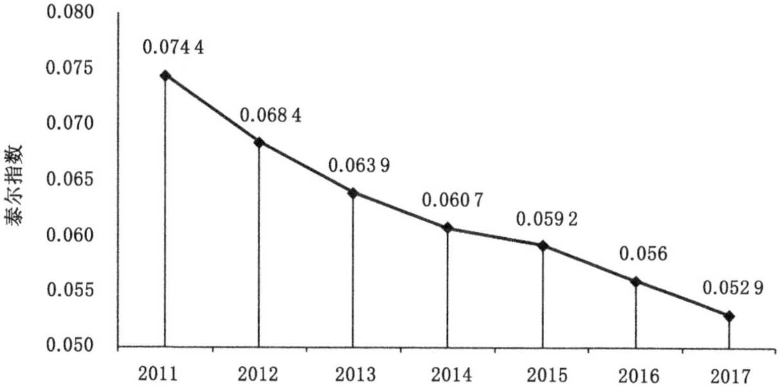

图 4-13 “一带一路”沿线国家信息社会发展水平泰尔指数时序图

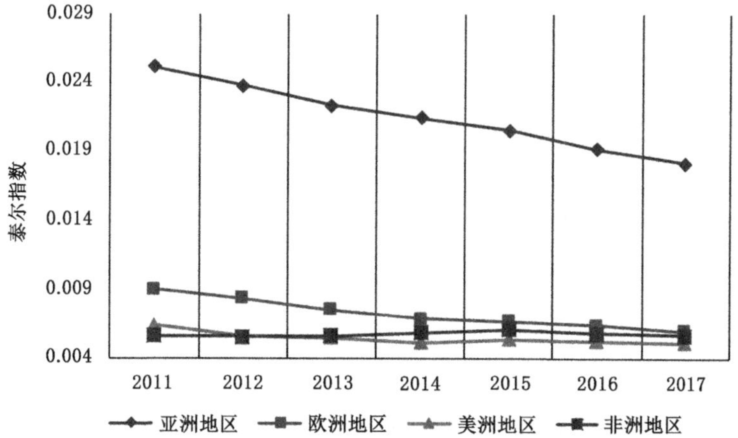

图 4-14 “一带一路”沿线国家四大区域信息社会发展水平泰尔指数时序图

泰尔指数的区间差异和区内差异，分别表示亚洲地区、欧洲地区、美洲地区以及非洲地区四大区域之间信息社会的发展差异和内部差异。2011—2017 年，“一带一路”沿线国家信息社会发展水平区域差异明显，主要来自区内差异，其中又以亚洲地区区内差异为主，因为亚洲地区经济社会发展水平差异较大，发达国家有着明显的经济、政策等优势。而随着亚洲地区发展中国家信息化基础设施的大力发展,互联网、移动手机等的广泛应用,亚洲地区区内差异逐年减少。

2011年泰尔指数分解排名:亚洲贡献率最高,其次是欧洲地区,再次是美洲地区,最后是非洲地区。2017年泰尔指数分解排名依旧是亚洲地区贡献率领先,其次是欧洲地区,非洲地区区内差异贡献率超越美洲地区。2012年非洲地区泰尔指数超过美洲地区。其中欧洲地区、美洲地区、非洲地区区内差异均小于亚洲地区,非洲地区随着经济发展等原因,区内差异呈上升趋势,美洲地区和欧洲地区区内差异逐年下降。"一带一路"沿线国家信息社会发展的区间差异和区内差异比重有所侧重,但两者均呈下降趋势,表明"一带一路"沿线国家信息社会发展水平区域间差异在逐渐缩小。

四、"一带一路"沿线国家信息社会发展水平的空间特征分析

采用探索性空间数据分析方法(ESDA)对"一带一路"沿线国家信息社会发展水平进行空间特征分析,分析其空间依赖性与异质性,从而探讨其区域集聚情况。利用ESDA方法对区域数据进行可视化处理,可识别不同区域的空间集聚与异常情况,从而揭示其空间结构。主要包括全局和局部空间自相关分析。

(一)全局空间自相关分析

全局空间自相关分析主要用来判断某一现象在空间上是否存在集聚特征,一般采用莫兰指数(Moran's I)进行分析。莫兰指数是澳大利亚统计学家莫兰在1950年提出的。莫兰指数具体计算公式如下:

$$I=\frac{n\sum_{i=1}^{n}\sum_{j=1}^{n}w_{ij}(x_i-\bar{x})}{\sum_{i=1}^{n}\sum_{j=1}^{n}w_{ij}\sum_{i=1}^{n}(x_i-\bar{x})^2}=\frac{\sum_{i=1}^{n}\sum_{j=1}^{n}w_{ij}(x_i-\bar{x})(x_j-\bar{x})}{s^2\sum_{i=1}^{n}\sum_{j=1}^{n}w_{ij}} \tag{4-10}$$

$$s^2=\frac{1}{n}\sum_{i=1}^{n}(x_i-\bar{x})^2 \tag{4-11}$$

式中 I —— 全局莫兰指数;

$x_i(x_j)$—— $i(j)$国家的ISI;

$\bar{x}$—— n 个国家ISI的平均值($n=91$);

w_{ij}——空间权重矩阵的元素值。本书采用"距离性"空间依赖关系的空间权重矩阵元素值的计算方法,即 k 最近邻居方法,根据研究需要,k 取值为8。

莫兰指数是一个有理数,经过方差归一化,它的值被归一化到[−1,1],莫兰指数大于0,表示存在空间正相关,相似水平的省域在空间上集聚,即高值与高值邻接,低值与低值邻接;莫兰指数小于0,表示存在空间负相关,相异水平的省域在空间上集聚在一起，即高值与低值邻接，低值与高值邻接；莫兰指数接近 0，表明某现象在空间上属于随机分布，或者不存在空间相关关系。

（二）局部空间自相关分析

局部莫兰指数（即 LISA 指标）是全局莫兰指数在各个研究单元上的分解。局部空间自相关分析是在全局空间自相关分析的基础上，进一步分析每一个国家与其相邻国家之间的空间差异程度，进而检验局部地区在空间上是趋于高-高集聚还是低-低集聚。局部莫兰指数计算公式如下：

$$I_i = \frac{(x_i - \bar{x})}{s^2} \sum_{j=1}^{n} w_{ij} (x_j - \bar{x}) \tag{4-12}$$

式中，I_i 表示局部莫兰指数；其他变量含义同式（4-10）和式（4-11）。

局部空间自相关可以用莫兰指数散点图来分析。散点图可划分为 4 个象限，每个象限代表 1 种空间相关模式。其中，第Ⅰ象限（高-高，H-H）代表高水平集聚区域，即高水平区域被高水平区域包围；第Ⅱ象限（低-高，L-H）代表低值区域被高值区域包围；第Ⅲ象限（低-低，L-L）代表低值集聚区域，即低水平区域被低水平区域包围；第Ⅳ象限（高-低，H-L）表示高值区域被低值区域包围。H-H 和 L-L 表明区域间具有同质性，差异趋于收敛；L-H 和 H-L 表明区域间具有异质性，差异趋于分散。

本书莫兰指数的计算、莫兰散点图均利用 GeoDa 软件完成。莫兰指数计算结果见表 4-17，莫兰散点图见图 4-15。

表 4-17 “一带一路”沿线国家 ISI 莫兰指数表

年份	2011	2012	2013	2014	2015	2016	2017
莫兰指数	0.302 9	0.309 9	0.296 3	0.298 7	0.301 0	0.310 8	0.315 7

由表 4-17 可知，2011—2017 年 ISI 的莫兰指数均显著为正，表明“一带一路”国家信息社会发展存在显著为正的空间自相关性，即信息社会发展水平相近的国家集聚在一起，并且这种空间自相关和空间集聚，随着信息技术的发展与深入应用将会越来越显著。

莫兰散点图反映了信息社会发展的空间结构类型，莫兰散点图的第一象限（高-高），表明该地区的信息社会发展水平为高水平集聚状态；第二象限（低-高），表明该地区 ISI 较低，但其邻居的 ISI 较高；第三象限（低-低）表明该地区信息社会发展水平为低水平集聚状态；第四象限（高-低），说明该地区 ISI 较高，但其邻居 ISI 较低。

从图 4-15 可以看出，2017 年空间模式的变化较为明显，“高-高”模式聚集的

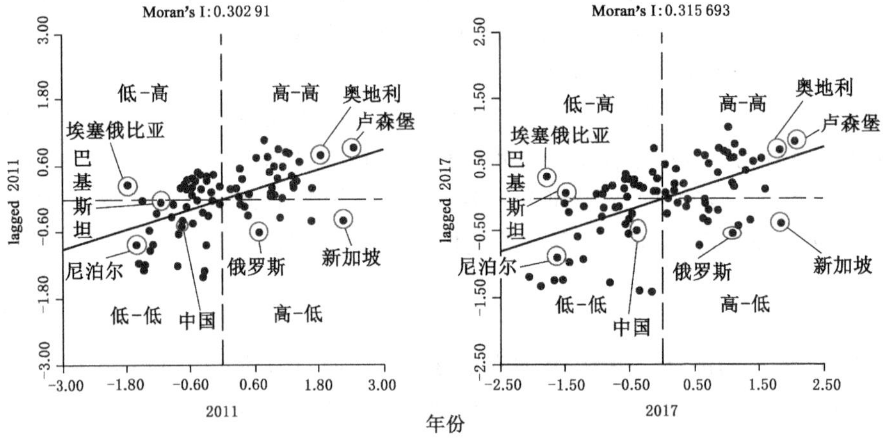

图 4-15　2011 年和 2017 年莫兰指数散点图

国家差异较大，除白俄罗斯、波兰、立陶宛没有变化外，斯洛伐克、捷克、匈牙利仍处于较高水平的聚集，但不具显著性，“高-高”模式聚集又新增爱沙尼亚和拉脱维亚两国。2017 年第三象限“低-低”显著聚集的国家没有增加，但哈萨克斯坦由“低-低”模式转变成“高-低”模式，“高-低”模式显著聚集的为俄罗斯和哈萨克斯坦，表明俄罗斯和哈萨克斯坦在其邻居中发展相对较快。2017 年伊朗处于显著聚集的“低-高”模式，表明伊朗在其邻居国家中发展较慢，其邻居的信息社会发展速度较快。

上述结果表明，“一带一路”沿线国家信息社会发展具有空间集聚性和差异性，但目前呈现出显著性的国家较少，表明“一带一路”倡议建设的辐射作用和扩散作用在“一带一路”沿线国家信息社会发展过程中尚未显现。

第三节　“一带一路”沿线国家信息社会发展的收敛性分析

在对信息社会发展的时间特征及时空差异研究的基础上，类比区域经济增长收敛的假设，对“一带一路”沿线国家信息社会发展差异提出以下收敛假设，并进行实证分析。

(1) σ 收敛，不同地区间信息社会发展水平的相对差异随时间的推移而趋于下降。

(2) 绝对 β 收敛，从长期看信息社会发展水平较低的地区比发展水平较高的地区，以更快的速度增长，从而所有地区最终将收敛于相同的信息社会发展水平。

(3) 俱乐部收敛，指在具有相同的经济开放度、文化等结构特征的区域间存在着一定的增长收敛趋势。

一、σ 收敛

σ 收敛能够反映“一带一路”沿线国家信息社会发展水平偏离整体平均的差异及其不平衡的动态过程。本书用对数标准差指标对信息社会发展水平的收敛性进行整体判断。σ 收敛性的检验方程如下：

$$\sigma_t = \sqrt{\frac{1}{n}\sum_{i=1}^{n}(\ln(x_{it}) - \overline{\ln(x_{it})})^2} \tag{4-13}$$

式中 x_{it}——i 国家在时间 t 的 ISI；

$\ln(x_{it})$——i 国家在时间 t 的 ISI 的自然对数；

$\overline{\ln(x_{it})}$——n 个国家在时间 t 的 ISI 的自然对数平均数值($n=91$)；

σ_t——n 个国家 ISI 在时间 t 的对数标准差。

如果 σ_t 随时间 t 变小，$\sigma_{t+1} < \sigma_t$ 时，说明这 n 个国家的信息社会发展存在 σ 收敛。

2011—2017 年“一带一路”沿线国家 ISI 及其一级分类指标指数的对数标准差见表 4-18；相对应的 σ 收敛时间序列见图 4-16。

表 4-18 “一带一路”沿线国家 ISI 及其一级指标指数的对数标准差

年份	2011	2012	2013	2014	2015	2016	2017
ISI	0.420 3	0.403 2	0.391 9	0.383 8	0.379 9	0.368 3	0.356 9
信息经济	0.397 6	0.384 3	0.378 8	0.374 3	0.372 0	0.368 2	0.360 5
网络社会	0.382 4	0.374 1	0.372 0	0.373 3	0.377 3	0.370 0	0.380 4
在线政府	0.295 4	0.303 2	0.314 7	0.295 4	0.340 6	0.356 3	0.321 4
数字生活	0.729 9	0.646 4	0.589 1	0.543 4	0.520 0	0.484 1	0.441 1

由表 4-18 和图 4-16 可知，2011—2017 年“一带一路”沿线国家 ISI 对数标准差缓慢下降，呈 σ 收敛特征，表明“一带一路”沿线国家信息社会发展水平的地区差异本身并不大，且国家间差异逐年减少。但是信息社会分类指标指数中却存在较大差异，其中数字生活指数 σ 期初差异较大，但下降较快，呈显著的收敛特征；数字生活指数 σ 收敛明显，收敛速度较快，这是由于近年来互联网、智能手机等的广泛普及，使区域数字生活差异缩小。信息经济指数对数标准差缓慢下降，显现出 σ 收敛特征。网络社会指数期初差异较小，呈现轻微发散；2011—2017年间对数标准差值稳中略升，呈现轻微的 σ 发散，地区差异略微扩大。在线政府指数略有波动，2011—2013 年、2015 年、2016 年在线政府指数对数标准差呈上升趋势，2014 年、2017 年下降较为明显。

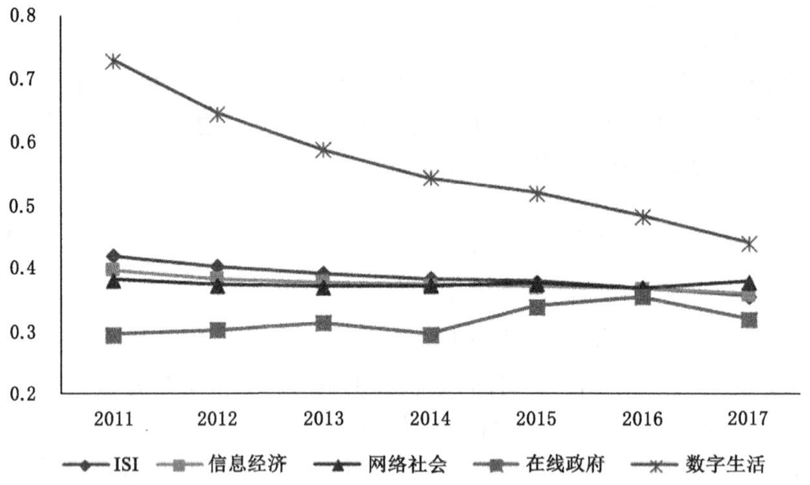

图 4-16 "一带一路"沿线国家 ISI 及其一级指标指数对数标准差时序图

σ 收敛表明"一带一路"沿线国家信息社会发展水平存在趋同，但不能说明信息社会发展水平较低国家的增长速度是否高于水平较高国家，为此进行"一带一路"沿线国家信息社会发展水平的绝对 β 收敛分析。

二、绝对 β 收敛

β 收敛是指初始 ISI 低的国家相比 ISI 高的国家具有较快的增长速度，不同国家的 ISI 增长率与其初始水平呈负相关。β 收敛可分为绝对 β 收敛和条件 β 收敛。信息社会发展水平的绝对 β 收敛是针对信息社会发展水平增长速度而言的，目的是确定信息社会发展水平较低国家能否赶上较高国家。绝对 β 收敛表示不同国家收敛到相同的稳态水平，检验模型如下式：

$$(\ln x_{iT} - \ln x_{i0})/T = \alpha + \beta \ln x_{i0} + \varepsilon \qquad (4\text{-}14)$$

式中：$\ln x_{iT}$ 和 $\ln x_{i0}$ 分别为 i 国家期末和期初的 ISI 的自然对数，T 为考察期的时间跨度，α 和 β 和为待估计参数，α 为回归常数，β 为回归系数，ε 为随机干扰项。本研究考察期为 2011—2017 年，$T=7$。

在式(4-14)中，如果 $\beta<0$ 且通过显著性检验，表明初始信息社会发展水平落后的国家 ISI 增长速度比 ISI 水平高的国家要快，即区域之间存在绝对 β 收敛，β 越小，则表示向稳定状态收敛的速度越快快；如果，则表明不存在绝对 β 收敛。

根据绝对 β 收敛检验模型，对 2011—2017 年"一带一路"沿线国家 ISI 增长情况进行线性回归分析，回归结果见表 4-19。由表 4-19 可知，β 值为 -0.024，并且 β 值的 t 检验值(即 t 值)为 -7.588，t 值的绝对值大于其临界值 2.77，通过显著性检验。由以上分析可知，“一带一路”沿线国家信息社会发展水平呈现出较为明显的绝对 β 收敛趋势，表明信息社会发展水平较低国家的 ISI 增长速度高于水平较高的国家。

表 4-19 “一带一路”沿线国家信息社会发展水平绝对 β 收敛检验结果

样本数量	α 值	β 值	R^2	t 值	t 临界值	F 值	p 值
91	0.009	−0.024	0.393	−7.588	2.77	57.572	0.000

三、俱乐部收敛

现实情况中，由于存在原有差距在不断缩小或者扩大的双重现象，说明地区长期发展的均衡点不具有唯一性。俱乐部收敛是指不同地区会依其初始发展条件的差异，会在发展上形成不同的俱乐部，具有相似结构特征的地区属于同一俱乐部，俱乐部内部条件相似的地区在发展上会出现收敛。俱乐部收敛不仅能够从整体上解释发展的收敛性特征，还能解释局部区域内发展的收敛趋势。如果所考察的全部国家或地区不收敛，但其中的某些国家或地区收敛，则收敛的这几个国家或地区被称为一个收敛俱乐部，即存在俱乐部收敛。根据“一带一路”沿线国家地理位置分布将其划分为四大地区（亚洲地区、欧洲地区、美洲地区、非洲地区），进行俱乐部收敛性分析。

俱乐部收敛检验以 Sala-I-Martin 模型为基础，其检验方程为：

$$(\ln x_{jmT} - \ln x_{jm0})/T = \theta_0 + \theta \ln x_{jm0} + \varepsilon \tag{4-15}$$

式(4-15)中，$\ln x_{jmT}$ 和 $\ln x_{jm0}$ 分别为 m 地区 j 国家期末和期初的 ISI 的自然对数，T 为考察期的时间跨度，θ_0 和 θ 为待估计参数，θ_0 为回归常数，θ 为回归系数，ε 为随机干扰项。本研究考察期为 2011—2017 年，$T=7$。

如果 θ 为负值，表明这 n_m 个国家间信息社会发展呈现俱乐部收敛，若 θ 为正值，则表明 n_m 这个国家间信息社会发展趋于发散，不存在俱乐部收敛。

从表 4-20 检验结果可知，2011—2017 年，亚洲地区、欧洲地区、美洲地区和非洲地区信息社会发展的年均增长率与期初信息社会发展水平均存在着负相关的关系，回归系数 θ 分别为 −0.023、−0.030、−0.016 和 −0.008，θ 为负值表明四大地区都存在着俱乐部收敛。四大地区的拟合优度良莠不一，亚洲地区的 $R^2=0.341$、欧洲地区 $R^2=0.449$、美洲地区的 $R^2=0.153$、非洲地区的 $R^2=0.027$。其中亚洲和欧洲地区通过 p 值检验，美洲地区和非洲地区未通过 p 值检验。另一方面，比较亚洲地区、欧洲地区、美洲地区和非洲地区的 θ 值可知，欧洲地区的收敛速度最快，其次是亚洲地区，再次是美洲地区，最后是非洲地区。由此表明，所处的地理位置对地区或国家信息社会发展具有重要影响。

表 4-20 “一带一路”沿线国家四大地区内部国家信息社会发展俱乐部收敛检验结果

地区	样本数量	值	θ 值	R^2	t 值	t 临界值	F 值	p 值
亚洲地区	30	0.014	−0.023	0.341	−3.805	2.341	14.480	0.001
欧洲地区	27	0.004	−0.030	0.449	−4.511	0.917	20.350	0.000
美洲地区	17	0.008	−0.016	0.153	−1.644	1.089	2.701	0.121
非洲地区	17	0.030	−0.008	0.027	−0.650	1.659	0.422	0.526

第四节 “一带一路”建设成果与展望

一、“一带一路”建设成果

“一带一路”倡议自提出以来，建设成果丰硕，并不断取得新进展。截至 2020 年 1 月底，中国已同 138 个国家和 30 个国际组织签署 200 份共建“一带一路”合作文件。与中国签署共建“一带一路”合作文件的国家遍布亚洲、非洲、大洋洲、拉丁美洲，“一带一路”倡议受到非洲和拉美国家的普遍欢迎。“一带一路”倡议与《东盟互联互通总体规划 2025》、非盟《2063 年议程》、欧盟欧亚互联互通战略等区域发展规划和合作倡议积极协调对接。政策协调使许多重大项目在沿途国家和地区扎根，如中巴经济走廊、中蒙俄经济走廊、中老铁路、中泰铁路、雅万高铁、匈塞铁路等。截至 2020 年 6 月底，中欧班列累计开行数量超过 2 万列，境内开行中欧班列的城市超过 60 多个，通达欧洲 15 个国家的 50 多个城市，基本实现“去一回一”，重箱率、计划兑现率等质量指标均达到了历史最好水平。海运服务已覆盖“一带一路”沿线的所有沿海国家。我国与 62 个“一带一路”沿线国家签订了双边政府间的航空运输协定；与 45 个沿线国家实现直航。中国-白俄罗斯工业园、中国-阿联酋产能合作示范园、中埃·泰达苏伊士经贸合作区等稳步推进。

“一带一路”倡议是促进区域合作、互联互通的伟大创举，对改善基础设施、提升区域乃至全球经济发展均具有重要作用。世界银行研究发现，已完成和正在规划中的“一带一路”交通运输建设项目会使沿线国家和地区货运时间平均减少 1.7%—3.2%，使全球平均航运时间下降 1.2%—2.5%。“一带一路”新建设的交通网络将使“一带一路”沿线国家和地区的外国直接投资总额增加 4.97%。交通建设所带来的“交通网络效应”，将推动撒哈拉以南的非洲国家的 GDP 每年提高 0.13%。“一带一路”建设将使沿线国家及全球的实际收入每年分别增长1.2%—3.4%和 0.7%—2.9%。“一带一路”建设繁荣了全球经济，推进了人类命运共同体的构建。2013—2019 年“一带一路”倡议提出以来的发展历程见图 4-17。

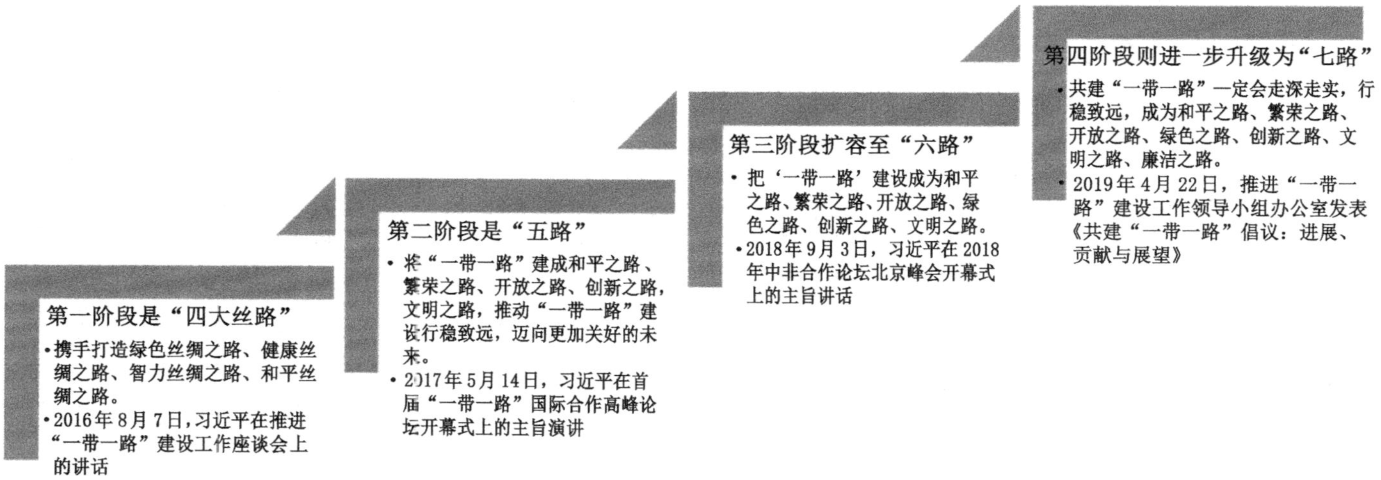

图 4-17 “一带一路”发展的四个阶段

二、展望

当今世界正处于大发展大变革大调整时期，和平、发展、合作是主流。“一带一路”是事关多方、福泽人类的倡议。“一带一路”倡议的提出与成功实施，有利于促进沿线国家的经济繁荣，推动建立新的经济治理体系，促进全球共同繁荣，有利于人类命运共同体的构建。展望未来，共建“一带一路”具有前所未有的机遇和前景，同时也会出现很多问题和挑战。在新的起点上，中国将与“一带一路”沿线国家和地区一同努力，以共同建设“一带一路”为契机，平等协商，兼顾各方利益，共同促进更大范围、更高层次、更深层次的融合和发展。2013—2019年，“一带一路”的发展可以划分为四个阶段：“四大丝路”→“五路”→“六路”→“七路”，具体见表4-21。随着时间的推移和各方的共同努力，共建“一带一路”会走深走实，行稳致远，成为和平、繁荣、开放、绿色、创新、文明、廉洁之路，推动经济全球化朝着更加开放、包容、共赢的方向发展。

表4-21 “一带一路”发展阶段

第一阶段：“四大丝路”	2016年8月7日，习近平总书记在推进“一带一路”建设工作座谈会上的讲话。 携手打造绿色丝绸之路、健康丝绸之路、智力丝绸之路、和平丝绸之路
第二阶段：“五路”	2017年5月14日，习近平总书记在首届“一带一路”国际合作高峰论坛开幕式上的主旨演讲。 将“一带一路”建设成为和平之路、繁荣之路、开放之路、创新之路、文明之路，推动“一带一路”建设行稳致远，迈向更加美好的未来
第三阶段：“六路”	2018年9月3日，习近平总书记在2018年中非合作论坛北京峰会开幕式上的主旨讲话。 把“一带一路”建设成为和平之路、繁荣之路、开放之路、绿色之路、创新之路、文明之路
第四阶段：“七路”	2019年4月22日，共建“一带一路”倡议：进展、贡献与展望。 共建“一带一路”，定会走深走实，行稳致远，成为和平之路、繁荣之路、开放之路、绿色之路、创新之路、文明之路、廉洁之路

（一）加强“五通”建设，即政策沟通、设施联通、贸易畅通、资金融通和民心相通

政策沟通是“一带一路”建设的重要保障，基础设施互联是“一带一路”建设的优先领域。目前，“一带一路”建设进入了“深耕细作”的合作新阶段，设施的互联互通显得尤为重要，可为各国的发展与合作提供动力。投资贸易合作是“一带

一路”建设的重点内容，加强贸易畅通，促进沿线市场开放，支持多边贸易体制，加快实施 WTO 贸易便利化协议，有利于促进商业活动。资金融通是“一带一路”建设的重要支撑，可为“一带一路”建设提供充足的资金支持。贸易顺畅和资金融通在促进要素自由流动、资源有效配置和市场深度整合、发展开放型世界经济等方面发挥着重要作用。“一带一路”建设是一个包容性的发展合作平台。民心相通是“一带一路”建设的社会根基，加强民心相通，就必须努力开辟更多的合作渠道，推动各国政府和国际组织的积极参与。民心相通应发挥历史文化遗产的作用，共同打造具有丝绸之路特色的旅游产品和加强对历史文化遗产文物的保护；建立多层次的人文交流合作机制，特别是为各国青年之间的交流建立更多的合作平台，开辟更多的合作渠道。

（二）建设良好的政策环境，完善全球经济治理体系

提高政府公共服务水平，及时发布投资环境、优惠政策等信息，为企业的商业投资等创造有利条件。要加强“一带一路”国际合作，必须努力建设开放的世界经济，推动经济全球化向更加开放、包容、双赢的方向发展。通过提高经济治理水平，积极参与和引领全球经济议程，支持扩大发展中国家在国际事务中的发言权。积极建设自由贸易区，逐步形成以周边为基础、面向世界、辐射“一带一路”的高标准自由贸易区。

（三）要将“一带一路”建设成为和平、繁荣、开放、绿色、创新、文明、廉洁之路

和平安全是共建“一带一路”的基本前提和保证。发展是解决一切问题的关键，“一带一路”的共建与发展，顺应经济全球化、文化多样化、社会信息化的潮流，致力维护全球自由贸易体系和开放型世界经济。共建“一带一路”，要以开放为导向，努力解决经济增长和平衡发展问题，共同携手向构建人类命运共同体的目标不断前进。共建“一带一路”，要践行绿色发展，倡导绿色、可持续的生产生活方式，加强生态环保合作、防范生态环境风险。创新是推动发展的重要力量。创新是共建“一带一路”的主要动力，要加强科技创新合作，促进科技同产业、科技同金融深度融合。共建“一带一路”，要推动文明的交流、互鉴、共存，要超越文明冲突与隔阂，使各国对不同文明相互理解、尊重、信任。廉洁是共建“一带一路”的道德“底线”和法律“红线”。要加强对“一带一路”建设项目的监督管理和风险防控，建立规范透明的公共资源交易流程，严格遵守相关法律法规，构建良性市场秩序。

第五章　中国信息社会发展水平时空分异研究

第一节　中国信息社会发展概况

一、全国信息社会发展概况

查阅国家信息中心发布的《中国信息社会发展报告 2017》，整理计算出2008—2017 年十年间中国 ISI 及其分类指数，见表 5-1。2017 年中国 ISI 达到0.474 9，比上年增长 4.6%，整体处于信息社会准备阶段的转型期，此时信息技术应用扩散加速，实效显现，面临着发展不平衡的问题，因此，必须要加快调整与改革，逐步消除不利的发展因素，加强教育培训，提高信息素质。中国 ISI 在2008—2017年间增长了 73%，预计在 2020 年前后全国 ISI 能够达到0.6，中国整体进入信息社会发展阶段的初级阶段。

表 5-1　中国 ISI 及其分类指数

指数	2008	2009	2010	2011	2012	2013	2014	2015	2016	2017	年均增长率/%	2017/2008
ISI	0.274 6	0.299 8	0.300 4	0.324 3	0.356 4	0.390 4	0.416 5	0.435 3	0.454 0	0.474 9	6.28	1.73
信息经济	0.263 1	0.281 4	0.291 1	0.311 9	0.332 2	0.347 0	0.368 4	0.380 3	0.387 4	0.411 2	5.09	1.56
网络社会	0.337 8	0.346 6	0.296 2	0.310 9	0.335 3	0.361 7	0.381 0	0.385 2	0.408 5	0.425 0	2.58	1.26
在线政府	0.457 4	0.501 7	0.485 9	0.470 0	0.503	0.535 9	0.540 5	0.545	0.549 5	0.607 1	3.20	1.33
数字生活	0.161 8	0.204 1	0.252 0	0.301 5	0.352 8	0.414 1	0.458 9	0.503 8	0.534 1	0.544 3	14.43	3.36

利用表 5-1 数据绘制中国 ISI 柱形图和增长率折线图，见图 5-1。从图中可以看出，2008—2017 年中国信息社会建设呈加速发展态势，ISI 虽一直

处于稳步增长中，但增长率波动较大，2009—2010年信息社会发展速度放缓，之后增速迅速上升，2011—2012年创10年最快增速，2012—2016年增速回落。

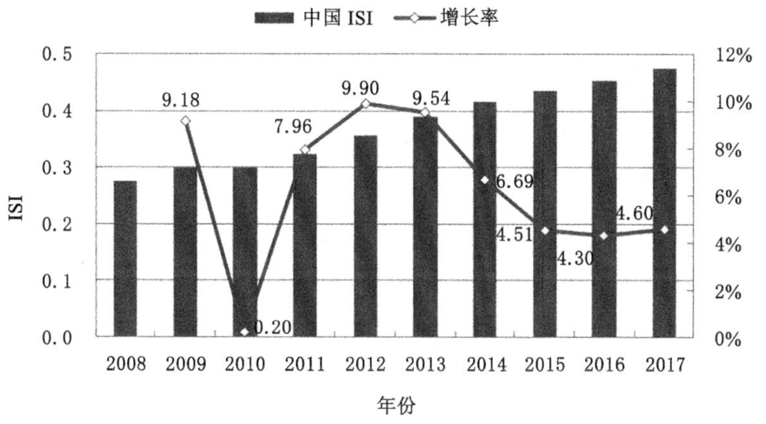

图5-1　2008—2017年中国ISI发展趋势

二、中国四大地区信息社会发展概况

我国幅员辽阔，区域发展不平衡，区域信息社会发展水平存在差异。为科学反映我国不同区域信息社会发展状况，依据国家统计局“东中西部和东北地区划分方法”，将我国经济区域划分为东部、中部、西部和东北四大地区。东部地区包括北京、天津、河北、上海、江苏、浙江、福建、山东、广东和海南10省(市)；中部地区包括山西、安徽、江西、河南、湖北和湖南6省；西部地区包括内蒙古、广西、重庆、四川、贵州、云南、西藏、陕西、甘肃、青海、宁夏和新疆12省(区、市)；东北地区包括辽宁、吉林和黑龙江3省。分成四大地区有利于进行区域信息社会发展研究，了解各地区信息社会发展的特点、差异、趋势、有利和不利条件，因地制宜地促进各地区信息社会发展。

2008—2017年十年间四大地区ISI具体见表5-2。2017年东部、中部、西部及东北地区ISI分别为0.661 5、0.434 7、0.419、0.467 0，可以看出信息社会发展水平在不同地区之间存在明显差距，西部地区ISI年均增长率显著高于东部、中部和东北地区，但东部地区ISI仍远远高于西部地区。2008年东部地区整体进入信息社会初级阶段，其他地区仍处于从工业社会向信息社会转型阶段。

表 5-2　东部、中部、西部、东北地区 ISI

地区	2008	2009	2010	2011	2012	2013	2014	2015	2016	2017	年均增长率/%
东部	0.370 6	0.398 1	0.410 0	0.444 5	0.467 5	0.502 2	0.541 0	0.571 1	0.585 9	0.611 5	5.72
中部	0.244 2	0.253 9	0.263 3	0.293 5	0.304 8	0.335 1	0.372 4	0.394 8	0.407 9	0.434 7	6.62
西部	0.225 4	0.239 3	0.253 6	0.279 1	0.295 0	0.328 4	0.362 8	0.382 9	0.395 9	0.419 0	7.13
东北	0.290 2	0.296 9	0.304 4	0.336 3	0.349 6	0.377 1	0.418 0	0.442 0	0.455 6	0.467 0	5.43

划分依据：国家统计局 http://www.stats.gov.cn/tjzs/cjwtjd/201308/t20130829_74318.html.

利用表 5-2 中的数据，绘制四大地区的 ISI 折线图（见图 5-2）。2008—2017 年四大地区 ISI 一直处于持续上升状态，东部地区与其他地区信息社会发展差距明显，远远超过其他地区，东北地区信息社会发展一直处于中等水平，中部和西部发展几乎同步，差距不大，处于稳步发展中。

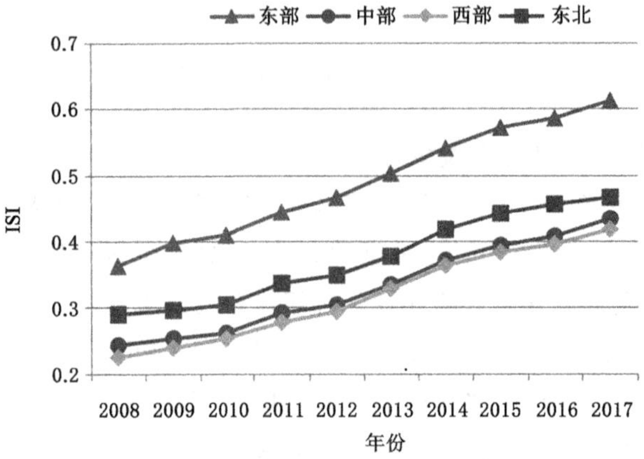

图 5-2　东部、中部、西部、东北地区 ISI 发展趋势

三、31 省域信息社会发展概况

2008—2017 年中国 31 省域 ISI 见表 5-3（按照 2017 年 ISI 排序）。

表 5-3　2008—2017 年中国 31 省域 ISI

省域	2008	2009	2010	2011	2012	2013	2014	2015	2016	2017
北京	0.578 9	0.617 3	0.604 3	0.638 0	0.675 8	0.702 9	0.746 8	0.777 4	0.787 9	0.808 3
上海	0.563 1	0.606 2	0.604 9	0.646 9	0.665 4	0.673 2	0.711 2	0.725 8	0.742 9	0.762 9
天津	0.400 8	0.433 7	0.451 4	0.486 0	0.513 2	0.552 0	0.597 7	0.640 7	0.661 6	0.675 3

表 5-3(续)

省域	2008	2009	2010	2011	2012	2013	2014	2015	2016	2017
广东	0.381 4	0.414 6	0.419 5	0.451 0	0.479 7	0.504 5	0.542 2	0.597 8	0.617 3	0.647 9
浙江	0.379 6	0.409 6	0.419 9	0.451 7	0.476 6	0.510 8	0.551 0	0.593 9	0.604 2	0.635 5
江苏	0.327 0	0.347 4	0.352 5	0.398 9	0.431 0	0.483 8	0.521 7	0.551 8	0.565 4	0.594 5
福建	0.274 6	0.323 5	0.356 6	0.400 6	0.427 0	0.467 1	0.513 4	0.549 5	0.552 0	0.571 6
辽宁	0.291 6	0.300 9	0.330 1	0.369 7	0.397 7	0.430 8	0.471 3	0.492 4	0.499 6	0.511 1
山东	0.281 0	0.283 8	0.296 7	0.324 2	0.339 0	0.400 0	0.430 6	0.448 4	0.471 9	0.501 4
内蒙古	0.248 1	0.264 8	0.284 2	0.316 4	0.338 6	0.383 4	0.423 5	0.445 2	0.459 2	0.496 2
海南	0.258 8	0.282 8	0.320 3	0.344 0	0.353 6	0.385 5	0.430 4	0.444 0	0.454 9	0.475 9
重庆	0.276 8	0.280 7	0.284 6	0.315 1	0.329 6	0.360 9	0.400 7	0.423 1	0.441 8	0.473 4
湖北	0.252 2	0.269 2	0.280 3	0.310 0	0.327 8	0.369 1	0.412 5	0.430 3	0.444 0	0.472 2
陕西	0.273 9	0.288 5	0.305 9	0.338 6	0.360 2	0.389 7	0.424 4	0.443 9	0.457 4	0.468 3
山西	0.250 3	0.257 7	0.282 6	0.316 2	0.329 2	0.358 2	0.393 4	0.416 4	0.420 4	0.452 8
吉林	0.298 3	0.299 5	0.293 9	0.322 3	0.325 5	0.356 1	0.397 2	0.424 6	0.439 6	0.448 4
河北	0.261 1	0.261 8	0.274 2	0.303 7	0.313 4	0.342 3	0.365 1	0.382 3	0.400 7	0.441 8
黑龙江	0.280 7	0.290 4	0.289 3	0.316 8	0.325 8	0.344 4	0.385 5	0.409 0	0.427 6	0.441 4
湖南	0.240 4	0.256 3	0.265 2	0.299 3	0.315 4	0.337 2	0.380 4	0.400 2	0.413 0	0.433 8
四川	0.219 1	0.253 9	0.259 4	0.290 2	0.313 8	0.342 9	0.375 9	0.399 3	0.408 7	0.431 2
安徽	0.251 3	0.253 3	0.255 3	0.280 9	0.298 5	0.328 4	0.369 8	0.386 7	0.402 6	0.429 3
江西	0.237 2	0.249 3	0.249 3	0.275 2	0.283 9	0.311 8	0.344 2	0.369 2	0.382 7	0.422 8
广西	0.211 3	0.232 4	0.253 4	0.275 5	0.273 6	0.315 8	0.355 1	0.374 0	0.387 2	0.420 8
青海	0.219 3	0.230 0	0.251 1	0.272 3	0.301 4	0.336 3	0.369 9	0.385 5	0.402 8	0.411 7
宁夏	0.226 1	0.242 9	0.257 9	0.285 6	0.301 2	0.334 3	0.362 4	0.384 5	0.398 7	0.409 2
新疆	0.228 7	0.245 3	0.267 3	0.284 8	0.300 7	0.337 0	0.367 4	0.384 1	0.391 3	0.404 2
贵州	0.198 3	0.201 7	0.208 4	0.235 8	0.253 6	0.285 8	0.320 3	0.339 4	0.362 8	0.399 4
河南	0.234 0	0.237 8	0.247 1	0.279 3	0.273 8	0.305 7	0.334 0	0.366 2	0.384 5	0.397 2
云南	0.231 3	0.229 3	0.238 2	0.262 3	0.261 5	0.295 0	0.334 3	0.363 1	0.371 0	0.392 3
甘肃	0.197 5	0.201 3	0.213 8	0.239 8	0.248 2	0.285 5	0.325 0	0.340 2	0.354 6	0.391 2
西藏	0.174 1	0.200 5	0.218 9	0.233 0	0.257 3	0.273 9	0.294 7	0.312 6	0.314 9	0.329 9
全国	0.274 6	0.299 8	0.300 4	0.324 3	0.356 4	0.390 4	0.416 5	0.435 3	0.454 0	0.474 9

2008 年只有北京、上海、天津、广东、浙江 5 个省域处于从工业社会向信息社会转型阶段，其余省域处于信息社会起步期；2009 年北京、上海率先步入信息社会初级阶段，其余省域仍处于起步期和转型期，这种状态一直持续到 2014 年；2015 年除北京、上海和天津处于信息社会初级阶段，其余省域全部步入转型期；

2016 年，广东和浙江紧跟北京、上海和天津之后步入信息社会初级阶段；2017 年，北京 ISI 首次超过 0.8，率先步入信息社会中级阶段，经济社会各领域都发生了深刻变化；上海、天津、广东、浙江仍处于信息社会初级阶段，其余省域仍处于转型期。2017 年，江苏、福建、辽宁、山东、内蒙古、海南 6 个省 ISI 高于全国平均水平，31 个省域的 ISI 平均值与全国 ISI 发展趋势一致，稳定增长。

第二节　中国信息社会发展水平的时空差异分析

时空差异分析同时从时间和空间两个维度分析信息社会发展水平，有利于了解并解决地区差异问题，常用的方法有描述性统计方法、泰尔指数分解法、熵值法、探索性空间数据分析法、主成分分析法等。

一、全国信息社会发展水平的时间特征分析

根据表 5-1 中 ISI 与分类指数做出时序图，见图 5-3。从图 5-3 中可以看出，2008—2017 年中国信息社会发展呈加速趋势，ISI 十年增长了 73%，2010 年成为信息社会发展中的里程碑，由起步期步入转型期，信息技术应用范围扩大，并在 2010 年后 ISI 增速明显上升。

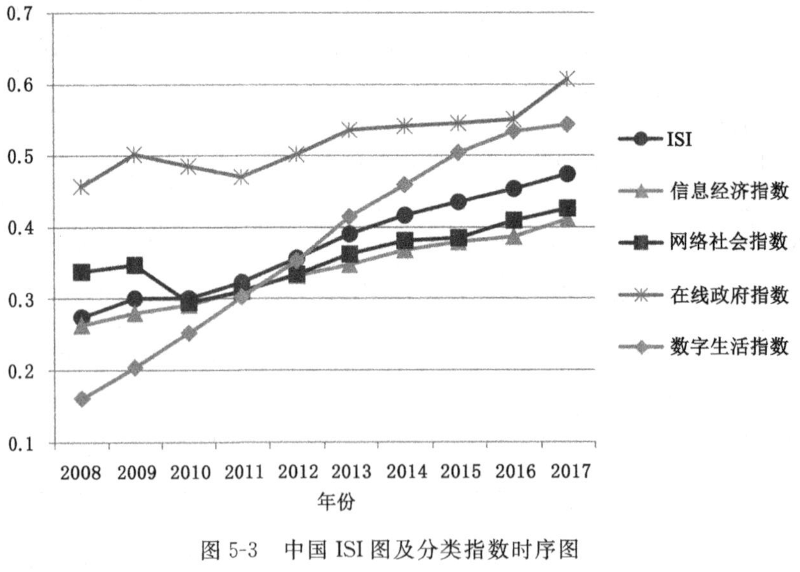

图 5-3　中国 ISI 图及分类指数时序图

从信息社会发展的四个维度来看，近十年，首先是反映信息技术扩散和普及程度的数字生活指数发展最为突出，呈快速增长趋势，年均增长率达到14.43%，十年增长了 236%倍，对拉动 ISI 增长起到了显著作用。其次是反映信息社会可持续

发展潜力的信息经济指数，年均增长率为 5.09%，十年增长了 56%。再次是反映政府通过信息技术为民服务能力和水平的在线政府指数，在线政府指数一直高于其他指数，但是波动较大，呈波浪形发展趋势，年均增长率为 3.20%，十年增长了 33%。最后是反映使用信息技术支付能力和社会发展的网络社会指数，在四个维度中增长最慢，年均增长率为 2.58%，在 2010 年回落之后一直呈稳步上升趋势。

二、四大区域信息社会发展水平的时空差异分析

使用泰尔指数及其分解法进行时空差异分析，泰尔指数区别于其他方法的最大优点是可以衡量组内差距和组间差距及其对总差距的贡献。泰尔指数是一个衡量个人之间或者地区间差距的统计量，泰尔指数越大，表明地区差异越大。本书采用 Matlab 软件计算泰尔指数。

利用表 5-3 中 ISI 的数值计算泰尔指数、区间差异、区内差异，具体结果见表 5-4。2008—2017 年十年间 31 个省域 ISI 的泰尔指数虽然不高，但呈现出波动下降趋势，省域间差异减少了 47.37%，在 2008—2009 年、2011—2012 年两个阶段出现波动，泰尔指数有上升趋势；2009—2011 年、2012—2014 年、2016—2017 年三个阶段泰尔指数加速下降，2014—2016 年下降速度有所减缓。

表 5-4　中国 31 省域信息社会发展水平泰尔指数及分解

年份		2008	2009	2010	2011	2012	2013	2014	2015	2016	2017
泰尔指数		0.045 6	0.047 8	0.041 7	0.038 1	0.038 7	0.032 2	0.028 6	0.027 9	0.026 6	0.024 0
区间差异		0.023 0	0.026 6	0.024 3	0.022 3	0.022 4	0.019 4	0.016 9	0.016 8	0.016 1	0.014 9
区间差异贡献率/%		50.43	55.75	58.31	58.63	57.89	60.14	58.95	60.00	60.62	62.00
区内差异		0.022 6	0.021 2	0.017 4	0.015 8	0.016 3	0.012 8	0.011 7	0.011 2	0.010 5	0.009 1
区内差异贡献率/%		49.57	44.25	41.69	41.37	42.11	39.86	41.05	40.00	39.38	38.00
区内	东部	0.019 94	0.018 85	0.014 95	0.013 20	0.013 24	0.009 96	0.009 05	0.008 82	0.008 23	0.006 95
	中部	0.000 08	0.000 11	0.000 23	0.000 24	0.000 40	0.000 39	0.000 45	0.000 30	0.000 23	0.000 25
	西部	0.002 53	0.002 17	0.002 04	0.002 08	0.002 24	0.002 03	0.001 87	0.001 74	0.001 78	0.001 72
	东北	0.000 03	0.000 01	0.000 17	0.000 23	0.000 44	0.000 47	0.000 38	0.000 31	0.000 22	0.000 21

2008—2017 年中国信息社会发展水平地区差异明显，地区差异主要来自于区间差异，其中东部地区差异为最主要来源，主要是由北京、上海、天津等少数东部城市信息社会发达所导致。随着东部领先、中部崛起、西部开发、东北振兴，并且四大地区大力推进信息技术应用，区内差异以及东部差异逐年下降。2008—

2009 年由于金融危机爆发，区间差异略有上升，2009 年后随着经济迅速复苏呈逐年下降趋势。2008—2014 年中部差异一直呈上升趋势，随着 2014 年促进中部地区崛起工作要点的提出与实施，中部差异在 2014 年后有下降趋势，西部差异呈波动下降趋势，波动体现在 2011—2012 年。2008—2013 年东北地区差异大体上呈上升趋势；随着 2013 年国家有针对性地提出新一轮振兴东北政策，东北地区差异呈逐年下降趋势。随着国家"十二五"规划提出的区域发展总体战略深入实施及对欠发达地区扶持力度的加大，"十三五"规划提出的坚持区域协调发展总方针，实施创新驱动区域协调发展等国家政策，区内差异、区间差异都呈现出下降趋势，表明中国四大地区信息社会发展水平差异都在逐渐减少。

三、31 省域信息社会发展水平的时空差异分析

使用描述性统计法进行时空差异分析，根据表 5-3 中的数据计算 31 省域 ISI 的平均值、极差及变异系数，并绘制 2008—2017 年 31 个省域 ISI 散点图（图 5-4）。平均值体现了 31 省域信息社会发展平均水平；极差表示 31 省域 ISI 的最大差距；变异系数反映数据的相对差异、离散程度；散点图表示 31 省域 ISI 随着时间的变化而变化的大致趋势。

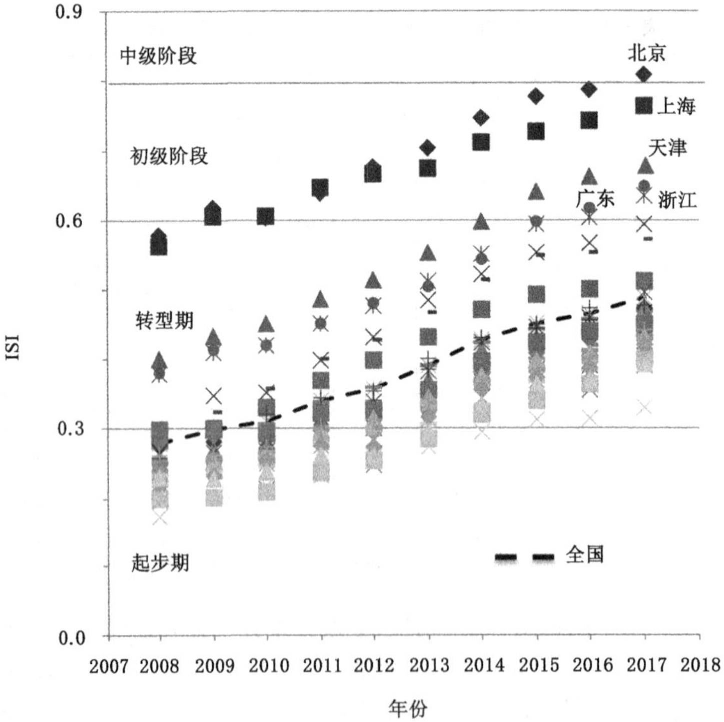

图 5-4　中国 31 省域 ISI 散点图

从表 5-5 中可以看出，31 省域 ISI 的平均值与全国 ISI 的发展步伐保持一致，呈稳步增长趋势。自 2015 年，31 省域全部由信息社会起步期进入加速转型期。

表 5-5　中国 31 省域 ISI 描述性统计分析

	2008	2009	2010	2011	2012	2013	2014	2015	2016	2017
平均值	0.282 1	0.298 9	0.310 8	0.340 8	0.357 8	0.390 5	0.427 5	0.451 7	0.465 3	0.488 8
极差	0.404 8	0.416 8	0.396 5	0.413 9	0.427 7	0.429 0	0.452 1	0.464 8	0.473 0	0.478 4
变异系数	0.330 8	0.339 8	0.314 5	0.298 7	0.300 4	0.271 4	0.254 6	0.250 9	0.244 3	0.231 7
全国 ISI	0.274 6	0.299 8	0.300 4	0.324 3	0.356 4	0.390 4	0.416 5	0.435 3	0.454 0	0.474 9

中国 31 省域信息社会发展水平的时空差异特征表现为：ISI 的极差由 2008 年的 0.404 8 增加到 2017 年的 0.478 4，各省之间的绝对差异呈上升趋势，但增速较慢，2008—2017 年十年间增长了 18.18%；2009 年后，代表相对差异、离散程度的变异系数稳步下降，表明随着信息技术应用的扩散和普及，2008—2017 年中国信息社会发展水平省域之间绝对差异虽略有增加，但相对差异、偏离程度在缩小。如果北京、上海不计入统计范围，2008 年 ISI 变异系数由 0.330 8 下降至 0.207 5，之后十年，北京、上海极化差异逐渐减少，2017 年 ISI 变异系数由 0.231 7降至 0.178 4。

由图 5-4 可知，2009 年北京和上海 ISI 达到 0.6，率先进入信息社会发展的初级阶段，并且由于它们在经济、人才和政策方面的优势，一直走在中国信息社会发展的最前沿。2015 年天津步入信息社会发展阶段的初级阶段，2016 年广东和浙江也进入信息社会发展阶段的初级阶段，2017 年北京率先步入信息社会发展阶段的中级阶段，经济社会各领域发生深刻变化。

图 5-4 中也显现出 31 省域间信息社会发展的不平衡性，三分之二的省域处于信息社会发展阶段较低水平。从 2008—2017 年，北京和上海 ISI 远高于其他省域，成为信息社会发展的核心增长极，也是形成省域信息社会发展不平衡的重要因素之一。

第三节　中国省域信息社会发展水平的空间特征分析

中国 31 省域信息社会发展的空间特征，主要包括空间集聚性、差异性以及自相关性，需要使用探索性空间数据分析方法。使用 GeoOa 软件计算莫兰指数、绘制莫兰散点图。

一、空间集聚性和差异性分析

由 GeoOa 软件计算和处理结果可知，中国 31 省域 2008 年、2017 年 ISI 及年均增长率的空间特征，东部沿海地区呈现高水平空间集聚特征，西部地区呈现低水平空间集聚特征。2008 年，西藏、甘肃、贵州 ISI 低于 0.2；北京、上海、天津、广东、浙江、江苏 ISI 高于 0.3 低于 0.6，处于信息社会发展转型期，其他省域 ISI 在 0.2—0.3 之间，处于信息社会发展的起步期。

2017 年中国各省域 ISI 空间集聚较高的地区依旧为北京、广东、天津、上海、浙江、江苏等东部沿海省域，其中北京、广东、天津、上海、浙江 ISI 超过 0.6，进入信息社会的初级阶段，其他省域 ISI 均大于 0.3 低于 0.6，表明全国所有省域均进入信息社会的转型期，中部、西部地区部分省域 ISI 仍然较低，如河南、新疆、西藏、青海、甘肃、宁夏、云南、贵州等，与以北京、上海为代表的东部省域存在明显差异。

中国 2008—2017 年十年间 31 省域 ISI 增长速度的空间特征，大部分地区 ISI 增长较快，集中在 6%—9.5%之间，差异较小，呈平衡发展趋势；ISI 增长最快的三个省域分别为东部地区的江苏、福建以及西部地区的贵州，增长最慢的三个省域为东部的上海、北京及东北地区的吉林。

二、空间自相关性计算与分析

在中国 31 省域中，如果两个省域之间存在公共的边线，定义这种邻接关系为“车式”邻接。根据“车式”邻接的规则，空间权重矩阵具有对称性，可以将空间权重矩阵元素值定义为：若地域单元 i 和地域单元 j 之间存在“车式”邻接，$w_{ij}=1$；否则，$w_{ij}=0$。莫兰指数大于 0 表示正相关，值接近 1 表明具有相似的属性集聚在一起（即高值与高值邻接，低值与低值邻接）；小于 0 表示负相关，值接近−1 表明具有相异的属性集聚在一起（即高值与低值邻接，低值与高值邻接）；接近于 0，则表明属性是随机分布的，或者不存在空间自相关性。中国 31 省域 2008—2017 年 ISI 全局莫兰指数见表 5-6。

表 5-6　中国 31 省域 ISI 全局莫兰指数

年份	2008	2009	2010	2011	2012	2013	2014	2015	2016	2017
莫兰指数	0.298	0.355	0.363	0.379	0.370	0.387	0.379	0.389	0.396	0.423

2008—2017 年中国 31 省域信息社会发展水平的空间集聚和空间异质特征，见表 5-6、图 5-5 和图 5-6。

表 5-6 显示，2008—2017 年十年间 ISI 的莫兰指数较高并且均为显著正值（通过 1%的显著性水平检验），表明中国信息社会发展具有显著空间正自相关性，即具有较高或者较低信息社会发展水平的省域倾向于集聚在一起。随着信

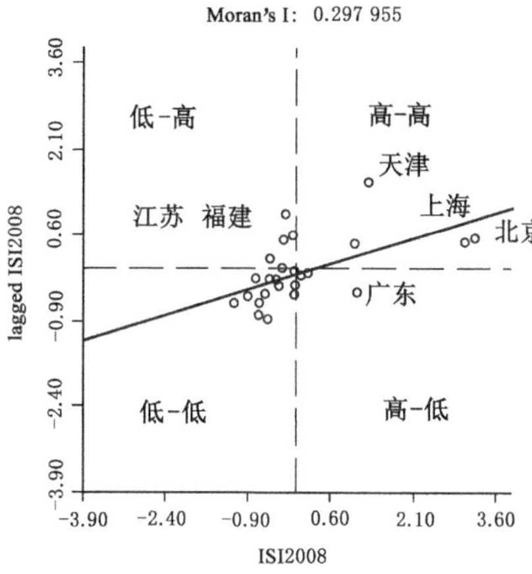

图 5-5　2008 年莫兰指数散点图

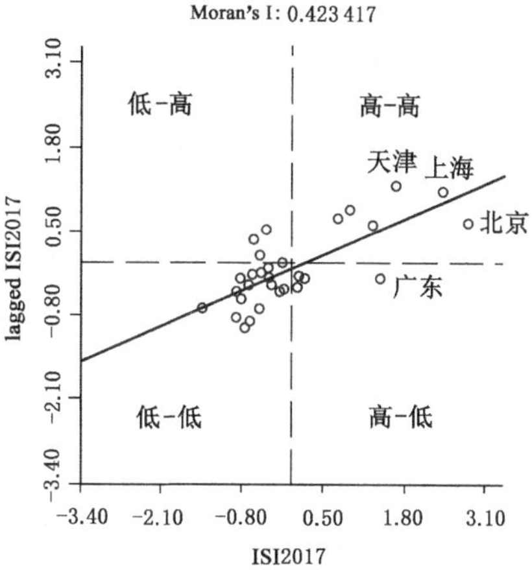

图 5-6　2017 年莫兰指数散点图

息技术的普及和发展，空间自相关性或者空间集聚性越来越显著。莫兰指数散点图呈现了信息社会发展不同的空间结构类型：第一象限为高-高，说明该地区的 ISI 为高水平集聚状态；第二象限为低-高，表明该地区的 ISI 较低，但该地区邻接地区较高；第三象限为低-低，说明该地区呈现出低水平空间集聚状态；第四象限为高-低，与第二象限结构相反。

莫兰指数散点图表明中国信息社会发展存在路径依赖特征，2008 年与 2017 年空间模式的变化并不明显，大部分省域依旧处于“低-低”模式的空间集聚，尤其是西部地区呈现显著的空间低水平集聚。

从图 5-5 和图 5-6 可以看出，2008 年与 2017 年空间模式变化不明显，大部分省域位于“低-低”模式的空间集聚，特别是西部省域为显著的低水平集聚。处于“高-高”模式的省域主要有北京、上海、天津等省域；位于“低-高”空间结构的省域为江苏、福建、河北以及江西等；位于第四象限“高-低”空间结构有广东、辽宁、吉林等；其余省域大部分位于第三象限(低-低)。

第四节　中国信息社会发展的收敛性分析

收敛性分析可以更加直观地显示出区域差异。以信息社会发展的特征及其对地区差异的影响研究为基础，对中国省域信息社会发展差异提出三种类比区域经济增长收敛的假说，并进行实证分析。

(1) σ 收敛：随着时间的推移，不同区域间 ISI 的变异系数会趋于下降。

(2) 绝对 β 收敛:经济、文化等相似的区域具有相同的信息社会发展状况,长时间看来信息社会发展水平较低的地区会比发展水平较高的地区以更快的速度增长,从而所有区域最终将收敛于相同的信息社会发展水平。

(3) 俱乐部收敛:在具有相同经济、文化等结构特征的区域间存在着一定的增长收敛趋势。

一、中国信息社会发展的 σ 收敛分析

信息社会发展水平的 σ 收敛采用 ISI 及其分类指数对数标准差指标,反映各区域信息社会发展水平与整体平均水平偏离及其失衡的动态过程。采用和第四章相同的方法进行中国各省域信息社会发展的 σ 收敛分析。

根据表 5-3 数据计算出中国 2008—2017 年 ISI 及其分类指数对数标准差,具体见表 5-7,对应的对数标准差时序图见图 5-7。

表 5-7 中国 ISI 及其分类指数对数标准差

年份	2008	2009	2010	2011	2012	2013	2014	2015	2016	2017
ISI	0.272	0.279	0.265	0.255	0.258	0.239	0.227	0.225	0.219	0.209
信息经济	0.237	0.239	0.237	0.234	0.226	0.231	0.229	0.240	0.239	0.233
网络社会	0.200	0.201	0.198	0.202	0.202	0.205	0.208	0.203	0.209	0.209
在线政府	0.506	0.453	0.271	0.283	0.447	0.298	0.259	0.259	0.259	0.258
数字生活	0.531	0.478	0.451	0.390	0.360	0.314	0.292	0.278	0.258	0.245

如果随着时间的变化 ISI 及其分类指数对数标准差值变小,即 $\sigma_{t+1}<\sigma_t$,表示具有 σ 收敛特征。从表 5-7 和图 5-12 可以看出,2008—2017 年 ISI 对数标准差呈现出缓慢下降趋势,具有 σ 收敛特征;在分类指数中,数字生活指数十年间 σ 收敛显著,收敛速度快;在线政府指数 2008—2014 年呈现出明显的收敛趋势,但收敛趋势显示出明显的波动性和阶段性,2014—2017 年,在线政府指数对数标准差值趋于平稳,表现出轻微的 σ 发散;信息经济和网络社会指数与前两个指数不同,十年间对数标准差值平稳中略有上升,具有轻微的 σ 发散特征,说明 2008—2017 年中国 31 省域信息社会发展的区域差异不大,并且区域差异在逐渐缩小;然而信息社会分类指数中区域差异较大,其中初期数字生活和在线政府指数存在很大的区域差异,但是下降较快,表现出明显的 σ 收敛特征。因为新一代信息技术的普及,数字生活指数表现出明显的加速收敛特征,而信息经济和网络社会指数区域差异比较小,在 2008—2017 年间,两个分类指数呈现出轻微发散特征,区域差异略有扩大。

σ 收敛表明中国信息社会发展趋于一致,但不能表明信息社会发展水平较

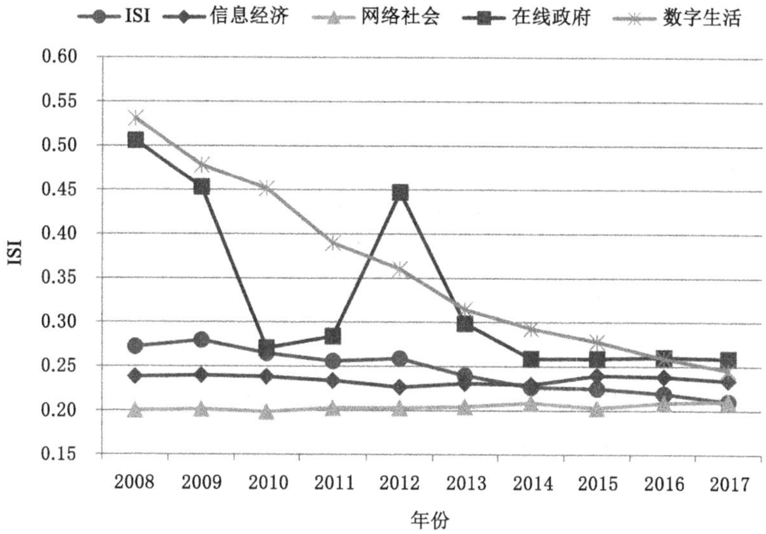

图 5-7　中国省域 ISI 及其分类指数对数标准差时序图

低区域的增长速度高于水平较高地区，为此进行中国信息社会发展水平的绝对 β 收敛分析。

二、中国省域信息社会发展的绝对 β 收敛分析

当信息社会发展水平较低区域比信息社会发展水平较高区域的增长速度更快，那么水平较低区域将赶上较高区域，这样的收敛性称为 β 收敛。也就是说信息社会发展的绝对 β 收敛是针对信息社会发展水平增长速度而言的，目的是确定信息社会发展水平较低地区能否赶上较高地区。采用和第四章相同的方法进行中国各省域信息社会发展的绝对 β 收敛分析，具体回归结果见表 5-8。

表 5-8　中国 ISI 绝对 β 收敛检验结果

样本数量	α 值	β 值	R^2	t 值	t 临界值	F 值	p 值
31	0.021	−0.028	0.577	−6.292	3.575	39.586	0.000

由表 5-8 可知，β 值为−0.028，并且 β 系数的 t 检验值即 t 值为−6.292，t 值的绝对值大于其临界值 3.575，通过显著性检验。由以上分析可知，中国信息社会发展水平呈现出较为明显的绝对 β 收敛趋势，表明信息社会发展水平较低省域的 ISI 增长速度高于水平较高的省域。

三、中国信息社会发展的俱乐部收敛分析

采用和第四章相同的方法进行中国信息社会发展的俱乐部收敛分析。

利用表 5-3 中的数据及式(4-14),其回归结果见表 5-9。2008—2017 年十年间,中国东部、西部、东北地区 ISI 的年均增长率与 2008 年初 ISI 存在负相关的关系,相关系数分别为−0.037、−0.031、−0.027;中部地区 ISI 的年均增长率与期初 ISI 存在正相关的关系,相关系数为 0.049;东部、中部、西部、东北四大地区的 R^2 分别为 0.757、0.178、0.369、0.010,表明东部地区的拟合度优于其他地区,西部地区拟合优度也较好。东部和西部地区的 t 值和 p 值在 95%水平上显著,表明东部地区和西部地区存在显著的俱乐部收敛趋势,东部地区收敛速度快于西部地区。中部和东北部两个地区的拟合优度不好,p 值在 95%水平上不显著,由此表明,所处的地理位置对信息社会发展具有重要影响。

表 5-9 中国四大地区内部省域信息社会发展的俱乐部收敛检验结果

地区	样本数量	θ_0 值	θ 值	R^2	t 值	t 临界值	F 值	p 值
东部	10	0.014	−0.037	0.757	−4.997	1.749	24.966	0.001
中部	6	0.127	0.049	0.178	0.932	1.710	0.869	0.404
西部	12	0.016	−0.031	0.369	−2.418	0.838	5.846	0.036
东北	3	0.014	−0.027	0.010	−0.103	0.044	0.011	0.935

第六章　中国31省域信息社会水平与区域经济发展

第一节　中国信息社会水平分析

推进信息社会建设，助力精准扶贫脱贫，逐渐成为新的发展亮点。2017 年，从衡量信息社会发展水平的信息经济维度的四个重要领域看，产业结构指数增幅较大，同比提高 10.01%，这反映了结构调整初见成效；经济发展指数保持了较高速度，印证了经济发展处于中高速；发展方式指数提高幅度稍低，但是创新指数增幅较大，达到 18.8%；人力资源指数增幅最小，为 4.36，具体数据见表 6-1。和第五章一样，将我国经济区域划分为东部、中部、西部和东北四大地区进行分析。2017 年，东部、中部、西部和东北地区信息经济指数分别为 0.508 2、0.353 8、0.344 9、0.364 8，地区间信息经济发展水平差距明显。东部地区信息经济指数比全国平均水平高 23.58%，比中、西、东北地区分别高 43.65%、47.35%、39.29%。2017 年全国有北京、上海、天津、江苏、浙江、广东 6 个省份信息经济指数高于全国平均水平，北京、上海、天津三市信息经济水平在全国遥遥领先，分别达到 0.782 7、0.703 2、0.628 8。

表 6-1　2017 年全国信息经济发展情况

指标	指数值	同比增长/%
1. 信息经济指数	0.411 2	6.16
1.1 经济发展指数	0.311 4	5.73
1.2 人力资源指数	0.596 8	4.36
1.2.1 成人识字指数	0.891 6	−1.11
1.2.2 教育投入指数	0.521 4	6.56
1.2.3 大学生指数	0.377 5	16.24
1.3 产业结构指数	0.424 0	10.01

表 6-1(续)

指标	指数值	同比增长/%
1.3.1 产值结构指数	0.671 3	11.64
1.3.2 就业结构指数	0.176 7	4.24
1.4 发展方式指数	0.312 8	5.03
1.4.1 研发投入指数	0.590 6	2.27
1.4.2 创新指数	0.141 2	18.81
1.4.3 能效指数	0.206 5	4.79

数据来源:《中国信息社会发展报告 2017》

2007—2017 年全国 ISI 及 31 省域 ISI、信息经济指数、网络社会指数、在线政府指数以、数字生活指数有关数据见表 6-2 和图 6-1 至图 6-6。

表 6-2　2007—2017 年全国及 31 省域 ISI

省域	2007	2008	2009	2010	2011	2012	2013	2014	2015	2016	2017
北京	0.555 8	0.578 9	0.617 3	0.604 3	0.638 0	0.675 8	0.702 9	0.746 8	0.777 4	0.787 9	0.808 3
上海	0.537 5	0.563 1	0.606 2	0.604 9	0.646 9	0.665 4	0.673 2	0.711 2	0.725 8	0.742 9	0.762 9
天津	0.378 0	0.400 8	0.433 7	0.451 4	0.486 0	0.513 2	0.552 0	0.597 7	0.640 7	0.661 6	0.675 3
广东	0.343 0	0.381 4	0.414 6	0.419 5	0.451 0	0.479 7	0.504 5	0.542 2	0.597 8	0.617 3	0.647 9
浙江	0.355 4	0.379 6	0.409 6	0.419 9	0.451 7	0.476 6	0.510 8	0.551 0	0.593 9	0.604 2	0.635 5
江苏	0.302 7	0.327 0	0.347 4	0.352 5	0.398 9	0.431 0	0.483 8	0.521 7	0.551 8	0.565 4	0.594 5
福建	0.267 4	0.274 6	0.323 5	0.356 6	0.400 6	0.427 0	0.467 1	0.513 4	0.549 5	0.552 0	0.571 6
辽宁	0.274 0	0.291 6	0.300 9	0.330 1	0.369 7	0.397 7	0.430 8	0.471 3	0.492 4	0.499 6	0.511 1
山东	0.254 3	0.281 0	0.283 8	0.296 7	0.324 2	0.339 0	0.400 0	0.430 6	0.448 4	0.471 9	0.501 4
内蒙古	0.242 2	0.248 1	0.264 8	0.284 2	0.316 4	0.338 6	0.383 4	0.423 5	0.445 2	0.459 2	0.496 2
海南	0.225 6	0.258 8	0.282 8	0.320 3	0.344 0	0.353 6	0.385 5	0.430 4	0.444 0	0.454 9	0.475 9
重庆	0.251 7	0.276 8	0.280 7	0.284 6	0.315 1	0.329 6	0.360 9	0.400 7	0.423 1	0.441 8	0.473 4
湖北	0.235 7	0.252 2	0.269 2	0.280 3	0.310 0	0.327 8	0.369 1	0.412 5	0.430 3	0.444 0	0.472 2
陕西	0.257 1	0.273 9	0.288 5	0.305 9	0.338 6	0.360 2	0.389 7	0.424 4	0.443 9	0.457 4	0.468 3
山西	0.245 4	0.250 3	0.257 7	0.282 6	0.316 2	0.329 2	0.358 2	0.393 4	0.416 4	0.420 4	0.452 8
吉林	0.287 3	0.298 3	0.299 5	0.293 9	0.322 3	0.325 5	0.356 1	0.397 2	0.424 6	0.4396	0.448 4
河北	0.253 1	0.261 1	0.261 8	0.274 2	0.303 7	0.313 4	0.342 3	0.365 1	0.382 3	0.400 7	0.441 8

表 6-2(续)

省域	2007	2008	2009	2010	2011	2012	2013	2014	2015	2016	2017
黑龙江	0.260 7	0.280 7	0.290 4	0.289 3	0.316 8	0.325 8	0.344 4	0.385 5	0.409 0	0.427 6	0.441 4
湖南	0.223 1	0.240 4	0.256 3	0.265 2	0.299 3	0.315 4	0.337 2	0.380 4	0.400 2	0.413 0	0.4338
四川	0.202 5	0.219 1	0.253 9	0.259 4	0.290 2	0.313 8	0.342 9	0.375 9	0.399 3	0.408 7	0.4312
安徽	0.231 2	0.251 3	0.253 3	0.255 3	0.280 9	0.298 5	0.328 4	0.369 8	0.386 7	0.402 6	0.4293
江西	0.215 5	0.237 2	0.249 3	0.249 3	0.275 2	0.283 9	0.311 8	0.344 2	0.369 2	0.382 7	0.4228
广西	0.199 7	0.211 3	0.232 4	0.253 4	0.275 5	0.273 6	0.315 8	0.355 1	0.374 0	0.387 2	0.4208
青海	0.207 7	0.219 3	0.230 0	0.251 1	0.272 3	0.301 4	0.336 3	0.369 9	0.385 5	0.402 8	0.4117
宁夏	0.216 7	0.226 1	0.242 9	0.257 9	0.285 6	0.301 2	0.334 3	0.362 4	0.384 5	0.398 7	0.4092
新疆	0.227 7	0.228 7	0.245 3	0.267 3	0.284 8	0.300 7	0.337 0	0.367 4	0.384 1	0.391 3	0.4042
贵州	0.190 8	0.198 3	0.201 7	0.208 4	0.235 8	0.253 6	0.285 8	0.320 3	0.339 4	0.362 8	0.3994
河南	0.186 5	0.234 0	0.237 8	0.247 1	0.279 3	0.273 8	0.305 7	0.334 0	0.366 2	0.384 5	0.3972
云南	0.218 8	0.231 3	0.229 3	0.238 2	0.262 3	0.261 5	0.295 0	0.334 3	0.363 1	0.371 0	0.3923
甘肃	0.195 5	0.197 5	0.201 3	0.213 8	0.239 8	0.248 2	0.285 5	0.325 0	0.340 2	0.354 6	0.3912
西藏	0.178 9	0.174 1	0.200 5	0.218 9	0.233 0	0.257 3	0.273 9	0.294 7	0.312 6	0.314 9	0.3299
全国	0.258 3	0.274 6	0.299 8	0.300 4	0.324 3	0.356 4	0.390 4	0.416 5	0.435 3	0.454 0	0.4749

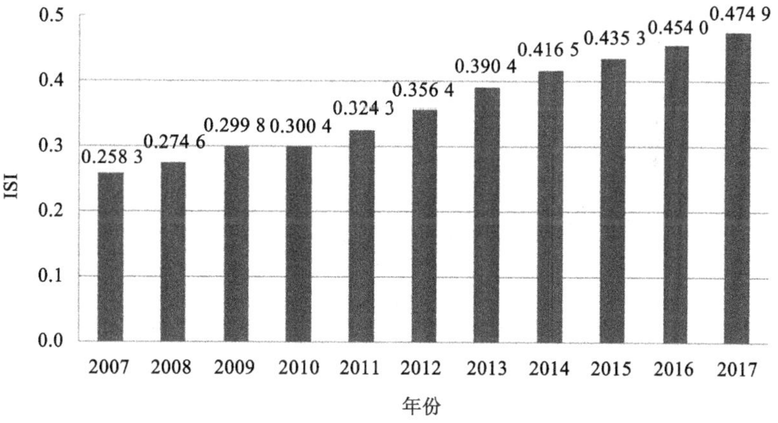

图 6-1　2007—2017 年全国 ISI

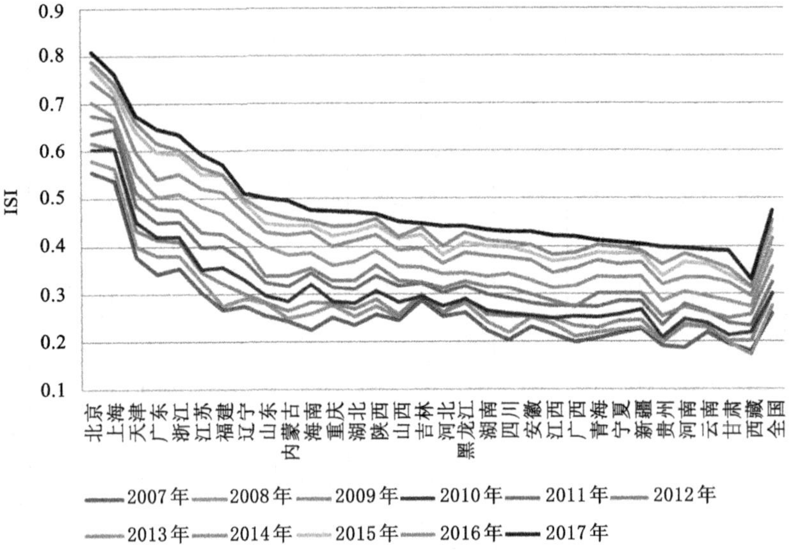

图 6-2　2007—2017 年全国各省域 ISI

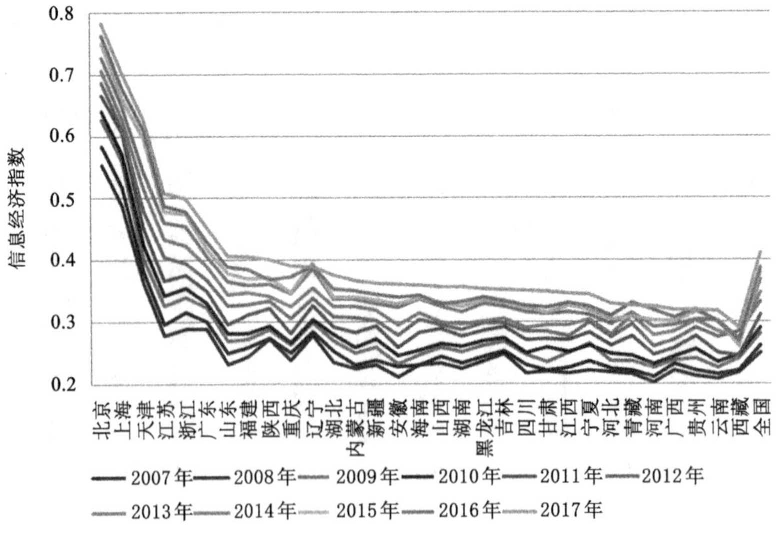

图 6-3　2007—2017 年全国各省域信息经济指数

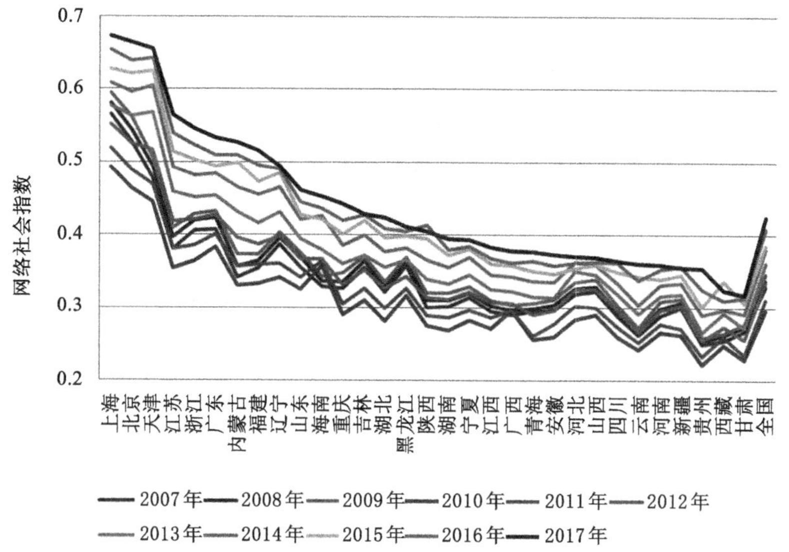

图 6-4 2007—2017 年全国各省域网络社会指数

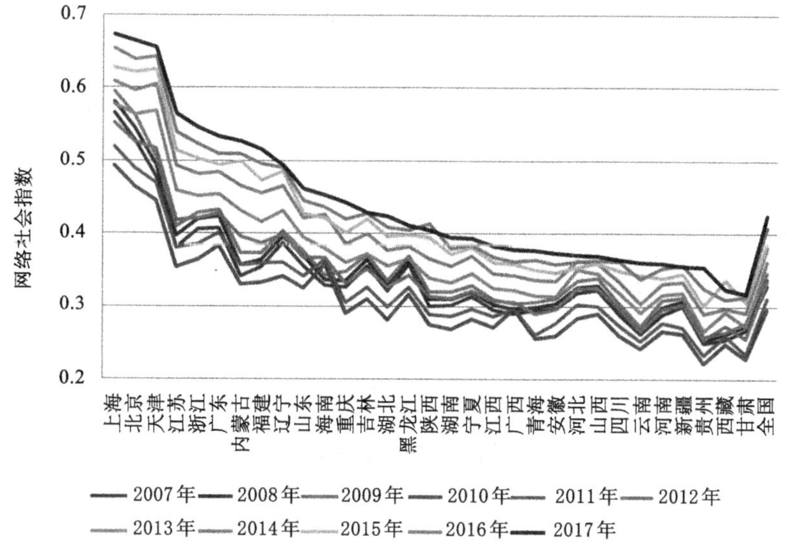

图 6-5 2007—2017 年全国各省域在线政府指数

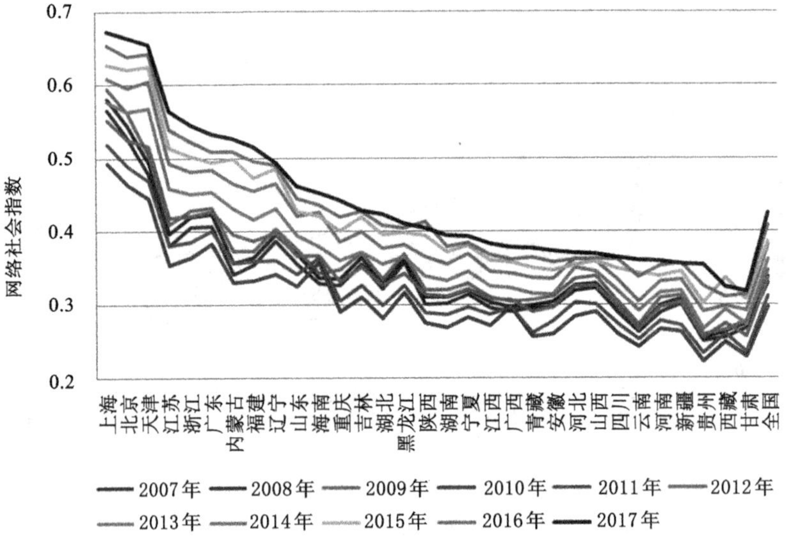

图 6-6　2007—2017 年全国各省域数字生活指数

从表 6-1、图 6-1、图 6-2 可以看出，全国及各省域 ISI 呈逐年增长趋势。2007 年，只有北京、上海、天津、广东、浙江、江苏 6 个省市的 ISI 高于 0.3，但均低于 0.6，处于信息社会准备阶段的转型期；其他 25 个省市区及全国 ISI 均低于 0.3，处于信息社会准备阶段的起步期。2009 年，北京、上海两市 ISI 高于 0.6，进入信息社会发展阶段的初级阶段。2017 年，北京 ISI 为 0.808 3，跨入信息社会发展阶段的中级阶段；上海、天津、广东、浙江 4 个省市的 ISI 高于 0.6 低于 0.8，处于信息社会发展阶段的初级阶段；其他 26 个省市区的 ISI 介于 0.3 到 0.6 之间，处于信息社会初级阶段的转型期。2017 年全国 ISI 为 0.474 9，是 2007 年的 1.84倍，十年间增长了 84%，表明中国快速向信息社会迈进。

第二节　中国 31 省域信息社会水平与区域经济发展实证研究

一、模型的建立

1928 年，美国数学家柯布（Cobb）和经济学家保罗·道格拉斯（Paul Douglas）在探讨投入和产出的关系时，共同提出柯布-道格拉斯生产函数。它突破了哈罗德-多马模型关于资本-产出比和储蓄率不变的假设，在数理经济学与计量经济学的研究与应用中都具有重要地位，其一般形式为：

$$Y = AK^{\alpha}L^{\beta} \tag{6-1}$$

式中　Y——总产值；

K——资本量；

L——劳动量；

A——技术进步因子，看作常数；

α——资本产出的弹性系数，$0<\alpha<1$；

β——劳动产出的弹性系数，$0<\beta<1$。

从式(6-1)可以看出，决定经济发展水平的因素主要有资本投入、劳动力水平以及技术水平三个方面。规模收益的变化由$\alpha+\beta$的值决定，根据α和β二者的组合情况，可以划分为三种类型。若$\alpha+\beta>1$，则为递增报酬型，产量增加的比例大于生产要素投入增加的比例，表明现有技术不变，扩大生产规模对产出增加是有利的；若$\alpha+\beta<1$，则为递减报酬型，产量增加的比例小于生产要素投入增加的比例，表明现有技术不变，扩大生产规模对产出增加是无益的；若$\alpha+\beta=1$，则为不变报酬型，当投入劳动力量L和资本量K都扩大m倍时，产量也扩大m倍，这意味着收益增加的比例与生产要素投入增加的比例相等，此时只是单纯的外延扩大再生产，仅仅扩大生产规模并不能提高生产效率。技术进步对经济发展具有明显作用，把技术水平A作为固定常数，难以反映出技术进步给产出带来的影响。2002年，Welfens将技术进步因子A分解为：$A=A_0I^{\gamma}$，改进后的C-D生产函数为：

$$Y = A_0K^{\alpha}L^{\beta}I^{\gamma} \tag{6-2}$$

式中　A_0——信息技术之外的技术进步率(为常数)；

I——信息技术进步率(本书用ISI替代)；

γ——信息技术的产出弹性。

对改进后的生产函数两边取对数，得到回归模型：

$$\ln Y = C + \alpha \ln K + \beta \ln L + \gamma \ln \text{ISI} \tag{6-3}$$

本书中采用国内生产总值或地区生产总值衡量国家或地区经济发展，ISI衡量信息要素投入，用《中国统计年鉴》中的“固定资产投资”代替资本投入量。同时，由于我国人才市场劳动工作量不能够由劳动工资和劳动时间来完全反映，本书用全社会的劳力人数来近似代替劳动工作总量。

二、数据来源和处理

本书选取地区生产总值GDP衡量经济发展水平，各地区固定资产投入代替

资本量 K，就业人数代替劳动量 L，ISI 衡量信息社会发展水平。并将 2007—2016 年全国 31 省域地区生产总值 GDP、固定资产投入 K、就业人数 L 以及 ISI 构成面板数据集。其中，地区生产总值 GDP、固定资产投入 K、就业人数 L 数据均来源于《中国统计年鉴》(2008—2017)。为保证数据的一致性，需要分别将 31 省域 2007—2016 年十年间的数据消除价格影响，然后以 2007 年为基年，对数据进行无量纲化。现采用第五章的地区分类方法，把中国 31 省域分成东部、中部、西部和东北四大地区。

东部地区 10 个省(市)面板数据见表 6-3。

表 6-3　东部地区各省(市)面板数据

省(市)	年份	lnY	lnK	lnL	lnISI	省(市)	年份	lnY	lnK	lnL	lnISI
北京	2007	0.000 0	0.000 0	0.000 0	0.000 0	浙江	2007	0.000 0	0.000 0	0.000 0	0.000 0
	2008	1.074 4	0.905 9	1.047 5	1.041 6		2008	0.085 9	0.012 6	0.105 9	0.065 8
	2009	1.253 5	1.216 9	1.137 6	1.099 1		2009	0.219 1	0.277 1	0.199 5	0.131 8
	2010	1.399 7	1.349 1	1.187 8	1.076 0		2010	0.353 2	0.339 6	0.281 7	0.156 5
	2011	1.562 4	1.351 4	1.260 0	1.136 4		2011	0.491 8	0.449 3	0.401 1	0.229 5
	2012	1.758 5	1.544 3	1.317 8	1.205 1		2012	0.592 7	0.747 8	0.473 2	0.285 7
	2013	1.917 2	1.754 4	1.363 6	1.253 6		2013	0.672 1	0.903 7	0.473 7	0.355 5
	2014	2.132 2	1.772 2	1.388 5	1.331 7		2014	0.741 0	1.052 3	0.503 2	0.430 4
	2015	2.295 9	1.965 7	1.427 9	1.363 5		2015	0.813 3	1.203 4	0.485 5	0.467 7
	2016	2.570 9	2.039 3	1.453 9	1.393 6		2016	0.905 3	1.284 7	0.464 5	0.490 4
天津	2007	0.000 0	0.000 0	0.000 0	0.000 0	福建	2007	0.000 0	0.000 0	0.000 0	0.000 0
	2008	0.193 6	0.277 0	0.001 9	0.058 4		2008	0.112 7	0.137 0	0.018 0	0.026 5
	2009	0.368 9	0.724 2	0.007 3	0.128 0		2009	0.298 2	0.394 0	0.050 9	0.181 5
	2010	0.528 2	0.955 9	0.027 0	0.169 8		2010	0.434 2	0.615 7	0.118 4	0.278 0
	2011	0.719 3	1.044 3	0.292 3	0.241 8		2011	0.589 9	0.778 0	0.280 4	0.393 5
	2012	0.871 1	1.216 0	0.367 3	0.299 0		2012	0.732 2	1.062 2	0.347 8	0.459 3
	2013	0.976 1	1.361 0	0.412 3	0.371 9		2013	0.831 2	1.273 2	0.357 4	0.549 5
	2014	1.077 8	1.492 4	0.389 2	0.447 7		2014	0.936 1	1.440 5	0.373 7	0.643 7
	2015	1.130 1	1.616 1	0.386 9	0.487 1		2015	1.016 0	1.620 2	0.386 6	0.729 5
	2016	1.204 4	1.698 1	0.356 6	0.525 9		2016	1.119 4	1.690 0	0.395 2	0.742 4

表 6-3(续)

省域	年份	lnY	lnK	lnL	lnISI	省域	年份	lnY	lnK	lnL	lnISI
河北	2007	0.000 0	0.000 0	0.000 0	0.000 0	山东	2007	0.000 0	0.000 0	0.000 0	0.000 0
	2008	0.102 6	0.161 1	0.005 0	0.031 1		2008	0.130 8	0.134 0	−0.003 5	0.099 5
	2009	0.243 2	0.613 5	0.009 2	0.024 6		2009	0.273 9	0.449 0	0.019 3	0.102 6
	2010	0.374 4	0.748 0	0.041 5	0.069 1		2010	0.389 5	0.583 1	0.055 4	0.145 9
	2011	0.533 3	0.813 8	0.108 1	0.172 1		2011	0.516 2	0.691 6	0.149 4	0.235 0
	2012	0.643 7	1.046 6	0.218 0	0.205 1		2012	0.642 0	0.905 1	0.204 8	0.282 4
	2013	0.703 1	1.215 3	0.270 6	0.293 8		2013	0.730 0	1.072 6	0.355 3	0.444 3
	2014	0.754 2	1.352 3	0.274 9	0.359 5		2014	0.816 4	1.217 7	0.336 3	0.517 6
	2015	0.775 1	1.473 5	0.255 5	0.390 4		2015	0.881 8	1.372 2	0.312 7	0.539 9
	2016	0.842 4	1.534 6	0.249 2	0.436 1		2016	0.949 6	1.456 7	0.295 4	0.589 3
上海	2007	0.000 0	0.000 0	0.000 0	0.000 0	广东	2007	0.000 0	0.000 0	0.000 0	0.000 0
	2008	0.062 6	0.011 1	0.026 8	0.046 4		2008	0.092 2	0.073 9	0.006 4	0.106 0
	2009	0.190 0	0.162 4	0.048 2	0.110 4		2009	0.240 9	0.363 9	0.052 1	0.180 7
	2010	0.287 1	0.107 9	0.067 5	0.108 8		2010	0.339 4	0.490 3	0.110 5	0.193 3
	2011	0.379 0	0.053 0	0.303 1	0.174 9		2011	0.463 7	0.554 1	0.212 2	0.264 4
	2012	0.451 6	0.152 1	0.414 2	0.205 5		2012	0.557 8	0.686 8	0.264 0	0.326 4
	2013	0.524 8	0.243 4	0.521 7	0.218 0		2013	0.646 7	0.862 0	0.675 0	0.377 3
	2014	0.608 0	0.303 3	0.569 2	0.272 1		2014	0.735 2	1.025 1	0.678 2	0.449 6
	2015	0.674 8	0.393 1	0.551 0	0.292 0		2015	0.814 3	1.193 2	0.665 3	0.513 6
	2016	0.781 8	0.428 2	0.536 1	0.316 4		2016	0.911 2	1.273 3	0.670 3	0.545 2
江苏	2007	0.000 0	0.000 0	0.000 0	0.000 0	海南	2007	0.000 0	0.000 0	0.000 0	0.000 0
	2008	0.122 4	0.125 2	0.007 0	0.077 0		2008	0.114 1	0.214 7	−0.004 7	0.137 1
	2009	0.285 2	0.458 1	0.026 1	0.128 4		2009	0.283 7	0.699 9	0.027 5	0.214 2
	2010	0.427 7	0.586 7	0.083 4	0.143 1		2010	0.451 2	0.912 8	0.052 4	0.338 1
	2011	0.583 3	0.711 4	0.143 7	0.265 7		2011	0.640 0	1.131 3	0.098 1	0.409 9
	2012	0.705 9	0.936 1	0.167 6	0.344 7		2012	0.791 2	1.431 5	0.155 2	0.439 7
	2013	0.798 3	1.082 3	0.760 5	0.460 4		2013	0.892 4	1.688 4	0.247 3	0.525 7
	2014	0.895 2	1.218 3	0.824 4	0.534 2		2014	1.002 8	1.817 8	0.274 3	0.633 9
	2015	0.974 5	1.365 7	0.792 5	0.576 3		2015	1.072 7	1.933 1	0.263 4	0.628 7
	2016	1.067 3	1.410 3	0.756 5	0.604 3		2016	1.145 4	2.045 9	0.271 3	0.652 7

中部地区 6 个省域面板数据见表 6-4。

表 6-4　中部地区各省(市)面板数据

省域	年份	lnY	lnK	lnL	lnISI	地区	省域	lnY	lnK	lnL	lnISI
山西	2007	0.000 0	0.000 0	0.000 0	0.000 0	河南	2007	0.000 0	0.000 0	0.000 0	0.000 0
	2008	0.124 7	0.085 7	−0.000 2	0.019 7		2008	0.114 6	0.184 0	−0.006 6	0.227 2
	2009	0.204 2	0.565 9	0.027 7	0.042 4		2009	0.266 4	0.573 7	0.021 3	0.233 8
	2010	0.393 7	0.715 1	0.049 8	0.132 3		2010	0.395 9	0.693 8	0.044 2	0.269 5
	2011	0.572 6	0.851 5	0.087 8	0.242 9		2011	0.529 7	0.725 6	0.154 2	0.391 6
	2012	0.673 8	1.118 8	0.150 0	0.285 2		2012	0.653 7	0.975 1	0.203 2	0.375 7
	2013	0.707 9	1.345 0	0.212 3	0.369 5		2013	0.733 3	1.181 8	0.402 9	0.485 7
	2014	0.733 7	1.466 7	0.186 3	0.462 7		2014	0.825 9	1.346 2	0.433 0	0.573 9
	2015	0.745 0	1.611 2	0.159 9	0.487 2		2015	0.889 2	1.517 6	0.448 2	0.651 0
	2016	0.762 1	1.601 8	0.137 6	0.515 3		2016	0.972 9	1.626 5	0.465 0	0.696 9
安徽	2007	0.000 0	0.000 0	0.000 0	0.000 0	湖北	2007	0.000 0	0.000 0	0.000 0	0.000 0
	2008	0.124 6	0.192 2	0.001 5	0.083 1		2008	0.133 0	0.175 9	0.008 1	0.067 6
	2009	0.321 8	0.610 2	0.047 5	0.078 2		2009	0.332 5	0.609 1	0.043 3	0.123 1
	2010	0.487 3	0.767 2	0.083 0	0.085 2		2010	0.508 2	0.817 3	0.089 8	0.162 1
	2011	0.677 6	0.817 2	0.181 7	0.181 4		2011	0.687 6	0.994 1	0.228 3	0.263 3
	2012	0.827 1	1.099 6	0.241 1	0.243 9		2012	0.840 1	1.262 6	0.248 4	0.320 7
	2013	0.926 5	1.296 0	0.414 9	0.339 9		2013	0.944 1	1.490 0	0.400 9	0.439 0
	2014	1.025 2	1.455 6	0.418 8	0.457 2		2014	1.056 4	1.656 2	0.415 6	0.548 4
	2015	1.082 2	1.598 7	0.403 5	0.473 3		2015	1.137 6	1.819 9	0.423 3	0.594 3
	2016	1.180 9	1.678 3	0.409 9	0.512 4		2016	1.231 0	1.934 9	0.433 1	0.629 1
江西	2007	0.000 0	0.000 0	0.000 0	0.000 0	湖南	2007	0.000 0	0.000 0	0.000 0	0.000 0
	2008	0.125 2	0.263 6	0.008 5	0.095 9		2008	0.143 7	0.192 7	0.043 5	0.074 6
	2009	0.284 1	0.738 8	0.009 8	0.135 1		2009	0.328 2	0.620 4	0.099 7	0.127 5
	2010	0.458 3	0.930 4	0.036 4	0.136 0		2010	0.499 4	0.805 4	0.149 8	0.160 4
	2011	0.650 8	0.932 1	0.183 1	0.232 8		2011	0.680 4	0.980 8	0.236 3	0.280 3
	2012	0.776 0	1.172 9	0.296 6	0.266 1		2012	0.833 2	1.234 7	0.265 1	0.334 1
	2013	0.880 0	1.354 7	0.439 4	0.361 0		2013	0.928 7	1.444 1	0.322 4	0.402 3
	2014	0.974 0	1.517 8	0.484 0	0.457 9		2014	1.033 5	1.616 9	0.317 3	0.519 2
	2015	1.044 0	1.693 8	0.516 1	0.506 1		2015	1.105 1	1.792 4	0.285 3	0.5522
	2016	1.140 0	1.785 8	0.497 2	0.542 6		2016	1.187 9	1.916 5	0.266 7	0.587 2

西部地区12个省域面板数据见表6-5。

表6-5　西部地区面板数据

省域	年份	lnY	lnK	lnL	lnISI	省域	年份	lnY	lnK	lnL	lnISI
内蒙古	2007	0.000 0	0.000 0	0.000 0	0.000 0	陕西	2007	0.000 0	0.000 0	0.000 0	0.000 0
	2008	0.223 9	0.146 8	−0.006 9	0.024 1		2008	0.177 8	0.210 0	0.007 0	0.063 3
	2009	0.419 0	0.532 6	−0.002 9	0.082 4		2009	0.344 8	0.610 9	0.030 0	0.102 6
	2010	0.565 8	0.661 5	0.010 8	0.151 6		2010	0.525 4	0.811 2	0.064 5	0.162 8
	2011	0.750 2	0.802 4	0.062 4	0.258 9		2011	0.720 8	0.958 1	0.140 8	0.261 5
	2012	0.874 6	0.983 2	0.094 0	0.330 2		2012	0.893 0	1.234 8	0.184 3	0.324 9
	2013	0.931 6	1.183 3	0.208 9	0.453 5		2013	0.994 9	1.452 2	0.390 3	0.404 8
	2014	1.001 7	1.394 0	0.201 3	0.551 7		2014	1.106 7	1.605 3	0.412 3	0.490 6
	2015	1.010 1	1.162 3	0.190 7	0.584 9		2015	1.131 2	1.706 1	0.403 1	0.504 0
	2016	1.025 6	1.243 0	0.173 4	0.615 7		2016	1.201 9	1.809 0	0.402 3	0.533 8
广西	2007	0.000 0	0.000 0	0.000 0	0.000 0	甘肃	2007	0.000 0	0.000 0	0.000 0	0.000 0
	2008	0.112 1	0.169 6	0.016 2	0.056 3		2008	0.079 7	0.208 0	−0.012 5	0.009 9
	2009	0.308 7	0.598 7	0.045 1	0.143 9		2009	0.213 5	0.579 5	−0.010 2	0.023 8
	2010	0.467 3	0.845 9	0.094 7	0.229 0		2010	0.381 7	0.850 0	−0.003 5	0.081 7
	2011	0.642 1	0.939 6	0.170 3	0.312 2		2011	0.562 3	1.066 2	0.021 9	0.196 4
	2012	0.773 9	1.199 1	0.217 2	0.308 4		2012	0.711 0	1.352 2	0.080 4	0.232 9
	2013	0.882 0	1.398 4	0.335 6	0.449 5		2013	0.810 2	1.606 9	0.274 7	0.370 8
	2014	0.969 3	1.533 6	0.331 9	0.564 5		2014	0.907 4	1.798 3	0.305 7	0.498 5
	2015	1.044 8	1.720 5	0.341 6	0.612 8		2015	0.905 5	1.927 2	0.294 7	0.526 1
	2016	1.130 1	1.830 2	0.331 7	0.652 2		2016	0.967 1	2.015 9	0.291 7	0.566 7
重庆	2007	0.000 0	0.000 0	0.000 0	0.000 0	青海	2007	0.000 0	0.000 0	0.000 0	0.000 0
	2008	0.160 1	0.143 7	0.051 2	0.095 1		2008	0.148 8	0.089 1	0.035 2	0.054 3
	2009	0.350 4	0.533 3	0.080 0	0.101 3		2009	0.278 5	0.493 7	0.108 7	0.094 8
	2010	0.495 7	0.739 4	0.148 3	0.116 9		2010	0.474 7	0.707 3	0.147 4	0.180 3
	2011	0.709 6	0.813 6	0.384 0	0.214 5		2011	0.680 0	1.026 6	0.289 0	0.261 4
	2012	0.866 5	1.009 8	0.430 4	0.261 4		2012	0.834 8	1.339 2	0.307 0	0.364 8
	2013	0.969 5	1.199 7	0.559 8	0.351 2		2013	0.930 2	1.571 9	0.346 7	0.473 9
	2014	1.097 3	1.365 1	0.590 4	0.455 7		2014	1.033 2	1.770 3	0.331 0	0.569 4
	2015	1.199 4	1.541 8	0.593 0	0.476 0		2015	1.083 3	1.912 7	0.323 1	0.593 8
	2016	1.315 5	1.646 3	0.586 5	0.520 2		2016	1.153 5	1.992 8	0.329 4	0.637 0

表 6-5(续)

省域	年份	lnY	lnK	lnL	lnISI	省域	年份	lnY	lnK	lnL	lnISI
四川	2007	0.000 0	0.000 0	0.000 0	0.000 0	宁夏	2007	0.000 0	0.000 0	0.000 0	0.000 0
	2008	0.127 0	0.116 2	0.021 2	0.078 5		2008	0.188 5	0.237 6	−0.019 0	0.042 5
	2009	0.284 6	0.718 4	0.045 3	0.214 7		2009	0.379 4	0.582 3	−0.002 1	0.112 8
	2010	0.455 5	0.819 5	0.056 2	0.234 8		2010	0.569 0	0.837 5	0.018 3	0.172 8
	2011	0.636 5	0.874 6	0.129 6	0.346 6		2011	0.765 9	0.936 3	0.044 9	0.274 9
	2012	0.790 4	1.095 5	0.172 4	0.425 5		2012	0.914 9	1.236 5	0.146 3	0.328 8
	2013	0.883 1	1.278 3	0.450 3	0.513 8		2013	0.992 8	1.488 1	0.215 1	0.433 7
	2014	0.978 0	1.414 4	0.405 0	0.605 2		2014	1.077 9	1.658 1	0.228 9	0.513 3
	2015	1.030 8	1.531 1	0.388 5	0.646 1		2015	1.142 2	1.790 8	0.227 5	0.543 2
	2016	1.118 4	1.632 9	0.378 4	0.672 4		2016	1.222 7	1.848 6	0.194 1	0.572 5
贵州	2007	0.000 0	0.000 0	0.000 0	0.000 0	新疆	2007	0.000 0	0.000 0	0.000 0	0.000 0
	2008	0.137 8	0.140 2	−0.026 1	0.038 4		2008	0.094 2	0.093 7	0.001 4	0.004 2
	2009	0.317 9	0.477 5	0.009 6	0.047 4		2009	0.186 5	0.407 2	0.006 3	0.070 1
	2010	0.438 5	0.708 1	0.034 9	0.079 4		2010	0.391 6	0.570 3	0.028 5	0.153 6
	2011	0.631 4	0.992 9	0.106 7	0.203 2		2011	0.571 4	0.849 1	0.119 9	0.216 7
	2012	0.838 6	1.330 9	0.218 5	0.277 1		2012	0.718 7	1.196 7	0.153 0	0.274 9
	2013	0.996 0	1.590 6	0.314 6	0.395 0		2013	0.825 4	1.425 0	0.222 2	0.388 7
	2014	1.143 5	1.791 2	0.341 2	0.506 2		2014	0.947 0	1.627 1	0.244 9	0.475 3
	2015	1.274 6	2.011 1	0.350 4	0.555 2		2015	0.967 3	1.782 3	0.246 8	0.508 5
	2016	1.393 0	2.196 6	0.360 1	0.623 2		2016	0.993 7	1.716 3	0.257 1	0.517 5
云南	2007	0.000 0	0.000 0	0.000 0	0.000 0	西藏	2007	0.000 0	0.000 0	0.000 0	0.000 0
	2008	0.120 8	0.148 5	0.024 1	0.055 4		2008	0.089 7	0.030 5	0.031 9	−0.027 0
	2009	0.252 8	0.514 2	0.051 7	0.034 8		2009	0.242 7	0.356 2	0.070 8	0.109 1
	2010	0.377 9	0.668 0	0.085 7	0.072 5		2010	0.374 5	0.492 8	0.121 6	0.193 8
	2011	0.575 0	0.762 9	0.166 9	0.169 0		2011	0.524 7	0.578 7	0.170 0	0.257 2
	2012	0.743 2	1.029 5	0.281 7	0.170 0		2012	0.684 9	0.902 7	0.248 4	0.357 9
	2013	0.867 8	1.274 1	0.368 0	0.289 4		2013	0.826 1	1.170 9	0.455 5	0.420 4
	2014	0.964 0	1.417 4	0.348 0	0.412 1		2014	0.963 5	1.372 0	0.502 8	0.490 5
	2015	1.029 8	1.596 9	0.336 2	0.479 4		2015	1.080 9	1.584 3	0.530 1	0.547 4
	2016	1.116 1	1.764 1	0.346 6	0.501 8		2016	1.190 9	1.776 6	0.471 5	0.554 8

三、单位根检验

在经济时间序列中，平稳变量与非平稳变量有着完全不同的经济含义和统计特征，使得在研究中需要采用不同的处理方式。一些非平稳的经济时间序列通常表现出共同的变化趋势，而这些序列本身却不一定有着直接的关联。在对这些序列进行回归时，即使得到较高的拟合优度值，其结果却是没有意义的，这种情况便是伪回归。由于伪回归问题的存在，在回归前必须解决的问题是检验变量的平稳性，即单位根检验。

1979 年，迪基（Dickey）和富勒（Fuller）提出了最早的单位根检验方法，即 DF 检验。对于 DF 检验，普通最小二乘法估计的统计量不再服从经验 t 分布。迪基和富勒通过模拟大量数据，给出对于不同样本容量的临界值。若样本计算的统计量大于 DF 分布表中相应显著性水平的临界值，则不能拒绝原假设，即结论为非平稳。若样本计算的统计量小于 DF 分布表中相应显著性水平的临界值，则拒绝原假设，即结论为平稳。

DF 检验假定时间序列是由一阶自回归模型生成的，且要求随机误差项独立同分布。但实际检验下，时间序列可能由更高阶的自回归过程生成，且随机误差项通常会出现自相关，这将导致 DF 检验无效。为了捕捉可能忽略掉的误差项的自回归信息，Dickey-Fuller 在 DF 检验的基础上，加入若干期滞后项，这种检验被称为 ADF 检验。ADF 检验的临界值与 DF 检验的临界值相同。

运用 EViews 软件，分别将 GDP、K、L、ISI 进行分组单位根检验，多种单位根检验结果见表 6-6。

表 6 6　单位根检验结果

变量	模型	LLC 检验		Breitung 检验		IPS 检验		Fisher-ADF 检验		Fisher-PP 检验	
		统计量	概率	统计量	概率	统计量	概率	统计量	概率	统计量	概率
ln$Y$	3	2.495 8	0.993 7	3.083 8	0.999 0	4.500 31	1.000 0	14.311 3	1.000	3.591 3	1.000
	2	−19.262 0	0.000 0	—	—	−6.977 84	0.000 0	175.714 0	0.000	151.290 0	0.000
	1	−2.579 5	0.004 9	—	—	—	—	51.925 9	0.815	3.754 4	1.000
ln$K$	3	−9.643 8	0.000 0	2.368 1	0.991 1	0.175 60	0.569 7	88.679 5	0.015	52.088 0	0.811
	2	−12.185 0	0.000 0	—	—	−2.145 51	0.016 0	95.514 7	0.004	191.700	0.000
	1	3.068 1	0.998 9	—	—	—	—	28.135 2	0.999	4.571 6	1.000

表 6-6(续)

变量	模型	LLC 检验		Breitung 检验		IPS 检验		Fisher-ADF 检验		Fisher-PP 检验	
		统计量	概率	统计量	概率	统计量	概率	统计量	概率	统计量	概率
ln*L*	3	0.604 9	0.727 4	0.536 0	0.704 0	1.539 30	0.938 1	34.276 8	0.998	16.883 0	1.000
	2	−10.135 0	0.000 0	—	—	0.470 68	0.681 1	54.618 2	0.736	37.290	0.995
	1	0.862 4	0.805 8	—	—	—	—	27.074 9	1.000	14.078 0	1.000
lnISI	3	−6.321 2	0.000 0	0.4941	0.689 4	−0.090 91	0.4638	67.748 5	0.287	67.088 0	0.307
	2	−3.800 4	0.000 1	—	—	4.133 26	1.000 0	23.069 4	1.000	35.427 0	0.997
	1	6.243 8	1.000 0	—	—	—	—	14.953 4	1.000	1.370 6	1.000

由表 6-6 可知，31 省域信息社会水平与区域经济发展关系的四个变量中，地区生产总值 GDP 以及资本投入量 *K* 拒绝了变量的非平稳性假设，而劳动投入量 *L* 以及 ISI 未拒绝变量的原假设。因此，再对四个变量进行一阶单位根检验，结果见表 6-7。

表 6-7　一阶单位根检验结果

变量	模型	LLC 检验		Breitung 检验		IPS 检验		Fisher-ADF 检验		Fisher-PP 检验	
		统计量	概率	统计量	概率	统计量	概率	统计量	概率	统计量	概率
*D*ln*Y*	3	−13.701 1	0.000	−1.241 6	0.107 2	−2.204 0	0.013 8	125.789 0	0.000 0	216.139 0	0.000
	2	−0.482 4	0.315	—	—	1.988 7	0.976 6	41.259 6	0.980 4	43.713 3	0.962
	1	−6.066 7	0.000	—	—	—	—	87.743 8	0.017 4	74.523 4	0.132
*D*ln*K*	3	−20.758 0	0.000	−2.719 6	0.003 3	−3.384 5	0.000 4	159.721 0	0.000 0	307.388 0	0.000
	2	−16.589	0.000	—	—	−6.656 4	0.0000	174.694 0	0.000 0	156.624 0	0.000
	1	−6.888 3	0.000	—	—	—	—	115.685 0	0.000 0	88.283 7	0.016
*D*ln*L*	3	−9.643 4	0.000	−2.725 9	0.003 2	0.164 3	0.565 2	57.275 5	0.646 3	73.200 0	0.156
	2	−5.690 0	0.000	—	—	−2.005 2	0.022 5	83.343 8	0.036 7	78.652 3	0.075
	1	−8.452 3	0.000	—	—	—	—	143.218 0	0.000 0	137.814 0	0.000
*D*lnISI	3	−14.735 0	0.000	−3.189 9	0.000 7	−1.339 0	0.090 3	96.604 6	0.003 2	155.710 0	0.000
	2	−12.143 0	0.000	—	—	−5.757 1	0.000 0	148.132 0	0.000 0	168.629 0	0.000
	1	−6.368 7	0.000	—	—	—	—	108.616 0	0.000 2	102.869 0	0.001

在对原始序列进行一阶差分后，再进行单位根检验。结果表明，对于 31 省域信息社会水平与区域经济增长关系的四个变量，劳动投入量 *L* 以及信

息社会指数ISI均拒绝了变量的非平稳性假设，即两个变量均为一阶单整。至少有两个解释变量的单整阶数高于被解释变量的单整阶数，可进行协整检验。利用软件EViews对面板数据进行协整检验发现，面板数据存在协整关系。

四、实证分析结果

为了比较31个省域的信息社会水平对经济发展的贡献程度，本书采用资本、劳动、信息社会指数弹性系数不固定的面板数据变系数模型进行估计。东、中、西、东北地区的拟合优度见表6-8。

表6-8　拟合优度

模型	R^2	调整后的R^2	F检验值
东部	0.994 5	0.990 9	278.299 6
中部	0.986 7	0.978 2	115.840 4
西部	0.991 5	0.986 0	179.001 9
东北	0.979 0	0.966 2	76.331 9

回归模型中，作为衡量估计模型对观测值的拟合程度R，其值越接近于1，说明模型的显著性越好，并且调整后的R^2比调整前的R^2更加准确。从表6-8可以看出，东部地区最终调整后的R^2为0.990 9，在四个地区中最高。

东部地区10个省域资本投入要素K、劳动投入要素L、信息社会指数ISI的弹性系数以及回归模型常数项，见表6-9。

表6-9　东部地区11省域投入要素的弹性系数及常数项

省域	K的弹性系数	L的弹性系数	ISI的弹性系数	常数项
北京	1.408 5	−1.563 7	1.345 6	−0.022 3
天津	0.401 3	0.446 8	0.638 3	0.010 2
河北	0.420 5	0.701 6	−0.034 5	0.021 3
上海	0.156 4	0.052 1	2.119 3	−0.024 2
江苏	0.544 7	−0.152 8	0.664 0	−0.003 3
浙江	0.236 8	0.513 8	0.644 7	−0.009 3
福建	0.341 6	0.259 7	0.496 6	0.034 2
山东	0.622 3	0.261 1	−0.114 5	0.025 7
广东	0.369 2	0.010 4	0.791 9	−0.003 9
海南	0.373 6	0.457 6	0.389 7	−0.028 4

采用资本、劳动、信息社会指数弹性系数固定的面板数据模型对东部地区进行回归估计。回归方程为：

$$\ln Y = 0.017\,6 + 0.368\,6\ln K + 0.305\,4\ln L + 0.594\,1\ln ISI \quad (6\text{-}4)$$

中部地区 6 个省域资本投入要素 K、劳动投入要素 L、信息社会指数 ISI 的弹性系数以及回归模型常数项见表 6-10。

表 6-10　中部地区 6 个省域投入要素的弹性系数及常数项

省域	K 的弹性系数	L 的弹性系数	ISI 的弹性系数	常数项
山西	0.290 0	1.021 1	0.175 5	0.051 8
安徽	0.597 0	0.543 5	−0.149 3	−0.006 1
江西	0.501 6	0.740 7	−0.307 0	−0.007 3
河南	0.472 3	0.170 4	0.193 8	−0.011 5
湖北	0.615 8	0.379 3	−0.239 5	−0.007 4
湖南	0.409 1	0.694 5	0.334 2	−0.019 5

采用资本、劳动、信息社会指数弹性系数固定的面板数据模型对中部地区进行回归估计。回归方程为：

$$\ln Y = 0.022\,5 + 0.523\,2\ln K + 0.551\,5\ln L - 0.126\,0\ln ISI \quad (6\text{-}5)$$

西部地区 12 个省域资本投入要素 K、劳动投入要素 L、ISI 弹性系数以及回归模型常数项见表 6-11。

表 6-11　西部地区 12 个省域投入要素的弹性系数及常数项

省域	K 的弹性系数	L 的弹性系数	ISI 的弹性系数	常数项
内蒙古	0.691 9	−1.014 5	0.512 6	0.034 9
广西	0.519 6	0.613 7	−0.070 3	−0.013 3
重庆	0.528 9	0.514 0	0.170 6	−0.001 7
四川	0.069 3	−0.088 4	1.549 0	−0.018 4
贵州	0.586 3	−0.202 6	0.266 8	−0.002 2
云南	0.408 0	0.890 3	0.130 5	0.000 7
陕西	0.449 8	−0.404 4	1.087 6	−0.007 8
甘肃	0.505 6	−0.587 0	0.024 3	−0.043 9
青海	0.261 9	0.846 4	0.463 8	0.016 3
宁夏	0.665 5	−0.526 8	0.181 1	−0.002 2
新疆	0.546 0	0.405 6	−0.176 6	0.013 7
西藏	0.394 2	−0.025 9	0.800 6	0.023 9

采用资本、劳动、信息社会指数弹性系数固定的面板数据模型对西部地区进行回归估计。回归方程为：

$$\ln Y = 0.0509 + 0.4576\ln K + 0.4256\ln L + 0.2341\ln ISI \quad (6\text{-}6)$$

东北3个省域资本投入要素 K、劳动投入要素 L、ISI的弹性系数以及回归模型常数项见表6-12。

表6-12　东北地区3个省域投入要素的弹性系数及常数项

省域	K 的弹性系数	L 的弹性系数	ISI的弹性系数	常数项
辽宁	0.326 5	−0.416 1	1.235 2	0.023 0
吉林	0.678 8	0.918 8	−0.197 9	−0.012
黑龙江	0.382 6	0.943 0	0.909 9	−0.010 6

采用资本、劳动、信息社会指数弹性系数固定的面板数据模型对东北地区进行回归估计。回归方程为：

$$\ln Y = 0.0567 + 0.3431\ln K + 0.3480\ln L + 0.9156\ln ISI \quad (6\text{-}6)$$

信息社会指数弹性系数最高的10省域分别为上海、四川、北京、辽宁、陕西、黑龙江、西藏、广东、江苏、浙江。其中，东部地区5个，西部地区3，东北地区2个。信息社会发展水平对全国大部分省域的经济发展有正向促进作用。东部、中部、西部、东北地区ISI的弹性系数分别为：0.594 1、−0.126、0.234 1、0.915 6。

第三节　启示与建议

一、启示

中国各地区在地理位置、开放程度、基础设施等方面存在着较大差异，导致不同区域之间信息社会发展水平差距比较明显。目前，我国东、中、西部在获取、开发信息资源以及应用信息技术水平方面存在较大差距，而信息社会发展不均衡是制约信息社会整体发展的重要因素，将直接影响各个区域人们的生活质量。当今信息技术发展迅速，东部地区的ISI的弹性系数已超过另外两个因素，表明我国东部地区的经济发展对信息化的依赖较高。东部地区信息社会水平对区域经济发展的影响相对较高，其中，北京、上海的信息产业已经成为其支柱性产业，其信息社会水平具有绝对的领先地位，两地ISI的弹性系数分别为1.345 6、2.119 3，即ISI每增长1%，GDP分别增长1.345 6%、2.119 3%。就东部地区整体而言，ISI每增长1%，GDP增长0.594 1%。在经济发展水平最高的东部地区，以后仍需不断加强科技创新，以信息化推动经济建设。

与东部地区相比，中部地区的信息社会水平及经济发展水平较为落后，信息社会发展对经济发展促进作用不明显，在个别省份甚至是负相关。西部地区信息社会水平对区域经济发展有正向促进作用，ISI 每增长 1%，GDP 增长 0.234 1%。其中，四川的 ISI 弹性系数最高，达到 1.5490，这与其加大信息社会建设投入是分不开的。近些年，成都加快发展数字经济、信息产业并抢占经济新高地。信息社会发展对东北地区的辽宁和黑龙江的经济发展有较大促进作用，对吉林呈现负相关。因此，加快经济欠发达地区的信息化建设，提高信息社会水平，有助于缩小地区间经济差距，对区域间经济协调发展能够起到促进作用。

二、建议

中国信息社会水平的差异是导致区域经济发展差异的重要原因，要缩小中西东北地区与东部地区经济发展水平的差距，逐步实现经济"趋同"，中西北东地区需要加强信息化建设，把信息产业作为新的经济增长点，通过发展信息技术，实施信息产业带动区域经济发展战略。中西东北地区可借助国家实施西部大开发战略的契机，在提高技术创新水平的同时，大力推进信息技术在传统产业的应用，以加速对传统产业的更新和改造，实现工业化与信息化互补共进。为了缩小地区间的差距，现提出以下建议

（一）提高科技创新能力，提升东部地区信息社会发展水平

东部地区虽是我国信息化建设高度发达的地区，但是总体而言仍缺乏核心竞争力，因此，需要不断提高科技创新能力，加强对信息技术产品的工业化研发与生产，这样才能在竞争激烈的国际环境下，赢得一席之地；同时需要政策的大力扶持，积极鼓励和支持企业及高校创新信息技术、开发信息产品，加强产学研合作。不断加强信息产业与非信息产业的高度融合，实现以信息产业带动传统行业发展，从而对周边地区形成辐射效应，带动周边地区经济发展。

（二）加强信息基础设施建设，促进中部地区信息社会发展

中部地区是我国信息社会欠发达地区，要紧紧抓住难得的国家信息化发展黄金时期。通过信息化基础设施建设推动和普及功能强大的信息化平台建设，最终形成以高新技术为核心、以基础工业和制造业为支撑的产业新格局。与此同时，各省要不断完善人才培养机制，提高待遇，吸引国内信息人才，并通过技术、管理等手段，激励各省信息人才，加快新一代信息技术研发队伍的建设。

（三）加强政府扶持力度，加快西部地区信息社会发展速度

政府需要从宏观上加以引导和调控，统筹规划、全面推进，鼓励发展核心技术。当地政府应根据本地具体情况，制订一些适合本地发展的规划。同时

要调整投资方向，逐步退出对竞争性制造业的投资，而转向对通信基础设施的投入，加强信息化基础设施建设，以信息化带动工业化。西部地区是中国信息化发展的后发地段，并且区域内的信息社会水平差异也很大，例如重庆、陕西的信息社会水平较高，而新疆、甘肃等地的信息化建设则比较落后。因此，要及时发现发展较快的信息化先行区域，使其发挥示范带头作用，形成产业集群效应。

第七章　江苏省13市信息社会水平与经济发展

第一节　江苏省13市信息社会水平分析

2017年江苏省ISI为0.594 5，处于信息社会的转型期。全国排名第6位，近10年，江苏省ISI均低于浙江省和广东省，但与两省的差距不断缩小，具体见表7-1和图7-1。

表7-1　2007—2017年江苏省与广东省、浙江省及全国ISI对比

省域	2007	2008	2009	2010	2011	2012	2013	2014	2015	2016	2017
广东	0.343 0	0.381 4	0.414 6	0.419 5	0.451 0	0.479 7	0.504 5	0.542 2	0.597 8	0.617 3	0.647 9
浙江	0.355 4	0.379 6	0.409 6	0.419 9	0.451 7	0.476 6	0.510 8	0.551 0	0.593 9	0.604 2	0.635 5
江苏	0.302 7	0.327 0	0.347 4	0.352 5	0.398 9	0.431 0	0.483 8	0.521 7	0.551 8	0.565 4	0.594 5
全国	0.258 3	0.274 6	0.299 8	0.300 4	0.324 3	0.356 4	0.390 4	0.416 5	0.435 3	0.454 0	0.474 9

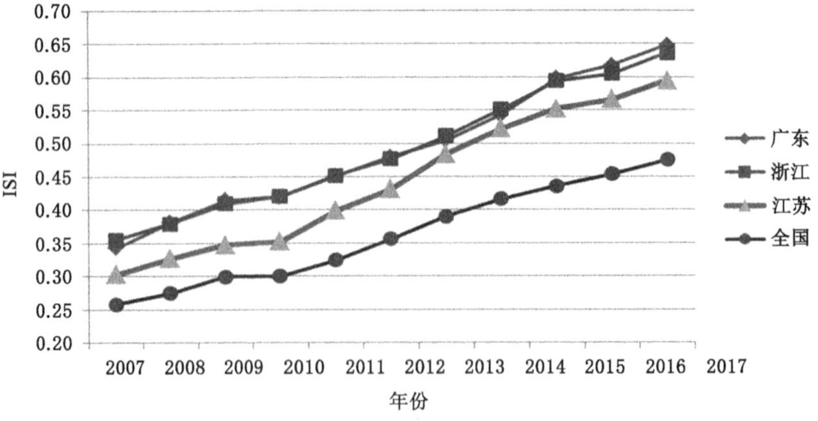

图7-1　2007—2017年江苏与浙江、广东及全国ISI对比图

2017 年从参与信息社会评估的 336 个地级以上城市信息社会发展水平看，江苏省地级市信息社会发展在全国处于领先水平。13 个地级城市中 ISI 跻身全国前 20 名的地级市有苏州、无锡和南京，全国排名前 50 的有常州、镇江，扬州、南通，泰州第 53 名，徐州第 78 名，盐城第 93 名，淮安第 106 名，连云港第 109，宿迁第 125 名。2017 年，苏州、无锡、南京、常州、镇江 5 城市进入信息社会发展阶段的初级阶段。2010—2017 年江苏省 13 市 ISI 及发展趋势具体见表 7-2 和图 7-2。

表 7-2 2010—2017 年江苏省 13 市 ISI 对比

城市	2010	2011	2012	2013	2014	2015	2016	2017
苏州	0.601 2	0.681 4	0.702 5	0.721 0	0.733 5	0.744 4	0.756 0	0.767 6
无锡	0.570 2	0.651 9	0.689 0	0.703 9	0.706 6	0.709 3	0.712 2	0.731 8
南京	0.548 2	0.584 1	0.619 1	0.634 5	0.648 6	0.668 3	0.706 8	0.715 5
常州	0.478 7	0.559 5	0.573 6	0.589 7	0.608 9	0.617 3	0.649 2	0.664 5
镇江	0.457 8	0.495 1	0.561 9	0.602 0	0.611 9	0.613 3	0.639 0	0.655 6
扬州	0.433 4	0.449 4	0.466 1	0.483 3	0.501 2	0.513 5	0.552 0	0.575 1
南通	0.402 7	0.439 8	0.457 9	0.476 7	0.497 6	0.524 7	0.543 3	0.569 6
泰州	0.399 3	0.414 9	0.431 0	0.447 8	0.465 3	0.489 4	0.524 8	0.548 9
徐州	0.335 2	0.339 8	0.342 1	0.373 4	0.404 6	0.435 8	0.455 4	0.497 6
盐城	0.323 9	0.337 1	0.340 6	0.354 4	0.397 1	0.428 0	0.445 3	0.482 3
淮安	0.311 4	0.325 9	0.334 5	0.345 9	0.360 2	0.410 3	0.437 5	0.470 4
连云港	0.312 9	0.336 1	0.340 2	0.352 7	0.371 8	0.421 5	0.435 3	0.4670
宿迁	0.308 4	0.323 1	0.338 6	0.345 1	0.358 1	0.388 0	0.403 3	0.448 5

江苏省信息社会发展总体水平相对靠前，但省内的各地级市之间信息社会发展还有一定的差距，主要原因还是经济基础的差距。通常情况下，一个地区经济发展越好，在信息社会建设方面投入的资金就会相对越多。苏南各市人均 GDP 指数明显高于省内其他地级市，较高的人均 GDP 支撑着苏南各市信息社会发展在省内甚至全国的领先水平，具体见表 7-3 和图 7-3。

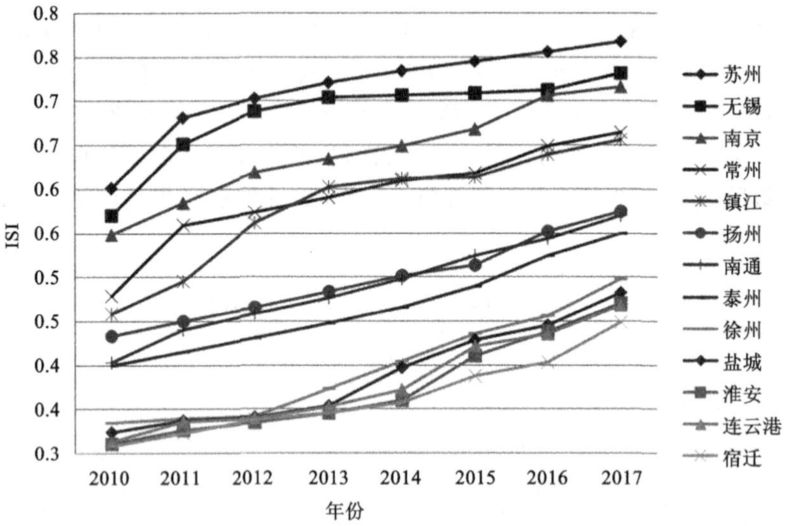

图 7-2　2010—2017 年江苏省 13 市及全国 ISI 对比图

表 7-3　2010—2017 年江苏省 13 市生产总值　　单位：亿元

城市	2010	2011	2012	2013	2014	2015	2016	2017
苏州	9 228.9	10 717.0	12 011.7	12 970.0	13 760.9	14 504.1	15 475.1	17 319.5
无锡	5 793.3	6 880.2	7 568.2	7 770.2	8 205.3	8 518.3	9 210.0	10 511.8
南京	5 130.7	6 145.5	7 201.6	8 080.2	8 820.8	9 720.8	10 503.0	11 715.1
常州	3 044.9	3 581.0	3 969.9	4 450.0	4 901.9	5 273.2	5 773.9	6 622.3
镇江	1 987.6	2 311.5	2 630.4	2 975.1	3 252.4	3 502.5	3 833.8	4 105.4
扬州	2 229.5	2 630.3	2 933.2	3 320.0	3 697.9	4 016.8	4 449.4	5 064.9
南通	3 465.7	4 080.2	4 558.7	5 150.0	5 652.7	6 148.4	6 768.2	7 734.6
泰州	2 048.7	2 422.6	2 701.7	3 065.0	3 370.9	3 687.9	4 101.8	4 744.5
徐州	2 942.1	3 551.7	4 016.6	4 519.8	4 963.9	5 319.9	5 808.5	6 606.0
连云港	1 193.3	1 410.5	1 603.4	1 810.5	1 965.9	2 160.6	2 376.5	2 640.3
盐城	2 332.8	2 771.3	3 120.0	3 490.6	3 835.6	4 212.5	4 576.1	5 082.7
淮安	1 388.1	1 690.0	1 920.9	2 215.9	2 455.4	2 745.1	3 048.0	3 387.4
宿迁	1 064.1	1 320.8	1 522.0	1 750.3	1 930.7	2 126.2	2 351.1	2 610.9

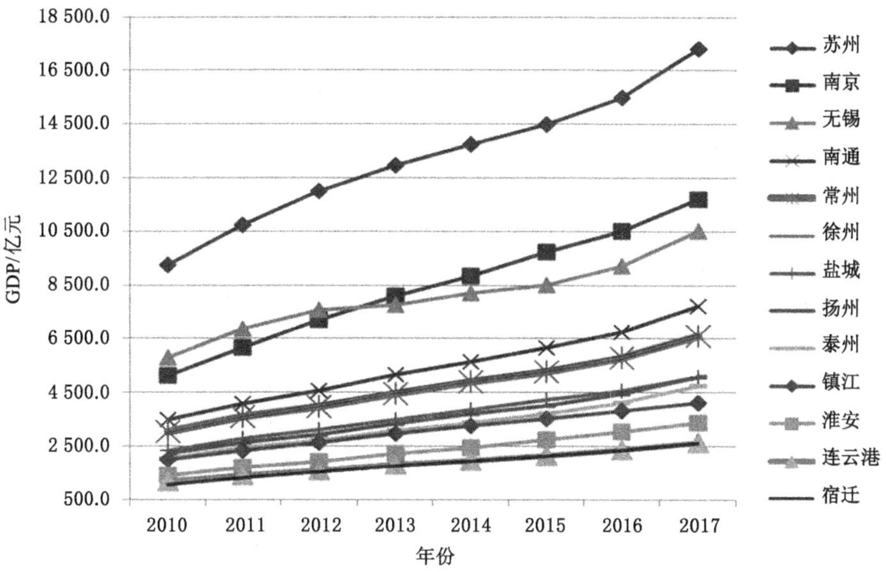

图7-3　2010—2017年江苏省13市GDP比较

第二节　江苏省13市信息社会水平与经济发展实证分析

一、模型构建

根据信息化测度理论、信息社会发展水平对经济发展的贡献理论基础，基于柯布-道格拉斯生产函数构建回归模型：

$$Y = AK^{\alpha}L^{\beta}(\mathrm{ISI})^{\gamma} \tag{7-1}$$

式中　Y——产出(GDP)；

K——资本；

L——劳动；

A——技术进步率(为常数)；

ISI——信息社会指数；

α、β、γ——劳动、资本、信息社会发展水平的产出弹性系数。

上式两边取对数，回归模型转化为：

$$\ln Y = C + \alpha\ln K + \beta\ln L + \gamma\ln \mathrm{ISI} \tag{7-2}$$

二、数据的选择与处理

根据回归模型，需要选取下列数据：

(1) 资本要素投入。选取江苏统计年鉴里各地区固定资产投资代替资本投入。

（2）劳动要素投入。欧美国家通常使用社会总劳动工资或总劳动时间来代替劳动总量。我国学者很少用这种方法，这是由于我国劳动力市场不规范造成的，劳动工资和劳动时间无法充分反映相应的劳动力工作量。基于此，我国一般用劳动者数量代替劳动工作总量。

（3）信息技术要素投入。本书选取ISI代替信息技术要素投入。

三、岭回归分析

岭回归（ridge regression，Tikhonov regularization）是1970年由霍尔（Hoerl）和肯纳德（Kennard）提出的，是一种专门用于分析共线性数据的有偏估计回归方法，本质上，岭回归是一种改良的最小二乘估计法，主要是通过放弃最小二乘法的无偏性，以损失部分信息、降低精度为代价，从而获得更符合实际、更可靠的回归系数的回归方法，对病态数据的拟合要强于最小二乘法。一般来说，岭回归方程得出的R^2会比普通回归分析得出的结果低，但是回归系数的显著性要比普通回归高许多，对于存在共线性问题和病态数据偏多的研究，有较大的实用价值和现实意义。为了克服数据之间存在共线性的问题，将使用岭回归方法来进行实证分析。岭参数H以一定的步长在设定的值区间变化时，回归系数的值也随之变化，R^2也随H变化，H越大R^2越小。出现这些变化是因为岭回归是有偏估计，岭参数H大小反映了偏置程度，H越大，偏置程度也就越大。在岭回归分析中，岭参数H的选取对最后的估计结果产生直接影响。在选取H时，并没有正规的决策准则，主要根据岭迹来确定H值，即各个自变量的回归系数趋于稳定时的最小H。

岭回归分析以苏州市为例，苏州市的地区生产总值、固定资产投资、劳动力投入、信息社会指数见表7-4和表7-5。

表7-4　苏州市经济发展回归模型中相关变量消除价格影响后的数据

年份	地区生产总值/亿元	居民消费价格指数（上年=100）	消除价格影响Y/亿元	固定资产投资/亿元	固定资产投资价格指数（上年=100）	消除价格影响K/亿元	劳动力L/万人	ISI
2010	9 228.91	103.8	8 891.05	2 705.27	105.1	2 574.00	687.5	0.601 2
2011	10 716.99	105.3	10 177.58	4 279.98	106.8	4 007.47	691.0	0.681 4
2012	12 011.65	102.6	11 707.27	5 142.51	98.6	5 215.53	694.3	0.702 5
2013	12 970.00	102.3	12 678.40	5 822.14	100.5	5 793.17	695.2	0.721 0
2014	13 760.89	102.2	13 464.67	6 054.00	101.1	5 988.13	693.4	0.733 5
2015	14 504.07	101.7	14 261.62	5 965.44	96.2	6 201.08	691.4	0.744 4
2016	15 475.09	102.3	15 127.17	5 648.49	98.8	5 717.10	691.3	0.756 0
2017	17 319.51	102.6	16 880.61	5 724.28	100.6	5 690.14	691.5	0.767 6

表 7-5　苏州市经济发展回归模型取对数后的相关数据

年份	ln*Y*	ln*K*	ln*L*	lnISI
2010	9.130 1	7.903 0	6.533 1	−0.508 8
2011	9.279 6	8.361 7	6.538 1	−0.383 6
2012	9.393 6	8.545 3	6.542 9	−0.353 1
2013	9.470 4	8.669 4	6.544 2	−0.327 1
2014	9.529 6	8.708 5	6.541 6	−0.309 9
2015	9.582 2	8.693 7	6.538 7	−0.295 2
2016	9.647 0	8.639 1	6.538 6	−0.279 7
2017	9.759 6	8.652 5	6.538 9	−0.264 5

苏州市回归模型各解释变量岭迹如图 7-4 所示。

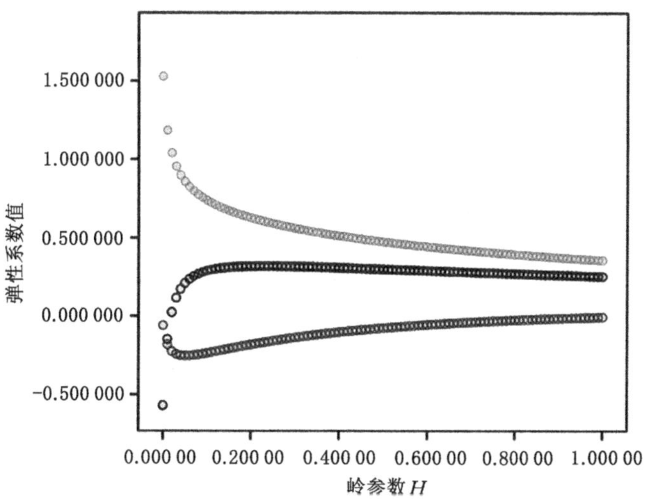

图 7-4　苏州市回归模型各解释变量岭迹

从图 7-4 可知，当岭参数 $H=0.2$ 时，各个解释变量的轨迹趋向于稳定，此时，$F=12.098\ 3$，$R^2=0.900\ 1$，各自变量岭回归系数见表 7-6。

表 7-6　苏州市回归模型岭回归系数

	未标准化系数	标准误差	标准化系数
ln*K*	0.236 187 18	0.068 133 72	0.318 773 24
ln*L*	−10.730 930 19	8.429 222 51	−0.181 677 60
lnISI	1.625 723 73	0.302 391 27	0.627 140 97
常量	78.189 492 33	55.070 962 75	0.000 000 00

基于以上回归结果，苏州市回归模型为：

$$\ln Y = 78.190 + 0.319\ln K - 0.188\ln L + 0.627\ln ISI \tag{7-3}$$

由回归结果可知，信息社会发展水平、资本与苏州市经济发展正相关，贡献率分别为 0.627 1、0.318 8，信息社会发展水平极大地促进了苏州经济发展。劳动力投入与苏州经济发展负相关，在某种程度上会阻碍经济的发展。

上文以苏州市为例，对 ISI 和苏州 GDP 之间的关系进行了回归分析、研究，使用以上相同的方法，对江苏省其他 12 市信息社会发展水平对经济发展的作用进行实证分析，各市回归模型方程式见表 7-7。

表 7-7　江苏省 13 市回归模型

城市	回归模型
苏州	$\ln Y=78.190+0.319\ln K-0.188\ln L+0.627\ln ISI$
无锡	$\ln Y=33.501+0.475\ln K-0.162\ln L+0.490\ln ISI$
南京	$\ln Y=-44.483+0.305\ln K-0.328\ln L+0.18\ln ISI$
常州	$\ln Y=-32.377+0.560\ln K-0.232\ln L+0.319\ln ISI$
镇江	$\ln Y=-37.112+0.333\ln K-0.305\ln L+0.275\ln ISI$
扬州	$\ln Y=103.246+0.319\ln K-0.368\ln L+0.314\ln ISI$
南通	$\ln Y=45.881+0.276\ln K-0.043\ln L+0.202\ln ISI$
泰州	$\ln Y=45.900+0.456\ln K-0.270\ln L+0.265\ln ISI$
徐州	$\ln Y=-26.129+0.656\ln K-0.101\ln L+0.268\ln ISI$
连云港	$\ln Y=-23.107+0.628\ln K-0.059\ln L+0.317\ln ISI$
盐城	$\ln Y=36.038+0.606\ln K-0.135\ln L+0.179\ln ISI$
淮安	$\ln Y=-57.502+0.479\ln K-0.176\ln L+0.351\ln ISI$
宿迁	$\ln Y=-41.843+0.467\ln K-0310\ln L+0.255\ln ISI$

四、回归结果分析

从回归结果看，信息社会发展水平对江苏省 13 市的经济发展均呈现正相关性，表明信息社会的发展会从整体上促进江苏经济的发展，更是苏州、无锡等城市经济发展的重要推动力。信息社会发展对经济发展的影响因地区不同存在很大差异。苏南和苏中属于江苏省发达地区，劳动力对经济的作用越来越小，最具代表性的是苏州和无锡，劳动力投入的增加已不能促进其经济的发展，而信息化的投入能明显促进其经济发展，作用显著。ISI 每提高 1%，苏州 GDP 增长 0.627%，无锡 GDP 增长 0.49%。江苏省北部以徐州为例，ISI 每增长 1%，GDP 增长 0.268%。其他城市，信息要素投入对经济发展的影响一般在 0.3 左右，劳动力因素的影响因地区不同存在差异。固定资产投资对江苏省 13 市的经济发展均有促进作用。

第八章　中国信息社会、产业结构及经济发展

第一节　中国产业结构发展概况

改革开放以来，我国的产业结构发生了较大变动。从40年的演进态势来看，我国产业结构发生了本质变化，产业结构不断得到优化，具体见图8-1和表8-1。40年，我国第一产业增加值占GDP比重持续降低，1978年第一产业增加值比重为27.69%，到2019年已经下降到7.1%，40年下降幅度高达74.36%。1978年第二产业增加值比重是47.71%，2019年的比重为39%，降低了8.71%。第二产业增加值占GDP比重，整体上看变化不大，呈现出先下降、后上升、再下降的趋势。第二产业增加值比重从1978—1990年整体呈下降趋势，1990—1997年又缓慢增长，1997—2004年呈下降趋势，2005、2006年两年出现较大增长，随后至2019年呈下降趋势。从整体上看，我国第三产业增加值比重持续上升。从改革开放到20世纪80年代初期，第三产业产值比重只发生了很小的变化。自1983年开始，第三产业比重增长幅度加快，到1985年第三产业增加值所长比重为29.35%，首次超过第一产业，此后第三产业增加值持续增长。2012年，第三产业增加值比重为45.31%，首次超过第二产业，增加值比重在三次产业中最高。

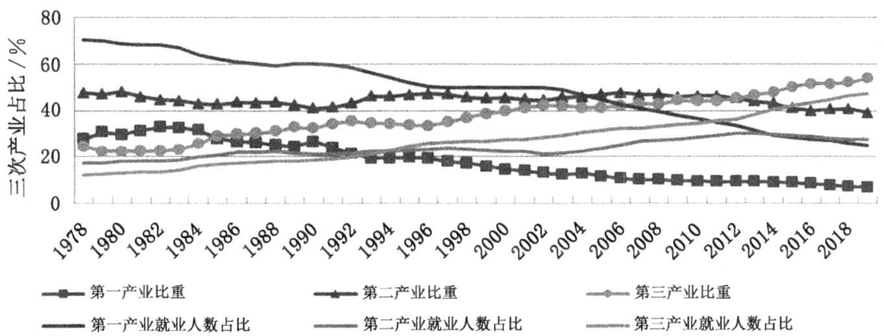

图8-1　全国三次产业占比及从业人数占比

2019年第三产业增加值比重高达53.9%，超过第二产业占比14.9%，是第一产业占比的7.6倍。由此可见，改革开放40年，我国产业结构发生了巨大变化。

表8-1　1978—2019年三次产业增加值比重和三次产业从业人数占比

年份	第一产业增长值比重/%	第一产业从业人数占比/%	第二产业增长值比重/%	第二产业从业人数占比/%	第三产业增长值比重/%	第三产业从业人数占比/%
1978	27.69	70.53	47.71	17.30	24.60	12.18
1979	30.70	69.80	46.96	17.58	22.34	12.62
1980	29.63	68.75	48.06	18.19	22.31	13.06
1981	31.32	68.10	45.97	18.30	22.71	13.60
1982	32.79	68.13	44.62	18.43	22.59	13.45
1983	32.57	67.08	44.23	18.69	23.20	14.23
1984	31.54	64.05	42.93	19.90	25.53	16.06
1985	27.93	62.42	42.71	20.82	29.35	16.76
1986	26.64	60.95	43.51	21.87	29.85	17.18
1987	26.32	59.99	43.32	22.22	30.36	17.80
1988	25.24	59.35	43.53	22.37	31.24	18.28
1989	24.61	60.05	42.50	21.65	32.89	18.31
1990	26.58	60.10	41.03	21.40	32.38	18.50
1991	24.03	59.70	41.49	21.40	34.48	18.90
1992	21.33	58.50	43.12	21.70	35.55	19.80
1993	19.31	56.40	46.18	22.40	34.51	21.20
1994	19.47	54.30	46.16	22.70	34.36	23.00
1995	19.60	52.20	46.75	23.00	33.65	24.80
1996	19.33	50.50	47.11	23.50	33.57	26.00
1997	17.90	49.90	47.10	23.70	35.00	26.40
1998	17.16	49.80	45.80	23.50	37.04	26.70
1999	16.06	50.10	45.36	23.00	38.57	26.90
2000	14.68	50.00	45.54	22.50	39.79	27.50
2001	13.98	50.00	44.79	22.30	41.22	27.70
2002	13.30	50.00	44.45	21.40	42.25	28.60
2003	12.35	49.10	45.62	21.60	42.03	29.30
2004	12.92	46.90	45.90	22.50	41.18	30.60

表 8-1(续)

年份	第一产业增长值比重/%	第一产业从业人数占比/%	第二产业增长值比重/%	第二产业从业人数占比/%	第三产业增长值比重/%	第三产业从业人数占比/%
2005	11.64	44.80	47.02	23.80	41.33	31.40
2006	10.63	42.60	47.56	25.20	41.82	32.20
2007	10.28	40.80	46.86	26.80	42.86	32.40
2008	10.25	39.60	46.93	27.20	42.82	33.20
2009	9.79	38.10	45.88	27.80	44.33	34.10
2010	9.53	36.70	46.40	28.70	44.07	34.60
2011	9.43	34.80	46.40	29.50	44.16	35.70
2012	9.42	33.60	45.27	30.30	45.31	36.10
2013	9.30	31.40	44.01	30.10	46.70	38.50
2014	9.06	29.50	43.10	29.90	47.84	40.60
2015	8.83	28.30	40.93	29.30	50.24	42.40
2016	8.56	27.70	39.88	28.80	51.56	43.50
2017	7.90	27.00	40.50	28.10	51.60	44.90
2018	7.20	26.10	40.70	27.60	52.20	46.30
2019	7.10	25.10	39.00	27.50	53.9	47.40

从 1978—2019 年，三次产业从业人员占比变化趋势基本趋同于产业结构的变化趋势。第一产业吸纳的劳动力比重几乎一直呈现下降趋势。第一产业从业人数占比从 1978 年的 70.53%下降到了 2019 年的 25.1%，40 年降幅达64.41%，比第一产业增加值比重的下降幅度略低。而从事第二、三产业的劳动力比重整体上表现为上升趋势，第二产业从业人数占比从 1978 年的 17.30%增长到 2019 年的 27.5%，增长了 10%还多。第三产业从业人数占比从 1978 年的 12.18%上升到 2019 年的 47.4%，上升了 35.22%。从以上统计数据可以看出，近年来第三产业吸纳的劳动力几乎占从业人数的一半。

第二节　中国产业结构演进对经济发展贡献实证分析

利用 C-D 生产函数作为测算我国改革开放后 40 年产业结构演进对经济发展贡献的原始模型。对于三次产业三种生产要素，设定生产函数的形式为：

$$Y=f(X_1,X_2,X_3,A)$$

式中　Y——国内生产总值(GDP)；

X_1、X_2、X_3——第一、二、三产业的增加值；

A——技术水平。

构建产业结构和经济发展关系模型：

$$\ln Y = \beta_0 + \beta_1 \ln X_1 + \beta_2 \ln X_2 + \beta_3 \ln X_3 \tag{8-1}$$

一、数据的选取与处理

选取的基础数据有：1978—2017年我国国内生产总值GDP用Y表示，第一产业、第二产业、第三产业各年的增加值用X_1、X_2、X_3表示。数据来源于《中国统计年鉴》，经过整理，见表8-2。表8-3为取对数后的相关数据，表8-4为数据的描述性统计。

表8-2 1978—2017年全国GDP及三次产业增加值和消除价格影响的相关数值

单位：亿元

年份	居民消费价格指数（上年=100）	GDP	消除价格影响的Y	第一产业增加值	消除价格影响的X_1	第二产业增加值	消除价格影响的X_2	第三产业增加值	消除价格影响的X_3
1978	100.7	3 678.7	3 653.1	1 018.5	1 011.4	1 755.2	1 743.0	905.1	898.8
1979	101.9	4 100.5	4 024.0	1 259.0	1 235.5	1 925.4	1 889.5	916.1	899.0
1980	107.5	4 587.6	4 267.5	1 359.5	1 264.7	2 204.7	2 050.9	1 023.4	952.0
1981	102.5	4 935.8	4 815.4	1 545.7	1 508.0	2 269.1	2 213.8	1 121.1	1 093.8
1982	102.0	5 373.4	5 268.0	1 761.7	1 727.2	2 397.7	2 350.7	1 214.0	1 190.2
1983	102.0	6 020.9	5 902.8	1 960.9	1 922.5	2 663.0	2 610.8	1 397.0	1 369.6
1984	102.7	7278.5	7087.1	2 295.6	2 235.2	3 124.8	3 042.6	1 858.1	1 809.3
1985	109.3	9 098.9	8 324.7	2 541.7	2 325.4	3 886.5	3 555.8	2 670.7	2 443.5
1986	106.5	10376.2	9742.9	2764.1	2 595.4	4 515.2	4 239.6	3 096.9	2 907.9
1987	107.3	12 174.6	11 346.3	3 204.5	2 986.5	5 274.0	4 915.2	3 696.2	3 444.7
1988	118.8	15 180.4	12 778.1	3 831.2	3 224.9	6 607.4	5 561.8	4 741.8	3 991.4
1989	118.0	17 179.7	14 559.1	4 228.2	3 583.2	7 300.9	6 187.2	5 650.6	4 788.6
1990	103.1	18 872.9	18 305.4	5 017.2	4 866.3	7 744.3	7 511.4	6 111.4	5 927.6
1991	103.4	22 005.6	21 282.0	5 288.8	5 114.9	9 129.8	8 829.6	7 587.0	7 337.5
1992	106.4	27 194.5	25 558.7	5 800.3	5 451.4	11 725.3	11 020.0	9 668.9	9 087.3
1993	114.7	35 673.2	31 101.3	6 887.6	6 004.9	16 473.1	14 361.9	12 312.6	10 734.6
1994	124.1	48 637.5	39 192.2	9 471.8	7 632.4	22 453.1	18 092.7	16 712.5	13 467.0
1995	117.1	61 339.9	52 382.5	12 020.5	10 265.2	28 677.5	24 489.8	20 641.9	17 627.6

表 8-2(续)

年份	居民消费价格指数（上年＝100）	GDP	消除价格影响的 Y	第一产业增加值	消除价格影响的 X_1	第二产业增加值	消除价格影响的 X_2	第三产业增加值	消除价格影响的 X_3
1996	108.3	71 813.6	66 309.9	13 878.3	12 814.7	33 828.1	31 235.5	24 107.2	22 259.6
1997	102.8	79 715.0	77 543.8	14 265.2	13 876.7	37 546.0	36 523.3	27 903.8	27 143.8
1998	99.2	85 195.5	85 882.6	14 618.7	14 736.6	39 018.5	39 333.2	31 558.3	31 812.8
1999	98.6	90 564.4	91 850.3	14 549.0	14 755.6	41 080.9	41 664.2	34 934.5	35 430.5
2000	100.4	100 280.1	99 880.6	14 717.4	14 658.8	45 664.8	45 482.9	39 897.9	39 738.9
2001	100.7	110 863.1	110 092.5	15 502.5	15 394.7	49 660.7	49 315.5	45 700.0	45 382.3
2002	99.2	121 717.4	122 699.0	16 190.2	16 320.8	54 105.5	54 541.8	51 421.7	51 836.4
2003	101.2	137 422.0	135 792.5	16 970.2	16 769.0	62 697.4	61 954.0	57 754.4	57 069.6
2004	103.9	161 840.2	155 765.4	20 904.3	20 119.6	74 286.9	71 498.5	66 648.9	64 147.2
2005	101.8	187 318.9	184 006.8	21 806.7	21 421.1	88 084.4	86 526.9	77 427.8	76 058.7
2006	101.5	219 438.5	216 195.6	23 317.0	22 972.4	104 361.8	102 819.5	91 759.7	90 403.6
2007	104.8	270 232.3	257 855.2	27 788.0	26 515.3	126 633.6	120 833.6	115 810.7	110 506.4
2008	105.9	319 515.5	301 714.4	32 753.2	30 928.4	149 956.6	141 602.1	136 805.8	129 183.9
2009	99.3	349 081.4	351 542.2	34 161.8	34 402.6	160 171.7	161 300.8	154 747.9	155 838.8
2010	103.3	413 030.3	399 835.7	39 362.6	38 105.1	191 629.8	185 508.0	182 038	176 222.7
2011	105.4	489 300.6	464 232.1	46 163.1	43 798.0	227 038.8	215 406.8	216 098.6	205 027.1
2012	102.6	540 367.4	526 673.9	50 902.3	49 612.4	244 643.3	238 443.8	244 821.9	238 617.8
2013	102.6	595 244.4	580 160.2	55 329.1	53 927.0	261 956.1	255 317.8	277 959.3	270 915.5
2014	102.0	643 974	631 347.1	58 343.5	57 199.5	277 571.8	272 129.2	308 058.6	302 018.2
2015	101.4	689 052.1	679 538.6	60 862.1	60 021.8	282 040.3	278 146.3	346 149.7	341 370.5
2016	102.0	743 585.5	729 005.4	63 672.8	62 424.3	296 547.7	290 733.0	383 365.0	375 848.0
2017	101.6	820 754.3	807 829.0	62 099.5	61 121.6	332 742.7	327 502.7	425 912.1	419 204.8

表 8-3　取对数后的相关数值

年份	$\ln Y$	$\ln X_1$	$\ln X_2$	$\ln X_3$	年份	$\ln Y$	$\ln X_1$	$\ln X_2$	$\ln X_3$
1978	8.203 3	6.919 1	7.463 4	6.801 1	1998	11.360 7	9.598 1	10.579 8	10.367 6
1979	8.300 0	7.119 3	7.544 1	6.801 3	1999	11.427 9	9.599 4	10.637 4	10.475 3
1980	8.358 8	7.142 6	7.626 0	6.858 6	2000	11.511 7	9.592 8	10.725 1	10.590 1

表 8-3(续)

年份	$\ln Y$	$\ln X_1$	$\ln X_2$	$\ln X_3$	年份	$\ln Y$	$\ln X_1$	$\ln X_2$	$\ln X_3$
1981	8.479 6	7.318 5	7.702 4	6.997 4	2001	11.609 1	9.641 8	10.806 0	10.722 9
1982	8.569 4	7.454 2	7.762 5	7.081 9	2002	11.717 5	9.700 2	10.906 7	10.855 8
1983	8.683 2	7.561 4	7.867 4	7.222 3	2003	11.818 9	9.727 3	11.034 1	10.952 0
1984	8.866 0	7.712 1	8.020 5	7.500 7	2004	11.956 1	9.909 5	11.177 4	11.068 9
1985	9.027 0	7.751 7	8.176 3	7.801 2	2005	12.122 7	9.972 1	11.368 2	11.239 3
1986	9.184 3	7.861 5	8.352 2	7.975 2	2006	12.283 9	10.042 0	11.540 7	11.412 0
1987	9.336 6	8.001 9	8.500 1	8.144 6	2007	12.460 2	10.185 5	11.702 2	11.612 8
1988	9.455 5	8.078 7	8.623 7	8.291 9	2008	12.617 2	10.339 4	11.860 8	11.769 0
1989	9.586 0	8.184 0	8.730 2	8.474 0	2009	12.770 1	10.445 9	11.991 0	11.956 6
1990	9.815 0	8.490 1	8.924 2	8.687 4	2010	12.898 8	10.548 1	12.130 9	12.079 5
1991	9.965 6	8.539 9	9.085 9	8.900 8	2011	13.048 1	10.687 3	12.280 3	12.230 9
1992	10.148 7	8.603 6	9.307 5	9.114 6	2012	13.174 3	10.812 0	12.381 9	12.382 6
1993	10.345 0	8.700 3	9.572 3	9.281 2	2013	13.271 1	10.895 4	12.450 3	12.509 6
1994	10.576 2	8.940 2	9.803 3	9.508 0	2014	13.355 6	10.954 3	12.514 0	12.618 2
1995	10.866 3	9.236 5	10.106 0	9.777 2	2015	13.429 2	11.002 5	12.535 9	12.740 7
1996	11.102 1	9.458 3	10.349 3	10.010 5	2016	13.499 4	11.041 7	12.580 2	12.836 9
1997	11.258 6	9.538 0	10.505 7	10.208 9	2017	13.602 1	11.020 6	12.699 3	12.946 1

表 8-4 变量描述性统计分析

变量	样本	全距	极小值	极大值	均值	均值标准误差	标准差	方差
$\ln Y$	40	5.398 8	8.203 3	13.602 1	11.001 545	0.275 613 2	1.743 131 1	3.039
$\ln X_1$	40	4.122 6	6.919 1	11.041 7	9.208 195	0.202 578 1	1.281 216 3	1.642
$\ln X_2$	40	5.235 9	7.463 4	12.699 3	10.198 130	0.275 077 8	1.739 744 6	3.027
$\ln X_3$	40	6.145 0	6.801 1	12.946 1	9.970 140	0.313 635 1	1.983 602 3	3.935

二、回归结果分析

用岭回归方法对 $\ln Y$、$\ln X_1$、$\ln X_2$、$\ln X_3$ 之间关系进行分析，依此研究三次产业增加值对 GDP 的影响。各个解释变量的岭迹图见图 8-2。由图 8-2 可知，当岭参数 H 取值 0.2 时，各参数岭迹图趋于稳定，具体数据见表 8-5。根据回归结果，得到三次产业对 GDP 影响回归模型：

$$\ln Y = 1.162\ 2 + 0.308\ 7\ln X_1 + 0.315\ 4\ln X_2 + 0.313\ 9\ln X_3 \qquad (8\text{-}2)$$

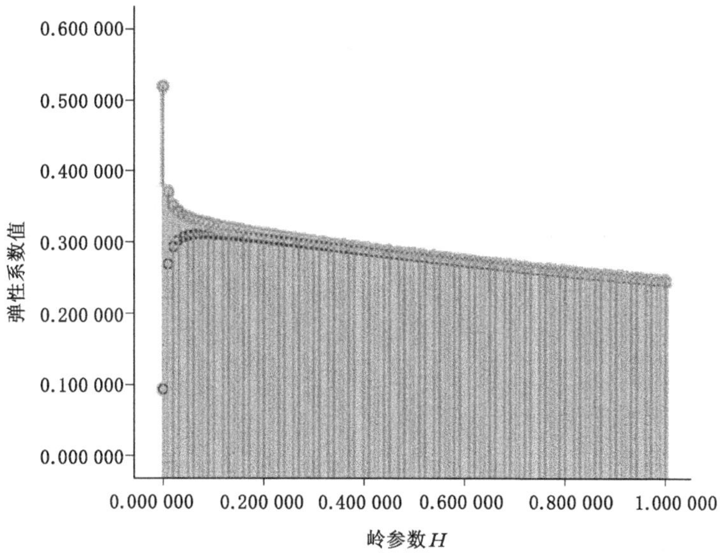

图 8-2　三次产业对 GDP 影响回归模型各解释变量岭迹图

表 8-5　三次产业对 GDP 影响岭回归系数

	未标准化系数	标准误差	标准化系数
$\ln X_1$	0.419 958 55	0.004 278 51	0.308 673 12
$\ln X_2$	0.315 966 68	0.004 011 95	0.315 352 81
$\ln X_3$	0.275 827 34	0.003 900 39	0.313 878 70
常量	1.162 178 34	0.103 293 29	0.000 000 00

第一产业增加值 $\ln X_1$ 的回归系数为 0.308 7，表明第一产业增加值与 GDP 之间存在长期的正向关系，第一产业每增长 1 个百分点，GDP 将会增加 0.308 7 个百分点。第二产业增加值 $\ln X_2$ 的回归系数为 0.315 4，表明第二产业增加值与 GDP 之间存在长期正向的关系，第二产业每增长 1 个百分点，GDP 将上升 0.315 4个百分点。第三产业增加值 $\ln X_3$ 的回归系数为 0.313 9，表明第三产业增加值与 GDP 之间存在长期正向关系，第三产业每增长 1 个百分点，GDP 将上升 0.313 9 个百分点。对经济增长拉动作用最大的是第二产业，其次是第三产业，最后是第一产业。

从我国经济发展历程看，产业结构的演进与经济发展同时变化。经济增长能够促进产业结构的升级，产业结构优化对经济增长有明显的推动作用。

第三节 信息社会水平对中国三次产业经济发展作用实证分析

一、模型构建

根据研究目的和需要，利用 C-D 生产函数作为测算信息社会发展水平对全国三次产业经济发展贡献的原始模型。C-D 函数是 20 世纪 30 年代美国数学家柯布和经济学家道格拉斯共同提出的一种生产函数，原始的 C-D 函数包含三个自变量：资本投入量、劳动投入量和技术进步，一般形式为：

$$Y_t = A_t(K_t)^{\alpha}(L_t)^{\beta}(L_t)^{\gamma} \tag{8-3}$$

式中 Y——产出；

A——技术进步率；

K——资本；

L——劳动；

t——时间(年份)；

α——资本要素的产出弹性；

β——劳动要素的产出弹性。

随着社会的不断发展，信息要素在经济发展中发挥着越来越重要的作用，为了测算信息社会发展水平对全国三次产业经济发展的贡献，将 ISI 作为影响因素加入模型中，并将原始的 C-D 函数修正为：

$$Y_i = A_i(K_i)^{\alpha i}(L_i)^{\beta i}(\mathrm{ISI})^{\gamma i} \tag{8-4}$$

式中 Y_i——三次产业增加值；

A_i——除去信息技术外的其他技术(由于研究年限跨度较小，假设为恒定常数)；

K_i——全国三次产业固定资产投资；

L_i——全国三次产业从业人数；

ISI——信息要素；

α_i——资本要素的产出弹性；

β_i——劳动要素的产出弹性；

γ_i——信息要素的产出弹性。

为了有效考察信息社会发展水平对全国三次产业经济发展的影响，分别构建模型进行研究。模型一以全国第一产业增加值为因变量，模型二以全国第二产业增加值为因变量，模型三以全国第三产业增加值为因变量，模型四以全国 GDP 为因变量，分别考察信息社会发展水平对全国三次产业及经济总量发展的作用。

具体回归模型如下。

模型一：$Y_1=A_1(K_1)^{\alpha 1}(L_1)^{\beta 1}(ISI)^{\gamma 1}$

模型二：$Y_2=A_2(K_2)^{\alpha 2}(L_2)^{\beta 2}(ISI)^{\gamma 2}$

模型三：$Y_3=A_3(K_3)^{\alpha 3}(L_3)^{\beta 3}(ISI)^{\gamma 3}$

模型四：$Y=AK^{\alpha}L^{\beta}(ISI)^{\gamma}$

经对数变换，四个模型分别变换为如下等价的线性方程：

模型一：$\ln Y_1=C_1+\alpha_1\ln K_1+\beta_1\ln L_1+\gamma_1\ln ISI$

模型二：$\ln Y_2=C_2+\alpha_2\ln K_2+\beta_2\ln L_2+\gamma_2\ln ISI$

模型三：$\ln Y_3=C_3+\alpha_3\ln K_3+\beta_3\ln L_3+\gamma_3\ln ISI$

模型四：$\ln Y=C+\alpha\ln K+\beta\ln L+\gamma\ln ISI$

二、数据的选取与处理

选取 2007—2016 年十年间我国经济数值和信息社会指数。采用的基础数据有：全国 GDP 和三次产业各年的增加值，分别用 Y、Y_1、Y_2、Y_3 表示；全社会固定资产投资和三次产业各自的固定资产投资，分别用 K、K_1、K_2、K_3 表示；全国年末就业人数及三次产业各自年末就业人数，分别用 L、L_1、L_2、L_3 表示；ISI 表示信息社会指数。数据来源于中国统计年鉴和《中国信息社会发展报告 2017》等。经整理与计算，数据见表 8-6 至表 8-13。

表 8-6　2007—2016 年第一产业增加值、固定资产投资、就业人数及 ISI 相关数据

年份	消费价格指数	增加值/亿元	消除价格影响的 Y_1/亿元	固定资产投资指数	固定资产投资/亿元	消除价格影响的 K_1/亿元	就业人数 L_1/万人	ISI
2007	104.8	27 788.0	26 515.3	103.9	3 403.50	3 275.7	30 731.0	0.258 3
2008	105.9	32 753.2	30 928.4	108.9	5 064.45	4 650.6	29 923.3	0.274 6
2009	99.3	34 161.8	34 402.6	97.6	6 894.86	7 064.4	28 890.5	0.299 8
2010	103.3	39 362.6	38 105.1	103.6	7 923.09	7 647.8	27 930.5	0.300 4
2011	105.4	46 163.1	43 798.0	106.6	8 757.82	8 215.6	26 594.0	0.324 3
2012	102.6	50 902.3	49 612.4	101.1	10 996.44	10 876.8	25 773.0	0.356 4
2013	102.6	55 329.1	53 927.0	100.3	13 478.82	13 438.5	24 171.0	0.390 4
2014	102.0	58 343.5	57 199.5	100.5	16 573.81	16 491.4	22 790.0	0.416 5
2015	101.4	60 862.1	60 021.8	98.2	21 042.66	21 428.4	21 919.0	0.435 3
2016	102.0	63 672.8	62 424.3	99.4	24 853.13	25 003.1	21 496.0	0.454 0

表 8-7　2007—2016 年第二产业增加值、固定资产投资、就业人数及 ISI 相关数据

年份	消费价格指数	增加值/亿元	消除价格影响的 Y_2/亿元	固定资产投资指数	固定资产投资/亿元	消除价格影响的 K_2/亿元	就业人数 L_2/万人	ISI
2007	104.8	126 633.6	120 833.6	103.9	61 153.77	58 858.3	20 186.0	0.258 3
2008	105.9	149 956.6	141 602.1	108.9	76 961.29	70 671.5	20 553.4	0.274 6
2009	99.3	160 171.7	161 300.8	97.6	96 250.76	98 617.6	21 080.2	0.299 8
2010	103.3	191 629.8	185 508.0	103.6	118 102.1	113 998.2	21 842.1	0.300 4
2011	105.4	227 038.8	215 406.8	106.6	132 476.7	124 274.6	22 544.0	0.324 3
2012	102.6	244 643.3	238 443.8	101.1	158 262.5	156 540.6	23 241.0	0.356 4
2013	102.6	261 956.1	255 317.8	100.3	185 660.2	185 104.9	23 170.0	0.390 4
2014	102.0	277 571.8	272 129.2	100.5	208 519.7	207 482.3	23 099.0	0.416 5
2015	101.4	282 040.3	278 146.3	98.2	225 020.6	229 145.2	22 693.0	0.435 3
2016	102.0	296 547.7	290 733.0	99.4	232 645.1	234 049.4	22 350.0	0.454 0

表 8-8　2007—2016 年第三产业增加值、固定资产投资、就业人数及 ISI 相关数据

年份	消费价格指数	增加值/亿元	消除价格影响的 Y_3/亿元	固定资产投资指数	固定资产投资/亿元	消除价格影响的 K_3/亿元	就业人数 L_3/万人	ISI
2007	104.8	115 810.7	110 506.4	103.9	73 294.14	70 543.0	24 404.0	0.258 3
2008	105.9	136 805.8	129 183.9	108.9	91 163.75	83 713.3	25 087.2	0.274 6
2009	99.3	154 747.9	155 838.8	97.6	122 385.2	125 394.7	25 857.3	0.299 8
2010	103.3	182 038.0	176 222.7	103.6	153 675.8	148 335.7	26 332.3	0.300 4
2011	105.4	216 098.6	205 027.1	106.6	171 970.7	161 323.4	27 282.0	0.324 3
2012	102.6	244 821.9	238 617.8	101.1	207 356.8	205 100.7	27 690.0	0.356 4
2013	102.6	277 959.3	270 915.5	100.3	191 534.4	190 961.5	29 636.0	0.390 4
2014	102.0	308 058.6	302 018.2	100.5	289 525.8	288 085.4	31 364.0	0.416 5
2015	101.4	346 149.7	341 370.5	98.2	318 141.5	323 973.0	32 839.0	0.435 3
2016	102.0	383 365.0	375 848.0	99.4	351 968.7	354 093.3	33 757.0	0.454 0

表 8-9　2007—2016 年全国 GDP、固定资产投资、就业人数及 ISI 相关数据

年份	消费价格指数	GDP /亿元	消除价格影响的 Y /亿元	固定资产投资指数	全社会固定资产投资 /亿元	消除价格指数影响的 K /亿元	就业人数 L/万人	ISI
2007	104.8	270 232.3	257 855.2	103.9	137 323.9	131 034.3	75 321	0.258 3
2008	105.9	319 515.5	301 714.4	108.9	172 828.4	163 199.6	75 564	0.274 6
2009	99.3	349 081.4	351 542.2	97.6	224 598.8	226 182.0	75 828	0.299 8
2010	103.3	413 030.3	399 835.7	103.6	251 683.8	243 643.5	76 105	0.300 4
2011	105.4	489 300.6	464 232.1	106.6	311 485.1	295 526.7	76 420	0.324 3
2012	102.6	540 367.4	526 673.9	101.1	374 694.7	365 199.6	76 704	0.356 4
2013	102.6	595 244.4	580 160.2	100.3	446 294.1	434 984.5	76 977	0.390 4
2014	102.0	643 974.0	631 347.1	100.5	512 020.7	501 981.0	77 253	0.416 5
2015	101.4	689 052.1	679 538.6	98.2	561 999.8	554 240.5	77 451	0.435 3
2016	102.0	743 585.5	729 005.4	99.4	606 465.7	594 574.2	77 603	0.454 0

表 8-10　取对数后的第一产业相关数据

年份	$\ln Y_1$	$\ln K_1$	$\ln L_1$	lnISI
2007	10.185 5	8.094 3	10.333 0	−1.353 6
2008	10.339 4	8.444 7	10.306 4	−1.292 4
2009	10.445 9	8.862 8	10.271 3	−1.204 6
2010	10.548 1	8.942 2	10.237 5	−1.202 6
2011	10.687 3	9.013 8	10.188 4	−1.126 1
2012	10.812 0	9.294 4	10.157 1	−1.031 7
2013	10.895 4	9.505 9	10.092 9	−0.940 6
2014	10.954 3	9.710 6	10.034 1	−0.875 9
2015	11.002 5	9.972 5	9.995 1	−0.831 7
2016	11.041 7	10.126 8	9.975 6	−0.789 7

表 8-11　取对数后的第二产业相关数据

年份	$\ln Y_2$	$\ln K_2$	$\ln L_2$	lnISI
2007	11.702 2	10.982 9	9.912 7	−1.353 6
2008	11.860 8	11.165 8	9.930 8	−1.292 4
2009	11.991 0	11.499 0	9.956 1	−1.204 6

表 8-11(续)

年份	$\ln Y_2$	$\ln K_2$	$\ln L_2$	lnISI
2010	12.130 9	11.643 9	9.991 6	−1.202 6
2011	12.280 3	11.730 2	10.023 2	−1.126 1
2012	12.381 9	11.961 1	10.053 7	−1.031 7
2013	12.450 3	12.128 7	10.050 6	−0.940 6
2014	12.514 0	12.242 8	10.047 5	−0.875 9
2015	12.535 9	12.342 1	10.029 8	−0.831 7
2016	12.580 2	12.363 3	10.014 6	−0.789 7

表 8-12　取对数后的第三产业相关数据

年份	$\ln Y_3$	$\ln K_3$	$\ln L_3$	lnISI
2007	11.612 8	11.164 0	10.102 5	−1.353 6
2008	11.769 0	11.335 2	10.130 1	−1.292 4
2009	11.956 6	11.739 2	10.160 3	−1.204 6
2010	12.079 5	11.907 2	10.178 6	−1.202 6
2011	12.230 9	11.991 2	10.214 0	−1.126 1
2012	12.382 6	12.231 3	10.228 8	−1.031 7
2013	12.509 6	12.159 8	10.296 7	−0.940 6
2014	12.618 2	12.571 0	10.353 4	−0.875 9
2015	12.740 7	12.688 4	10.399 4	−0.831 7
2016	12.836 9	12.777 3	10.426 9	−0.789 7

表 8-13　取对数后的全国 GDP 等相关数据

年份	$\ln Y$	$\ln K$	$\ln L$	lnISI
2007	12.460 2	11.791 8	11.229 5	−1.353 6
2008	12.617 2	11.974 8	11.232 7	−1.292 4
2009	12.770 1	12.346 4	11.236 2	−1.204 6
2010	12.898 8	12.400 6	11.239 9	−1.202 6
2011	13.048 1	12.585 2	11.244 0	−1.126 1
2012	13.174 3	12.822 9	11.247 7	−1.031 7
2013	13.271 1	13.005 7	11.251 3	−0.940 6
2014	13.355 6	13.141 1	11.254 8	−0.875 9
2015	13.429 2	13.257 4	11.257 4	−0.831 7
2016	13.499 4	13.321 4	11.259 4	−0.798 7

三、岭回归分析

使用 SPSS 软件，根据建立的数据模型对全国三次产业及 GDP 相关数据进行岭回归分析。在 SPSS 软件中，设定因变量为 $\ln Y_i$，自变量为 $\ln K_i$、$\ln L_i$、lnISI。

（一）信息社会发展水平对全国第一产业经济发展贡献回归分析

由回归结果及图 8-3 可知，在岭参数 H 取值 0.2 时，各个解释变量的岭迹趋于稳定。此时，$F=43.288\,028\,82$，$R^2=0.970\,118\,946\,0$，解释变量系数估计值见表 8-14。

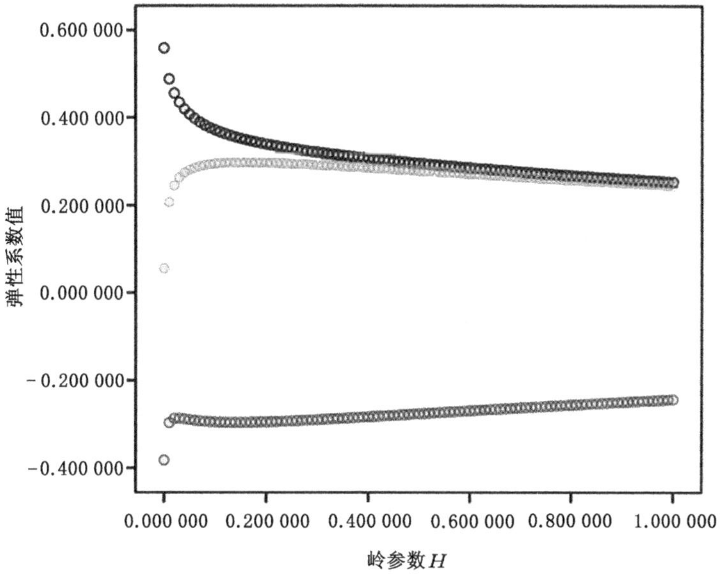

图 8-3 全国第一产业回归模型各解释变量岭迹图

表 8-14 全国第一产业岭回归系数

	未标准化系数	标准误差	标准化系数
$\ln K_1$	0.175 041 57	0.063 719 23	0.339 424 03
$\ln L_1$	−0.777 862 74	0.052 304 61	−0.295 098 86
lnISI	0.487 847 27	0.040 771 72	0.296 931 99
常量	17.523 021 15	0.040 771 72	0.000 000 00

根据回归结果，得到基于信息社会发展水平因素的全国第一产业回归模型：

$$\ln Y_1=17.523\,0+0.339\,4\ln K_1-0.295\,1\ln L_1+0.296\,9\ln \mathrm{ISI} \quad (8\text{-}5)$$

由回归模型(8-5)可知，资本、劳动及信息社会发展水平对第一产业经济发展的贡献度分别约为 0.339 4、−0.295 1、0.296 9。由此可以看出，信息社会发展水平对第一产业经济发展的贡献度仅次于固定资产投资，劳动投入的增长，已不能促进第一产业经济的增长。

（二）信息社会发展水平对全国第二产业经济发展贡献回归分析

由回归结果及图 8-4 可知，在岭参数 H 取 0.2 时，各个解释变量的岭迹趋于稳定。解释变量系数估计值见表 8-15，此时，F=215.796 505 5，R^2=0.990 817 116 2。

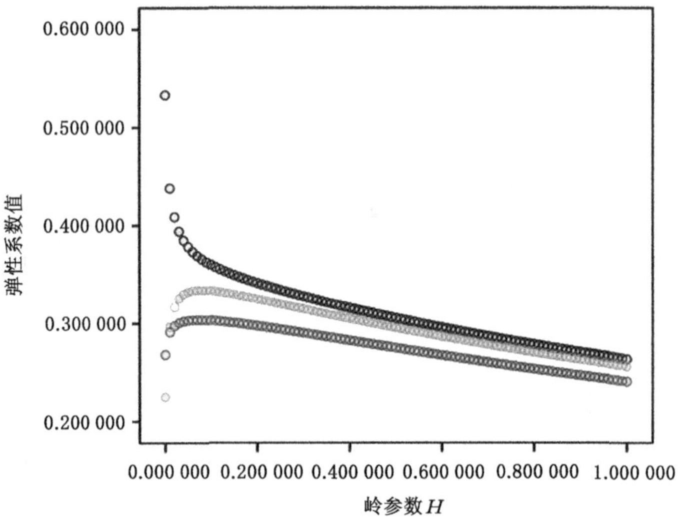

图 8-4　全国第二产业回归模型各解释变量岭迹图

表 8-15　全国第二产业岭回归系数

	未标准化系数	标准误差	标准化系数
$\ln K_2$	0.227 340 27	0.031 520 33	0.359 674 54
$\ln L_2$	1.814 626 57	0.048 985 49	0.303 023 28
ln(ISI)	0.514 899 63	0.039 490 67	0.333 389 53
常量	−8.040 546 31	0.509 179 92	0.000 000 00

根据回归结果，得到基于信息社会发展水平因素的全国第二产业回归模型：

$$\ln Y_2 = -8.040\ 5 + 0.359\ 7\ln K_2 + 0.303\ 0\ln L_2 + 0.333\ 4\ln \mathrm{ISI} \quad (8\text{-}6)$$

由回归模型(8-6)可知，资本、劳动以及信息社会发展水平对全国第二产业经济发展的贡献度分别约为：0.359 7、0.303 0、0.333 4。信息社会发展水平对经济发展的拉动低于固定资产投资。

（三）信息社会发展水平对全国第三产业经济发展贡献模型回归

由回归结果及图 8-5 可知，在岭参数 H 取值 0.2 时，各个解释变量的岭迹趋于稳定。此时，F=121.189 831 4，R^2=0.983 764 893 8，解释变量系数估计值见表 8-16。

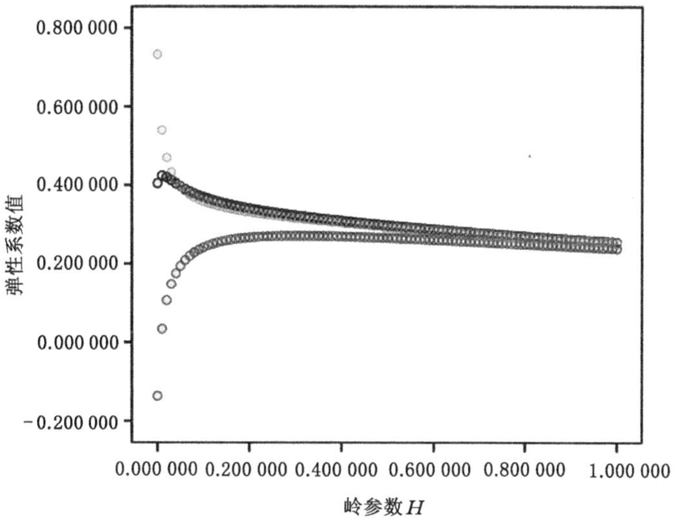

图 8-5　全国第三产业回归模型各解释变量岭迹图

表 8-16　全国第三产业岭回归系数

	未标准化系数	标准误差	标准化系数
$\ln K_3$	0.259 931 52	0.039 511 18	0.340 740 76
$\ln L_3$	0.970 781 38	0.034 681 62	0.267 019 22
lnISI	0.691 057 62	0.028 499 10	0.331 255 87
常量	−0.073 133 58	0.462 729 96	0.000 000 00

根据回归结果，得到基于信息社会发展水平因素的全国第三产业回归模型：

$$\ln Y_3 = -0.073\,1 + 0.340\,7\ln K_3 + 0.267\,0\ln L_3 + 0.331\,3\ln \mathrm{ISI} \quad (8\text{-}7)$$

由回归模型(8-7)可知，资本、劳动以及信息社会发展水平对全国第三产业经济发展的贡献度分别约为：0.340 7、0.267、0.331 3。信息社会发展水平对经济发展的拉动低于固定资产投资。

（四）信息社会发展水平对全国 GDP 发展贡献模型回归

由回归结果及图 8-6 可知，在岭参数 H 取 0.1 时，各个解释变量的岭迹趋于稳定。此时，$F=181.7699309$，$R^2=0.9891168267$，解释变量系数估计值见表 8-17。

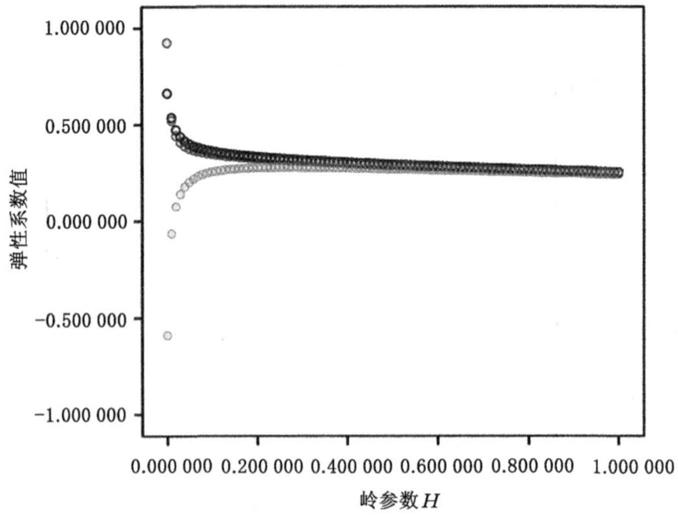

图 8-6 全国 GDP 回归模型各解释变量岭迹图

表 8-17 全国 GDP 岭回归系数

	未标准化系数	标准误差	标准化系数
ln$K$	0.241 164 5	0.033 337 2	0.361 855 2
ln$L$	11.742 145 5	0.027 528 0	0.347 677 4
lnISI	0.455 729 9	0.032 045 1	0.254 998 3
常量	−121.559 920 0	0.498 756 2	0.000 000 0

根据回归结果，得到基于信息社会发展水平因素的全国 GDP 回归模型：

$$\ln Y=-121.5599+0.3619\ln K+0.3477\ln L+0.2550\ln ISI \quad (8\text{-}8)$$

由回归模型(8-8)可知，资本、劳动以及信息社会发展水平对全国经济发展的贡献度分别约为：0.361 9、0.347 7、0.255 0。由此可以看出，信息社会发展水平的贡献度低于固定资产投资、低于劳动力投入。

（五）回归结果对比分析

综上所述，可得到如下四个模型，见表 8-18。

表 8-18　信息社会发展水平对全国产业经济发展影响回归模型

	回归模型
第一产业	$\ln Y_1 = 17.5230 + 0.3394 \ln K_1 - 0.2951 \ln L_1 + 0.2969 \ln ISI$
第二产业	$\ln Y_2 = -8.0405 + 0.3597 \ln K_2 + 0.3030 \ln L_2 + 0.3334 \ln ISI$
第三产业	$\ln Y_3 = -0.0731 + 0.3407 \ln K_3 + 0.2670 \ln L_3 + 0.3313 \ln ISI$
GDP	$\ln Y = -121.5599 + 0.3619 \ln K + 0.34771 \ln L + 0.2550 \ln ISI$

从模型回归结果可以看出，全国 ISI 每增长 1%，就会带动第一产业经济增长 0.296 9%，带动第二产业经济增长 0.333 4%，带动第三产业经济增长 0.331 3%，带动全国 GDP 增长 0.255 0%。这表明 ISI 与全国三次产业经济发展呈正相关性，即信息社会发展水平的提高能够促进全国三次产业经济发展。其中，第一产业经济发展主要依靠信息社会的发展及固定资产投资，大量的劳动投入将会阻碍第一产业的经济发展；第二产业经济发展依赖三种要素的投入，三种要素投入对第二产业经济增长拉动作用均在 0.3% 以上；资本、劳动投入和信息社会的发展均可有效地拉动第三产业经济发展；信息社会发展水平的提高能极大地推动全国经济快速高质量地发展。

第九章 江苏省信息社会、产业结构及经济发展

第一节 江苏省经济和信息社会发展分析

近年来，江苏省信息社会和经济发展的创新驱动力持续增强。2017 年，江苏省实现地区生产总值 85 900.9 亿元，比 2016 年增长 7.2%。其中，第一产业增加值为 4 076.7 亿元，比上年增长 2.2%；第二产业增加值为 38 654.8 亿元，比上年增长 6.6%；第三产业增加值为 43 169.4 亿元，比上年增长 8.2%。全省人均 GDP 为 107 189 元，比上年增长 6.8%。全员劳动生产率持续提高，平均每位从业人员创造的增加值为180 578元，比上年增加 17 907 元。全省产业结构调整加快，2017 年三次产业增加值比例为4.7∶45.0∶50.3，服务业增加值占 GDP 比重比上年提高 0.3%。全年高新技术产业产值比上年增长 14.4%，总量占规模以上工业总产值比重达 42.7%，比上年提高 1.2%。战略性新兴产业产值增长 13.6%，总量占规上工业总产值比重达31.0%，比上年提高 0.8%。新型城镇化建设不断推进。年末城镇化率达68.8%，比上年提高 1.1%。区域发展更趋协调。扬子江城市群对全省经济增长的贡献率达 77.7%，沿海经济带对全省经济增长的贡献率达 17.1%。

截至 2017 年年底，全省就业人口达 4 757.8 万人，第一产业就业人口 799.3 万人，第二产业就业人口 2 041.1 万人，第三产业就业人口 1 917.4 万人。城镇就业人口3 179.4万人，城镇新增就业 148.6 万人，城镇登记失业率 2.98%。新增转移农村劳动力 26.3 万人，促进失业人员再就业 80.6 万人，其中就业困难人员就业 14.4 万人。

2017 年，全省邮政行业业务总量 880.9 亿元，比上年增长 32.7%；电信业务总量 2 067.7 亿元，比上年增长 73.0%。邮政行业业务收入 560.7 亿元，比上年增长 21.0%；电信业务收入 915.2 亿元，增长 8.6%。截至 2017 年年底，局用交换机总容量 168.2 万门，固定电话用户 1 512.1 万户；其中城市固定电话用户 1 003.2万户，乡村固定电话用户 508.9 万户；移动电话用户 8 807.7 万户，比上年

增加608.9万户；电话普及率达 129 部/百人。长途光缆线路总长度 4.3 万千米，增加 4 027.3 千米。截至 2017 年年底互联网宽带接入用户数为 3 106.2 万户，增加 420.9 万户。计算机、通信和其他电子设备制造业增加值增长 11.9%。代表智能制造、新型材料、新型交通运输设备和高端电子信息产品的新产品产量增长迅速。工业机器人产量全年增长 99.6%，3D 打印设备增长 77.8%，新能源汽车增长 56.6%，服务器增长 54.2%，光纤增长 42.4%，智能手机增长 26.4%。公共文化服务水平提升，城乡公共文化服务体系不断完善。截至 2017 年底全省共有文化馆、群众艺术馆 113 个，公共图书馆 114 个，博物馆 317 个，美术馆 27 个，综合档案馆 113 个，向社会开放档案 69.1 万件；共有广播电台 8 座，中短波广播发射台和转播台 21 座，电视台 8 座，广播综合人口覆盖率和电视综合人口覆盖率均达 100%；有线电视用户 1 997.7 万户；生产故事影剧片 41 部，报纸出版 22.7 亿份，杂志出版 1.3 亿册，图书出版 6 亿册。

2017 年投资结构持续调优。第一产业投资 343.4 亿元，比上年增长17.2%；第二产业投资 26 412.4 亿元，比上年增长 7.0%；第三产业投资 26 244.4 亿元，比上年增长 7.5%。第二产业投资中，高新技术产业投资 7 748.2 亿元，增长 8.1%。第三产业投资中，科学研究和技术服务业增长 20.2%，教育增长 14.8%，卫生和社会工作增长 19.7%。2017 年，全省科技进步贡献率达 62.0%，比上年提高一个百分点。全省专利申请量达 51.4 万件，授权量 2.7 万件，其中发明专利申请量 18.7 万件，比上年增长 15.1%；发明专利授权量 4.2 万件，比上年增长 1.4%；PCT 专利申请量 4 590件，比上年增长 42.9%；万人发明专利拥有量 22.5 件，比上年增长22.2%。2017 年全省企业共申请专利 36 万件，签订各类技术合同达 3.7 万项，技术合同成交额 872.9 亿元，比上年增长 19.7%。省级以上众创空间 607 家。

2017 年，江苏省共有 54 个项目获国家科技奖，获奖总数位列全国各省第一。2017 年，全省社会研究与发展(research and development，R&D)活动经费占地区生产总值 2.7%左右。全省从事科技活动人员 122 万人，其中研究与发展人员 80 万人。全省拥有中国科学院和中国工程院院士 100 人。全省已建国家和省级重点实验室 168 个，科技服务平台 294 个，工程技术研究中心 3 263 个，企业院士工作站 359 个，经国家认定的技术中心 110 家。2017 年教育事业全面发展。截至 2017 年年底全省共有普通高校 142 所。普通高等教育本专科招生 53.4 万人，在校生 176.8 万人，毕业生 49 万人；招生研究生 6.5 万人，在校生 17.7 万人，毕业生 4.6 万人。高等教育毛入学率 56.7%，比上年提高 2 个百分点。全省中等职业教育在校生 65.2 万人(不含技工学校)。九年义务教育巩固率 100%，高中阶段教育毛入学率 99.3%。特殊教育招生 0.4 万人，在校生 2.8 万人。全省共有幼儿园 6 982 所，比上年增加 115 所；在园幼儿 260.5 万人，比上年增加 3.3 万人。学前三年教育毛入园率达 98%。

2017 年江苏省节能减排成效显著。全年全省煤炭消费量减少 1 000 万吨以上。压减钢铁产能 634 万吨、煤炭产能 18 万吨、水泥产能 510 万吨、平板玻璃产能 330 万重量箱，顺利完成年度目标。万元地区生产总值能耗降低率及化学需氧量、二氧化硫、氨氮、氮氧化物排放量继续下降，均超额完成目标任务。

2017 年江苏省信息社会指数为 0.594 5，全国排名第 6 位，处于信息社会准备阶段的转型期。江苏省信息社会发展水平一直居于全国前列，仅次于北京、上海、天津、广东、浙江，这与江苏省综合经济实力相关，因为经济水平是信息社会发展的决定性因素。2007—2017 年江苏省及全国信息社会发展具体数据与趋势见表 9-1 和图 9-1。

表 9-1　2007—2017 年江苏省及全国 ISI 及分类指标指数

	年份	2007	2008	2009	2010	2011	2012	2013	2014	2015	2016	2017
江苏	ISI	0.302 7	0.327 0	0.347 4	0.352 5	0.398 9	0.431 0	0.483 8	0.521 7	0.551 8	0.565 4	0.594 5
	信息经济指数	0.279 5	0.297 3	0.326 4	0.343 1	0.367 4	0.405 3	0.435 0	0.461 6	0.478 8	0.487 9	0.509 1
	网络社会指数	0.381 0	0.397 5	0.409 1	0.353 9	0.380 5	0.418 7	0.458 1	0.492 8	0.513 8	0.539 5	0.564 5
	在线政府指数	0.532 8	0.562 1	0.455 0	0.524 1	0.619 2	0.505 1	0.566 8	0.635 2	0.635 2	0.666 9	0.807 0
	数字生活指数	0.171 0	0.207 7	0.270 8	0.303 2	0.375 4	0.444 4	0.530 6	0.572 7	0.634 9	0.635 0	0.639 1
全国	ISI	0.258 3	0.274 6	0.299 8	0.300 4	0.324 3	0.356 4	0.390 4	0.416 5	0.435 3	0.454 0	0.474 9
	信息经济指数	0.250 6	0.263 1	0.281 4	0.291 1	0.311 9	0.332 2	0.347 0	0.368 4	0.380 3	0.387 4	0.411 2
	网络社会指数	0.328 9	0.337 8	0.346 6	0.296 2	0.310 9	0.335 3	0.361 7	0.381 0	0.385 2	0.408 5	0.425 0
	在线政府指数	0.431 2	0.457 4	0.501 7	0.485 9	0.470 0	0.503 0	0.535 9	0.540 5	0.545 0	0.549 5	0.607 1
	数字生活指数	0.137 7	0.161 8	0.204 1	0.252 0	0.301 5	0.352 8	0.414 1	0.458 9	0.503 8	0.534 1	0.544 3

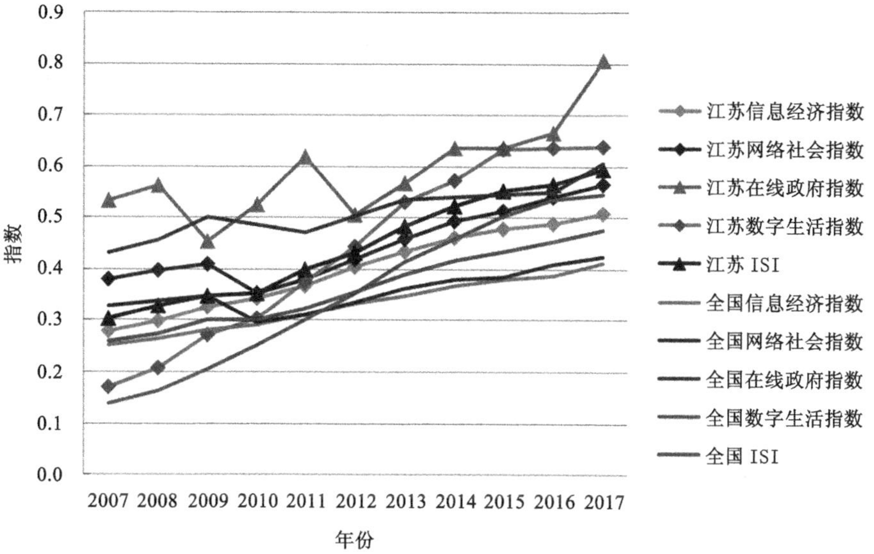

图 9-1　2007—2017 年江苏省信息社会及四大领域发展趋势

第二节　江苏省三次产业对经济发展贡献实证分析

改革开放以来江苏经济社会发展取得了显著成就，综合经济实力在全国一直处于前列。“十二五”期间，江苏综合经济实力显著提升，经济总量连跨三个万亿元台阶，超过 7 万亿元，年均增长 9.6%，高于全国 1.8%；人均 GDP 超过8.8万元，位居全国各省首位。经济转型升级成效显著，开启创新型省份建设，区域创新能力连续 7 年位居全国第一，研发经费支出占 GDP 比重由2.07%上升至2.55%，苏南国家自主创新示范区建设稳步推进。产业结构调整实现“三二一”的标志性转变，第三产业比重超过 48%，年均提升 1.4%。战略性新兴产业销售收入年均增长 16.8%，高新技术产业产值占规上工业比重达到 40.1%，年均提升1.4%。粮食总产实现“十二连增”，现代农业发展水平达到 80%以上。消费成为经济增长第一拉动力，社会消费品零售总额年均增长 13.7%，消费对经济增长贡献率达到 51.5%。投资结构持续优化，固定资产投资年均增长 16.2%，服务业投资占比 49.6%，民间投资比重 69.7%。信息社会发展水平保持全国前列。1978—2017 年江苏省 GDP、三产增加值及三产各自占比见表 9-2。

表 9-2　1978—2017 年江苏省 GDP、三产增加值及三产占比

年份	GDP	第一产业增加值/亿元	第二产业增加值/亿元	第三产业增加值/亿元	第一产业占比/%	第二产业占比/%	第三产业占比/%
1978	249.24	68.71	131.09	49.44	27.57	52.60	19.84
1979	298.55	104.04	141.14	53.37	34.85	47.28	17.88
1980	319.80	94.24	167.41	58.15	29.47	52.35	18.18
1981	350.02	109.39	178.01	62.62	31.25	50.86	17.89
1982	390.17	135.15	185.52	69.50	34.64	47.55	17.81
1983	437.65	150.41	210.81	76.43	34.37	48.17	17.46
1984	518.85	179.00	250.39	89.46	34.50	48.26	17.24
1985	651.82	195.66	339.56	116.60	30.02	52.09	17.89
1986	744.94	224.26	376.32	144.36	30.10	50.52	19.38
1987	922.33	246.86	493.69	181.78	26.76	53.53	19.71
1988	1 208.85	319.18	586.82	302.85	26.40	48.54	25.05
1989	1 321.85	324.18	657.06	340.61	24.52	49.71	25.77
1990	1 416.50	355.17	692.59	368.74	25.07	48.89	26.03
1991	1 601.38	345.14	793.92	462.32	21.55	49.58	28.87
1992	2 136.02	393.82	1 119.26	622.94	18.44	52.40	29.16
1993	2 998.16	490.59	1 598.05	909.52	16.36	53.30	30.34
1994	4 057.39	683.98	2 186.77	1 186.64	16.86	53.90	29.25
1995	5 155.25	866.24	2 715.26	1 573.75	16.80	52.67	30.53
1996	6 004.21	989.18	3 074.12	1 940.91	16.47	51.20	32.33
1997	6 680.34	1 035.80	3 411.86	2 232.68	15.51	51.07	33.42
1998	7 199.95	1 047.16	3 640.10	2 512.69	14.54	50.56	34.90
1999	7 697.82	1 037.37	3 920.15	2 740.30	13.48	50.93	35.60
2000	8 553.69	1 048.34	4 435.89	3 069.46	12.26	51.86	35.88
2001	9 456.84	1 094.48	4 907.46	3 454.90	11.57	51.89	36.53
2002	10 606.85	1 110.44	5 604.49	3 891.92	10.47	52.84	36.69
2003	12 442.87	1 162.45	6 787.11	4 493.31	9.34	54.55	36.11
2004	15 003.60	1 367.58	8 437.99	5 198.03	9.12	56.24	34.65
2005	18 598.69	1 461.51	10 524.96	6 612.22	7.86	56.59	35.55
2006	21 742.05	1 545.05	12 282.89	7 914.11	7.11	56.49	36.40
2007	26 018.48	1 816.31	14 471.26	9 730.91	6.98	55.62	37.40
2008	30 981.98	2 100.11	16 993.34	11 888.53	6.78	54.85	38.37
2009	34 457.30	2 261.86	18 566.37	13 629.07	6.56	53.88	39.55
2010	41 425.48	2 540.10	21 753.93	17 131.45	6.13	52.51	41.35

表 9-2(续)

年份	GDP	第一产业增加值/亿元	第二产业增加值/亿元	第三产业增加值/亿元	第一产业占比/%	第二产业占比/%	第三产业占比/%
2011	49 110.27	3 064.78	25 203.28	20 842.21	6.24	51.32	42.44
2012	54 058.22	3 418.29	27 121.95	23 517.98	6.32	50.17	43.50
2013	59 753.37	3 469.86	29 086.08	27 197.43	5.81	48.68	45.52
2014	65 088.32	3 634.33	30 854.50	30 599.49	5.58	47.40	47.01
2015	70 116.38	3 986.05	32 044.45	34 085.88	5.68	45.70	48.61
2016	76 086.17	4 077.18	33 550.54	38 458.45	5.36	44.10	50.55
2017	85 900.90	4 076.70	38 654.80	43 169.40	4.75	45.00	50.25

说明:当年一、二、三产业占比=当年一、二、三次产业增加值/当年总产值

由表 9-2 可知,1978—2017 年,江苏省第一产业占比呈逐年下降趋势,从 1978 年的 27.57%下降到 2017 年的 4.75%,四十年间下降了 22.82%,年均下降 0.57%,四十年间占比由近 30%下降到不足 5%。第二产业占比,1978 年为 52.6%,2017 年为 45%,四十年间占比最高的是 2005 年,为 56.59%,最低的是 2016 年,为 44.1%,四十年间占比均值为 51.14%,基本在 50%上下波动。第三产业占比呈逐年上升趋势,四十年间,由 1978 年的 19.84%上升到 2017 年的 50.25%,年均增长 0.76%。1989 年第三产业占比首次超过第一产业,2015 年第三产业占比首次超过第二产业。2016—2017 年全省 GDP 中,第三产业占比过半,表明第三产业发展势头强劲。具体情况见图 9-2 和图 9-3。

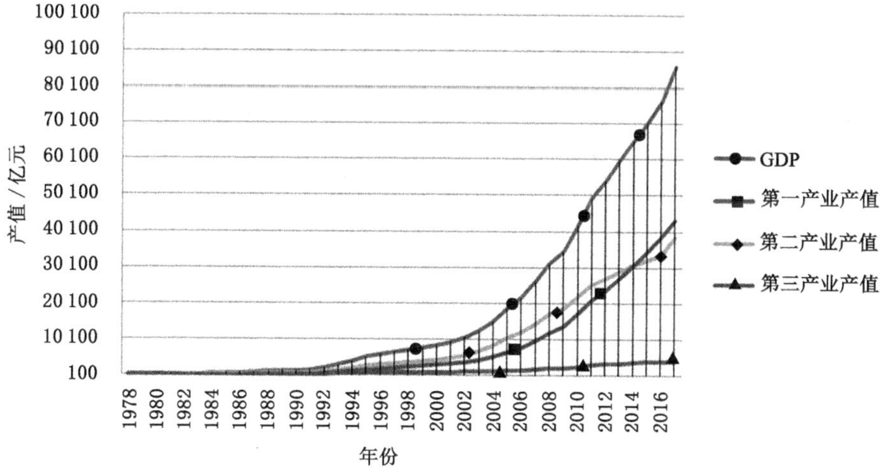

图 9-2 1978—2017 年江苏省三次产业发展情况

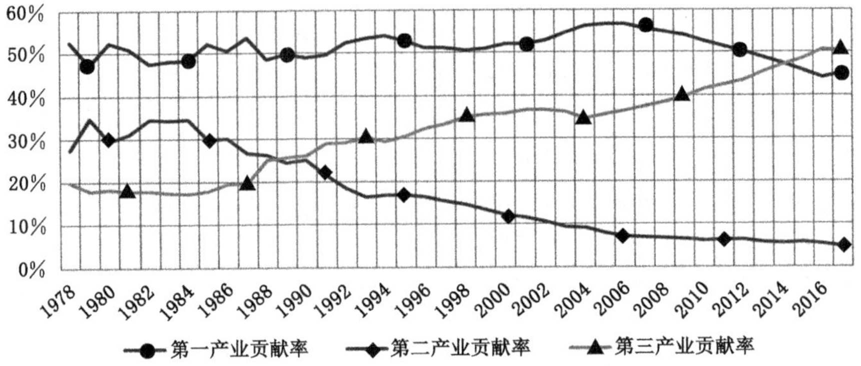

图 9-3　1978—2017 年江苏省三次产业对地区生产总值的贡献率

第三节　江苏省信息社会水平与经济发展实证分析

根据研究目的和需要，现采用和第八章相同的模型进行回归分析。

一、数据的选取与处理

选取江苏省 2010—2017 年度三次产业产值及 GDP 数据作为样本数据进行回归分析。数据来源于江苏省统计局《江苏统计年鉴》(2011—2018)。

对原始数据进行无量纲化处理后取其自然对数。以 2010 年数据为基数，用以后年份相关数据除以该基数，然后取其自然对数，具体见表 9-3。

表 9-3　2010—2017 年江苏省三次产业产值、GDP 及无量纲处理后取对数后数据

产业	年份	生产总值 Y_i/亿元	固定资产投 K_i/亿元	从业人员 L_i/万人	ISI	$\ln Y_i$	$\ln K_i$	$\ln L_i$	ln ISI
第一产业	2010	2 540.10	131.79	1 060.29	0.352 5	0.000 0	0.000 0	0.000 0	0.000 0
	2011	3 064.78	155.20	1 023.02	0.398 9	0.187 8	0.163 5	−0.035 8	0.123 7
	2012	3 418.29	205.23	989.98	0.431	0.296 9	0.442 9	−0.068 6	0.201 1
	2013	3 469.86	195.71	956.74	0.483 8	0.311 9	0.395 4	−0.102 8	0.316 6
	2014	3 634.33	206.97	918.84	0.521 7	0.358 2	0.451 4	−0.143 2	0.392 0
	2015	3 986.05	232.24	875.56	0.551 8	0.450 6	0.566 6	−0.191 4	0.448 1
	2016	4 077.18	293.11	841.85	0.565 4	0.473 2	0.799 3	−0.230 7	0.472 5
	2017	4 076.70	343.40	799.30	0.594 5	0.473 1	0.957 7	−0.282 6	0.522 7

表 9-3(续)

产业	年份	生产总值 Y_i/亿元	固定资产投 K_i/亿元	从业人员 L_i/万人	ISI	ln Y_i	ln K_i	ln L_i	ln ISI
第二产业	2010	21 753.93	11 518.55	1 996.97	0.352 5	0.000 0	0.000 0	0.000 0	0.000 0
	2011	25 203.28	13 927.20	2 017.49	0.398 9	0.147 2	0.189 9	0.010 2	0.123 7
	2012	27 121.95	16 631.07	2 032.32	0.431	0.220 5	0.367 3	0.017 5	0.201 1
	2013	29 086.08	18 412.48	2 041.99	0.483 8	0.290 5	0.469 1	0.022 3	0.316 6
	2014	30 854.50	20 298.45	2 047.16	0.521 7	0.349 5	0.566 6	0.024 8	0.392 0
	2015	32 044.45	22 890.96	2 046.16	0.551 8	0.387 3	0.686 8	0.024 3	0.448 1
	2016	33 550.54	24 673.81	2 045.17	0.565 4	0.433 3	0.761 8	0.023 8	0.472 5
	2017	38 654.80	26 412.40	2 041.10	0.594 5	0.574 9	0.829 9	0.021 9	0.522 7
第三产业	2010	17 131.45	9 992.68	1 697.42	0.352 5	0.000 0	0.000 0	0.000 0	0.000 0
	2011	20 842.21	12 232.25	1 717.70	0.398 9	0.196 1	0.202 2	0.011 9	0.123 7
	2012	23 517.98	14 870.28	1 737.23	0.431	0.316 8	0.397 5	0.023 2	0.201 1
	2013	27 197.43	17 374.32	1 761.16	0.483 8	0.462 2	0.553 1	0.036 9	0.316 6
	2014	30 599.49	21 047.33	1 794.83	0.521 7	0.580 1	0.744 9	0.055 8	0.392 0
	2015	34 085.88	22 781.97	1 836.78	0.551 8	0.688 0	0.824 1	0.078 9	0.448 1
	2016	38 458.45	24 403.93	1 869.20	0.565 4	0.808 7	0.892 9	0.096 4	0.472 5
	2017	43 169.40	26 244.40	1 917.40	0.594 5	0.924 2	0.965 6	0.121 9	0.522 7
GDP	2010	41 425.48	21 643.02	4 754.68	0.352 5	0.000 0	0.000 0	0.000 0	0.000 0
	2011	49 110.27	26 314.65	4 758.21	0.398 9	0.170 2	0.195 4	0.000 7	0.123 7
	2012	54 058.22	31 706.58	4 759.53	0.431	0.266 2	0.381 8	0.001 0	0.201 1
	2013	59 753.37	35 982.51	4 759.89	0.483 8	0.366 3	0.508 3	0.001 1	0.316 6
	2014	65 088.32	41 552.75	4 760.83	0.521 7	0.451 8	0.652 3	0.001 3	0.392 0
	2015	70 116.38	45 905.17	4 758.50	0.551 8	0.526 3	0.751 9	0.000 8	0.448 1
	2016	76 086.17	49 370.85	4 756.22	0.565 4	0.608 0	0.824 7	0.000 3	0.472 5
	2017	85 900.90	53 000.20	4 757.80	0.594 5	0.729 3	0.895 6	0.000 7	0.522 7

二、岭回归分析

使用 SPSS 软件，根据建立的数据模型对江苏省三次产业及 GDP 相关数据进行岭回归分析。在 SPSS 软件中，设定因变量为 $\ln Y_i$，自变量为 $\ln K_i$、$\ln L_i$、lnISI。

(一) 信息社会发展水平对江苏省第一产业经济发展贡献回归分析

由回归结果及图 9-4 可知，在岭参数 H 取 0.2 时，各个解释变量的岭迹趋于稳定。此时，$F=15.729\ 146\ 00$，$R^2=0.921\ 855\ 827\ 2$，解释变量系数估计值见表 9-4。

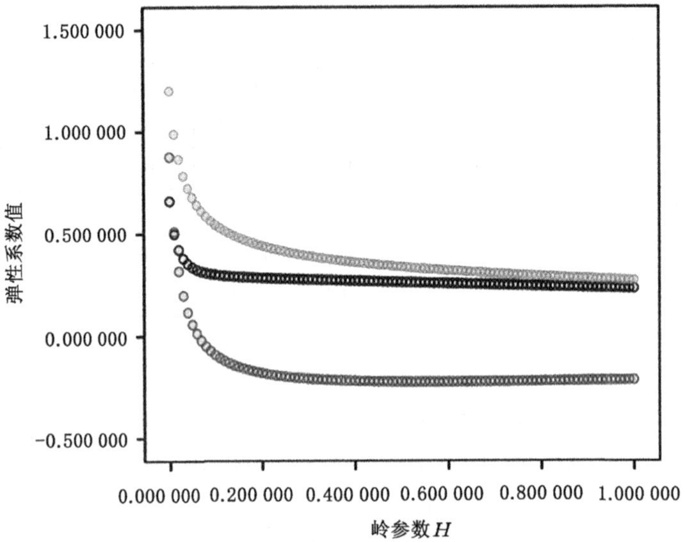

图 9-4　江苏省第一产业回归模型各解释变量岭迹图

表 9-4　江苏省第一产业岭回归系数

	未标准化系数	标准误差	标准化系数
$\ln K_1$	0.149 616 871	0.112 580 855	0.285 540 152
$\ln L_1$	−0.299 252 661	0.088 755 315	−0.180 494 810
ln ISI	0.389 258 106	0.114 889 872	0.442 435 121
常量	0.088 351 246	0.052 164 179	0.000 000 00

根据上述结果，得到基于信息社会发展水平因素的江苏省第一产业回归模型：

$$\ln Y_1=0.088\ 4+0.285\ 5\ln K_1-0.180\ 5\ln L_1+0.442\ 4\ln \mathrm{ISI} \quad (9\text{-}1)$$

由回归模型(9-1)可知，资本、劳动以及信息社会发展水平对江苏省第一产业经济发展的贡献度分别为：0.285 5、−0.180 5、0.442 4。由此可知，信息社会发展水平的贡献度最大，其次为资本，劳动力的投入已不能促进第一产业经济的增长。

（二）信息社会发展水平对江苏省第二产业经济发展贡献回归分析

由回归结果及图 9-5 可知，在岭参数 H 取 0.2 时，各个解释变量的岭迹趋于稳定。此时，$F=24.517\ 700\ 98$，$R^2=0.948\ 422\ 437\ 7$，解释变量系数估计值见表 9-5。

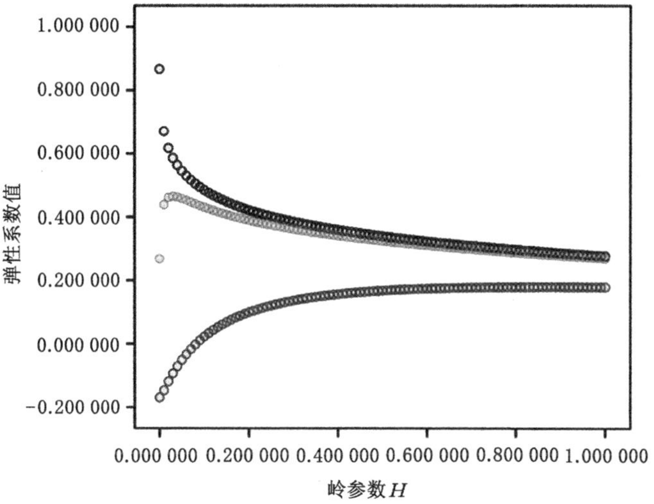

图 9-5　江苏省第二产业回归模型各解释变量岭迹图

表 9-5　江苏省第二产业岭回归系数

	未标准化系数	标准误差	标准化系数
$\ln K_1$	0.262 029 95	0.071 041 21	0.422 192 42
$\ln L_1$	2.025 494 08	0.108 207 51	0.099 476 30
lnISI	0.375 522 59	0.064 279 21	0.389 550 64
常量	0.020 678 61	0.052 171 94	0.000 000 00

根据上述结果，得到基于信息社会发展水平因素的江苏省第二产业回归模型：

$$\ln Y_2 = 0.020\ 7 + 0.422\ 2\ln K_2 + 0.099\ 5\ln L_2 + 0.389\ 6\ln \mathrm{ISI} \qquad (9\text{-}2)$$

由回归模型(9-2)可知，资本、劳动及信息社会发展水平对江苏省第二产业经济发展的贡献度分别为：0.422 2、0.099 5、0.389 6。信息社会发展水平对第二产业经济发展的拉动低于固定资产投资，但远高于劳动的投入。

（三）信息社会发展水平对江苏省第三产业经济发展贡献回归分析

由回归结果及图 9-6 可知，在岭参数 H 取 0.2 时，各个解释变量的岭迹趋于稳定。此时，$F=174.196\ 895\ 8$，$R^2=0.992\ 403\ 967\ 5$，解释变量系数估计值见表 9-6。

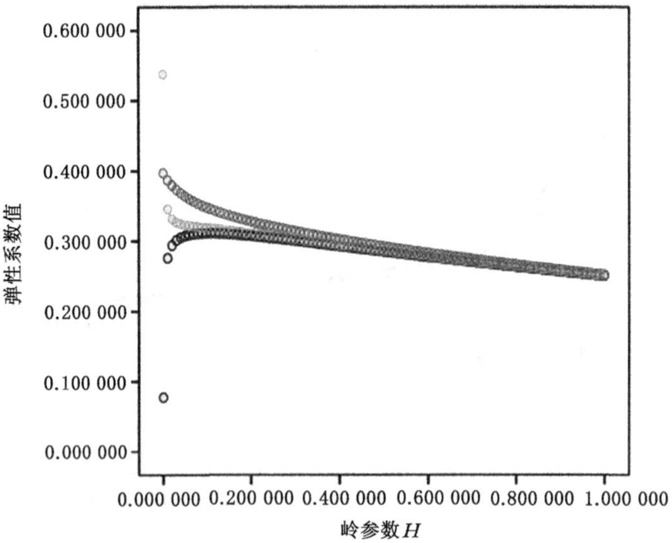

图 9-6 江苏省第三产业回归模型各解释变量岭迹图

表 9-6 江苏省第三产业岭回归系数

	未标准化系数	标准误差	标准化系数
$\ln K_3$	0.278 313 80	0.022 938 27	0.307 238 97
$\ln L_3$	2.399 961 76	0.037 758 47	0.327 833 08
lnISI	0.528 926 77	0.023 230 12	0.311 080 46
常量	0.046 420 33	0.046 420 33	0.000 000 00

根据上述结果，得到基于信息社会发展水平因素的江苏省第三产业回归模型：

$$\ln Y_3 = 0.046\ 4 + 0.307\ 2\ln K_3 + 0.327\ 8\ln L_3 + 0.311\ 1\ln \mathrm{ISI} \quad (9\text{-}3)$$

由回归模型(9-3)可知，资本、劳动及信息社会发展水平对江苏省第三产业经济发展的贡献度分别为：0.307 2、0.327 8、0.311 1，三种因素对第三产业经济发展拉动作用相差不大，都在0.3%以上，信息社会发展水平对第三产业经济发展的拉动高于固定资产投资。

(四) 信息社会发展水平对江苏省 GDP 发展贡献回归分析

由回归结果及图 9-7 可知，在岭参数 H 取 0.2 时，各个解释变量的岭迹趋于稳定。此时，$F = 49.972\ 438\ 91$，$R^2 = 0.974\ 012\ 021\ 0$，解释变量系数估计值见表 9-7。

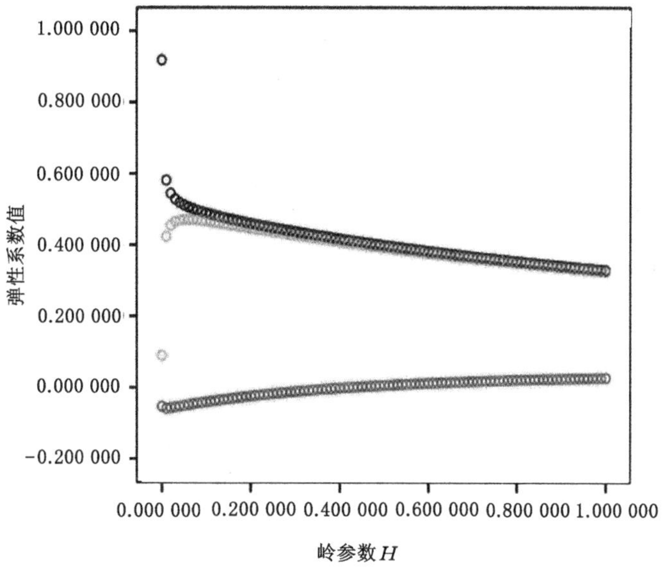

图 9-7　江苏省 GDP 回归模型各解释变量岭迹图

表 9-7　江苏省 GDP 岭回归系数

	未标准化系数	标准误差	标准化系数
lnK	0.348 653 6	0.040 381 7	0.460 414 6
lnL	−13.556 484 1	0.069 086 1	−0.024 008 1
lnISI	0.578 062 4	0.039 784 2	0.447 156 0
常量	0.037 320 6	0.036 521 0	0.000 000 0

根据上述结果，得到基于信息社会发展水平因素的江苏省 GDP 回归模型：

$$\ln Y = 0.037\ 3 + 0.460\ 4\ln K - 0.024\ 0\ln L + 0.447\ 2\ln ISI \qquad (9\text{-}4)$$

由回归模型(9-4)可知，资本、劳动以及信息社会发展水平对江苏省经济发展的贡献度分别为：0.460 4、−0.024 0、0.447 2。由此可以看出，信息社会发展水平的贡献度低于固定资产，但差距微弱。

(五) 回归结果对比分析

综上所述，可得到如下四个回归模型(表 9-8)：

表 9-8 信息社会发展水平对江苏省产业经济发展影响回归模型

	回归模型
第一产业	$\ln Y_1 = 0.088\ 4 + 0.285\ 5\ln K_1 - 0.180\ 5L_1 + 0.442\ 4\ln ISI$
第二产业	$\ln Y_2 = 0.020\ 7 + 0.422\ 2\ln K_2 + 0.099\ 5L2 + 0.389\ 6\ln ISI$
第三产业	$\ln Y_3 = 0.046\ 4 + 0.307\ 2\ln K_3 + 0.327\ 8L_3 + 0.311\ 1\ln ISI$
GDP	$\ln Y = 0.037\ 3 + 0.460\ 4\ln K - 0.024\ 0L + 0.447\ 2\ln ISI$

从模型回归结果可以看出，江苏省 ISI 每增长 1%，就会带动第一产业经济增长 0.442 4%，带动第二产业经济增长 0.389 6%，带动第三产业经济增长 0.311 1%，带动江苏省 GDP 增长 0.447 2%。这表明信息社会发展水平与江苏省三次产业经济发展呈正相关性，信息社会发展水平的提高能够促进江苏省三次产业经济发展。其中，第一产业经济发展主要依靠信息社会的发展，大量的劳动投入将会阻碍第一产业经济发展；第二产业经济发展主要依赖于大量资本和信息要素的投入；劳动的投入在第三产业经济发展中占最大比重，资本、劳动的投入、信息社会的发展均可有效地拉动江苏省第三产业经济发展；信息社会发展水平的提高能极大地推动江苏省综合经济的发展。

第十章　徐州市信息社会、产业结构及经济发展

随着信息化在社会各个领域的发展，尤其是信息化与工业化深度融合的全面推进，以及移动电话、计算机、互联网在城乡居民生活中的广泛应用，中国正在经历着从工业社会向信息社会的全面转型，并成为现代化建设与中华民族伟大复兴的动力及源泉。"信息社会"已成为当代学者探讨的核心、热门课题，人类的思维模式和行为方式正普遍受到与信息社会相关观念和理论的影响，各国政府、联合国和各国际组织也开始重视"信息社会"。

21 世纪，信息技术在政治、经济、文化等方面得到广泛应用，并在此基础上吐故纳新，使得人类社会的运作模式和创新形式发生深刻改变，从而推动人类社会向信息社会转型升级。随着信息化的不断演变，以信息技术的发展、变革和创新为主要特征的信息社会的来临推动了产业结构的升级。信息社会促使新兴产业的产生，促进产业结构的革新，主要表现在三个方面：一是信息化促使大量新兴产业产生，信息产业迅速增加，成为经济社会的主导产业；二是信息化推动传统产业的革新，传统产业凭借信息技术的应用促进生产效率的提高，并推动传统产业和信息产业相互渗透、相互融合；三是信息技术的应用导致产业结构逐渐由第一、第二产业过渡到第三产业，从而形成了一个服务型经济社会。除此之外，信息化是信息社会的标识，运用信息技术将会加速调整、变革和升级传统产业。例如，传统的农业（养殖业和种植业等行业）、工业（化工、煤炭、钢铁等行业）生产经营模式也出现了改变，出现了"互联网＋"的现代农业、现代工业形式。与此同时，在国民经济中，传统产业的比例呈现下降趋势，而以互联网、电子信息和电子金融等为主体的信息产业比例呈现上升趋势。由此可以看出，中国进入了以发展信息技术为主体的新时代：信息社会的发展和产业结构的升级将带来经济发展方式的变化。

党的十九大报告明确指出，推进新型工业化、信息化、城镇化、农业现代化同步发展，积极投入到推动经济全球化进程中，促进更高层次的开放型经济的发展，不断增强我国的经济实力和综合国力。这是党中央根据新时代的特点，做出的科学判断，信息化发展上升到了国家战略层面，给信息化发展带来了契机。在此大环境下，徐州市信息社会发展水平在江苏省排名相对靠后（2017 年在江苏

省13市中排名第九，仅高于淮安、盐城、连云港、宿迁)。徐州市是重要的交通枢纽，并在积极主动地融入国家“一带一路”大格局中，徐州市产业经济发展正面临着极大的机遇与挑战。

全球正处于从工业社会向信息社会的加速转型中，信息社会是可持续发展的社会。信息和知识逐渐成为信息社会最重要的资源。处于信息社会，经济发展方式将发生全面改变，即从自然资源依赖型、实物资本驱动型的方式转变成为资源节约、环境友好、创新驱动、人与自然和谐相处的方式。经济社会的全面运行，不仅能为当代人最大限度共享信息和知识、充分发挥自身潜能提供条件，而且也不会给后代人的全面发展带来消极影响；既要实现发展经济的目标，又要保护好与人类息息相关的土地、海洋、淡水、大气和森林等自然资源和生存环境，从而推动人与自然环境实现相互协调、相互适应的可持续发展。信息社会可持续发展的主要特征是“低碳化”和“环境友好”。

信息社会的发展促进经济的发展，经济水平是信息社会发展的决定性因素，创新驱动成为推动信息社会发展的重要力量。信息技术是创新驱动发展战略的推进、国民经济发展空间的延伸和产业新体系的建立等多个领域的重要支撑。驱动经济社会走持续健康发展道路的关键在于加快转变经济发展方式。当前，我国经济改革的重点侧重于如何利用信息化来推动经济增长方式的转变，从而促成经济发展方式的转变。因此，通过对信息化推动经济发展方式转变的方法、过程和机理进行深入研究，再对信息化推动经济发展方式转变进行定量剖析，进而有目的地促进经济全面发展、高质量发展。

信息社会发展水平测评指标体系立足于信息经济、网络社会、在线政府、数字生活这四个维度，在一定程度上，与知识经济、规模经济、技术进步、管理使用效率这四个因素相互关联、相互对应，这些因素在推动经济发展方式转变中发挥着重要作用。利用国家信息中心信息化研究部提出的信息社会发展水平测评指标体系及其发布的全国各地级市信息经济、网络社会、在线政府、数字生活指数，计算得到度量徐州市2012—2016年信息社会发展水平的ISI。

为了研究信息社会发展水平对产业经济发展的贡献，本文将从产业结构发展对经济发展的贡献和信息社会发展水平对三次产业经济发展的贡献这两个方面进行分析。利用C-D生产函数建立回归模型，通过查阅《徐州市统计年鉴2017》获取徐州市1978—2016年第一、第二、第三产业的增加值及总产值数据，使用OLS估计方法测算出三次产业对经济发展的贡献度和贡献系数，分析并归纳三次产业对经济发展的贡献程度。其次，根据2012—2016年国家信息中心发布的江苏省信息社会发展报告计算获取徐州市2012—2016年ISI。进一步利用改进的C-D生产函数建立回归模型，通过查阅2013—2016年江苏省统计年鉴及徐州市统计年鉴等获取徐州市2012—2016年的GDP、固定资产投资、劳动力（及各年对应的三次产业GDP、固定资产投资、劳动力）并同计算得到的ISI，进行ISI与经济总量及三次产业经济发展关系的回归分析，总结回归分析的结论并进一步分析。最后，根据研究结果，给出推动徐州市信息社会发展、产业结构优化升级、经济健康持续高质量发展的相关建议。

第一节 徐州市信息社会和产业结构发展概况

徐州发展状况和全国发展状况有很多相似之处，通过徐州能看到中国仍处于社会主义初级阶段的基本国情：2016年，城镇化率60%左右，人均GDP 6万元左右，居民年人均可支配收入2.3万元左右，信息社会指数0.455 4…… 一些主要统计数据表明，徐州的发展水平和全国平均水平相似度极高。徐州如何实现产业转型升级，如何解决环境污染问题，如何建设持续发展型城市，这些既是徐州也是我国今后一段时期急需攻坚破解的难题。通过研究徐州，能找到推动中国经济社会不断前进的正确方向：一些做法和经验在全国具有很强的引领示范作用。

一、徐州市信息社会发展概况

近年来，徐州市信息社会水平迅速提高，互联网相关产业蓬勃发展，信息社会发展的创新驱动力持续增强。根据2016年徐州市国民经济和社会发展统计公报的数据，可从信息经济、网络社会、在线政府、数字生活这四大领域来看信息社会的发展情况。

2016年，徐州市电信业务总量达到207.39亿元，比2015年增长了64.1%；电信业务收入达到60.78亿元，比2015年增长了7.0%。固定电话用户115.78万户，比2015年减少22.72万户；移动电话用户762.01万户，比2015年增加了5.57万户。互联网宽带接入用户达到227.04万户，比2015年增加46.95万户。有线电视用户达到263.77万户，有线电视入户率达到95.0%。广播电台8座，电视台8座，广播和电视综合人口覆盖率均达到100%。2016年，徐州市在高新技术产业领域的投资，相比2015年增长了12.6%，其中，新材料制造业增长了44.6%，新能源制造业增长了325.5%，软件业增长了24.3%。对于现代服务业以及民生项目等领域的投入力度显著增大，其中，互联网及其相关服务增长了70%，科技推广和应用服务业增长了236.1%，教育增长了19.4%，卫生增长了22.6%。2016年，徐州市不断增加短板领域的投资。相比2015年，道路运输业增长了29.9%，软件和信息技术服务业增长了24.3%，生态保护和环境治理业增长了48.8%，文化体育和娱乐业投资增长了64.1%，均高于全部投资增速。2016年，徐州市取得了显著的节能减排成效。全市严格遵循国家过剩产能化解政策，严格控制高能耗高污染项目，淘汰落后产能，不断提升重点耗能企业能效。

相比2015年,全市单位GDP能耗下降了5.9%,达到国家节能减排财政综合示范城市节能任务要求。全市主要污染物排放不断减少,四项主要污染物包括化学需氧量、氨氮、二氧化硫和氮氧化物的减排完成省定任务。

2016年徐州市ISI达到0.455 4,比2015年增长4.5%,全国排名100位,比2015年上升1名。2017年,徐州市ISI为0.497 6,同比增长9.27%,全国排名78位,比2016年上升32名,上升速度迅猛,处于从工业社会向信息社会的加速转型期。徐州市2012—2017年信息社会发展有关数据、发展趋势、与江苏省其他城市及全国信息社会发展情况对比分析等见图10-1至图10-3。由图10-1可知,2017年徐州市信息经济、网络社会、在线政府、数字生活指数分别为0.393 5、0.462 3、0.674 8、0.577 9。其中,数字生活领域发展最快,比2016年增长25.36%,其次是在线政府指数,比2016年增长21%。由图10-2可知,与江苏省其他城市比较,徐州市信息社会发展水平处于低水平状态。江苏省各城市之间信息社会发展还有一定的差距,主要原因还是经济基础的差距。由图10-3可知,江苏省信息社会发展总体水平相对靠前,高于全国平均水平。一般来说,一个国家或地区经济发展越好,对于信息社会建设领域的资金投入力度就会越大。由图10-3可知,2017年全国ISI达到0.474 9,处于从工业社会向信息社会的加速转型期。2017年,江苏省信息社会发展走在全国前列,ISI为0.594 5,全国排名第6位,即将迈入信息社会发展阶段。由图10-3可以看出,徐州市信息社会发展水平、趋势和全国平均水平极为相似。

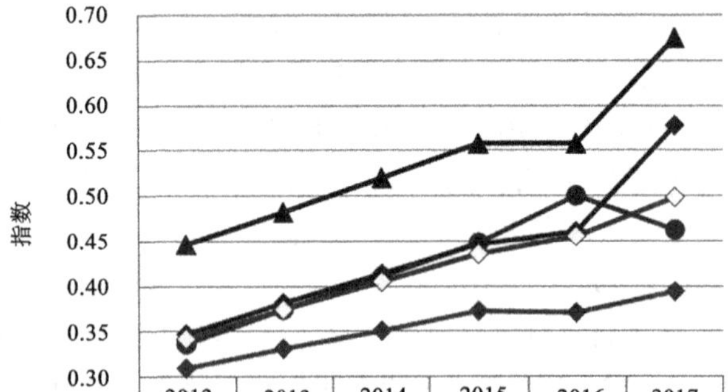

	2012	2013	2014	2015	2016	2017
信息经济	0.309 6	0.330 2	0.350 8	0.371 4	0.370 8	0.393 5
网络社会	0.335 3	0.373 1	0.410 9	0.448 7	0.500 1	0.462 3
在线政府	0.445 2	0.482 7	0.520 2	0.557 7	0.557 7	0.674 8
数字生活	0.347 0	0.380 3	0.413 6	0.446 9	0.461 0	0.577 9
徐州市ISI	0.342 1	0.373 4	0.404 6	0.435 8	0.455 4	0.497 6

图10-1 2012—2017年徐州市信息社会及各领域发展状况

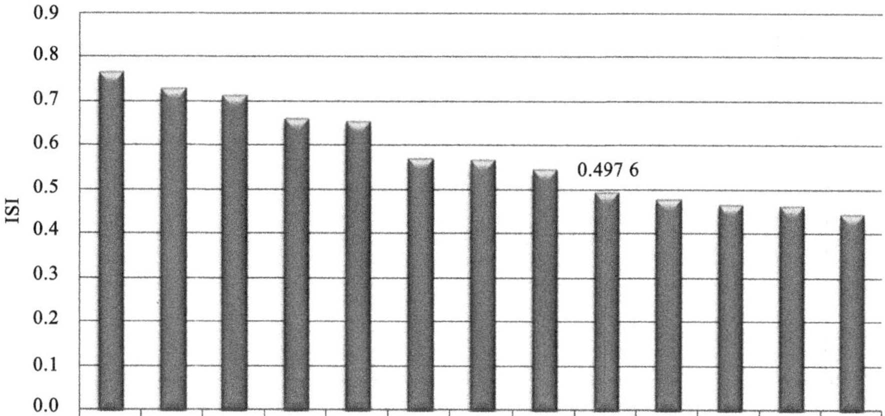

	苏州	无锡	南京	常州	镇江	扬州	南通	泰州	徐州	盐城	淮安	连云港	宿迁
ISI	0.767 6	0.731 8	0.715 5	0.664 5	0.655 6	0.575 1	0.569 6	0.548 9	0.497 6	0.482 3	0.470 4	0.467 6	0.448 5

图 10-2　2017 年徐州市与江苏省其他城市 ISI 比较

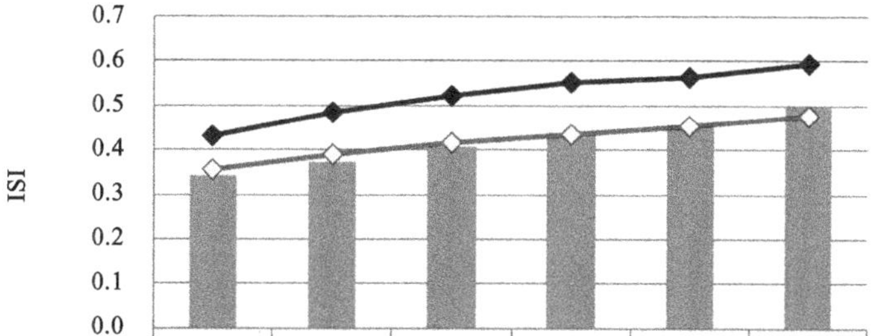

	2012	2013	2014	2015	2016	2017
徐州市 SIS	0.342 1	0.373 4	0.404 6	0.435 8	0.455 4	0.497 6
江苏省 ISI	0.431 0	0.483 8	0.521 7	0.551 8	0.565 4	0.594 5
全国 ISI	0.356 4	0.390 4	0.416 5	0.435 3	0.454 0	0.474 9

图 10-3　2012—2017 年徐州市与江苏省、全国 ISI 比较

二、徐州市产业结构发展概况

改革开放 40 年，徐州市经济不断发展，GDP 从 1978 年的 21.389 9 亿元增长至 2016 年的 5 808.52 亿元。徐州市产业结构的演变经历了由“一二三”向“二三一”的过程，直到 2015 年，第三产业增加值首次超过第二产业产值，徐州市产业结构演变为“三二一”的形态。一定程度上，产业结构的演进发展促进了徐州市的经济发展。

由图 10-4 可以看出，从 1978—2016 年，徐州市国民经济发展总体上呈现上升趋势，其中，1978—1998 年经济发展呈缓慢上升趋势，而 2000—2016 年经济发展呈加速上升趋势。

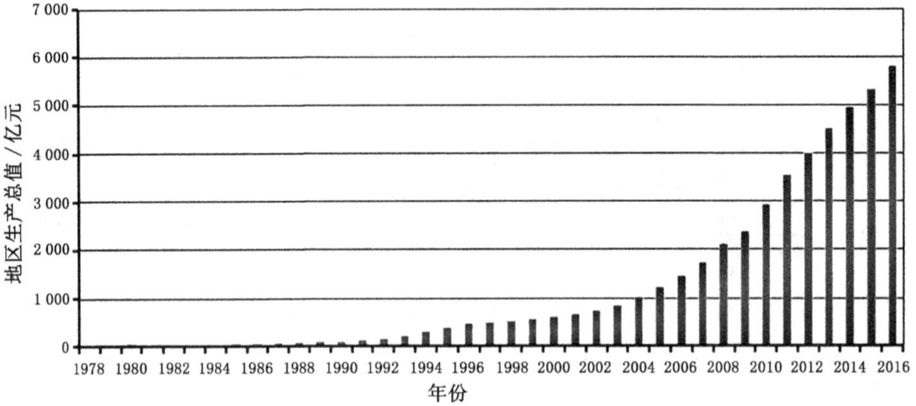

图 10-4　1978—2016 年徐州市生产总值发展情况

由图 10-5 可以看出，徐州市经济主要还是依赖于第二产业的发展，但近几年来，第三产业的发展开始加速上升，到 2015 年已经超越了第二产业。

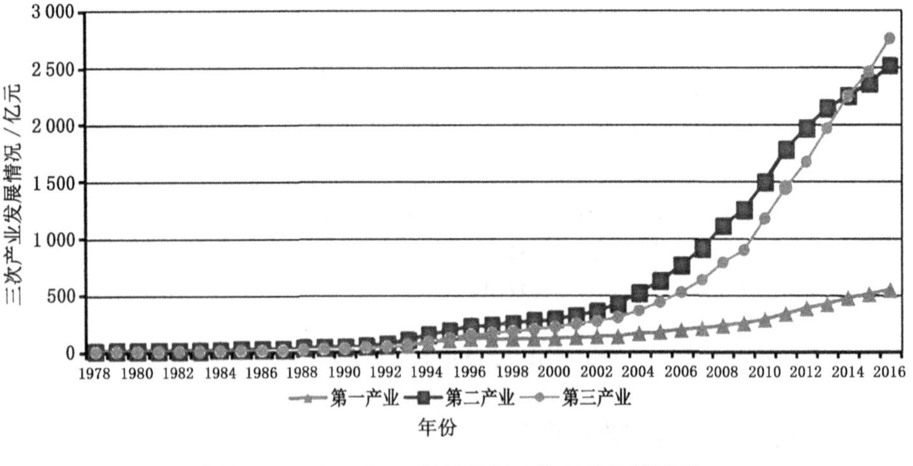

图 10-5　1978—2016 年徐州市三次产业发展情况

徐州市 2012-2016 年产业结构发展情况：

(1) 经济运行保持平稳。2016 年，徐州市地区生产总值达到 5 808.52 亿元，按可比价计算，相比于 2015 年，增长了 8.2%。其中，第一产业产值达到

542.89亿元，增长了 1.9%；第二产业产值达到 2 513.85 亿元，增长 8.7%；第三产业产值达到 2 751.78 亿元，增长了 9.1%。人均 GDP 达到 66 845 元，相比于 2015 年，增长了 7.7%。具体见图 10-6。

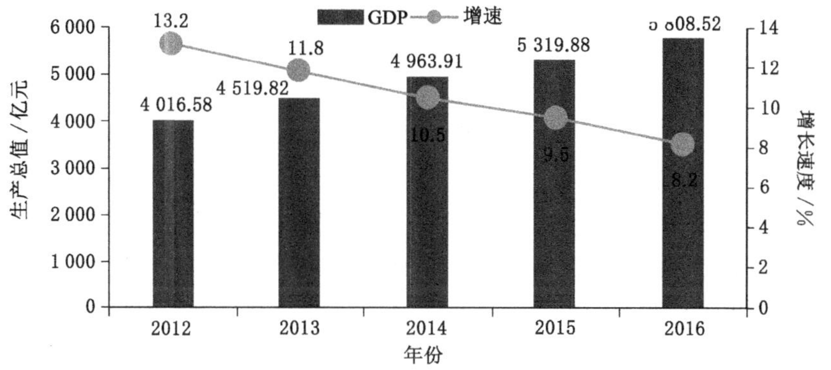

图 10-6　2012—2016 年徐州市地区生产总值与增速

(2) 产业结构不断优化升级。2016 年，徐州市三次产业结构调整为 9.3∶43.3∶47.4，第三产业产值比重提高，相比于 2015 年，提高了 1.2 个百分点，超过第二产业产值比重 4.1 个百分点。全年高新技术产业产值达到了5 177.46亿元，同比增长 16.7%，占规模以上工业总产值比重为 36.7%，相比于 2015 年，提高了 0.5个百分点；高耗能产业产值增长 10.9%，占规模以上工业总产值比重下降 1.2 个百分点，产值增速比规模以上工业总产值增速低 4.1 个百分点。具体见图 10-7。

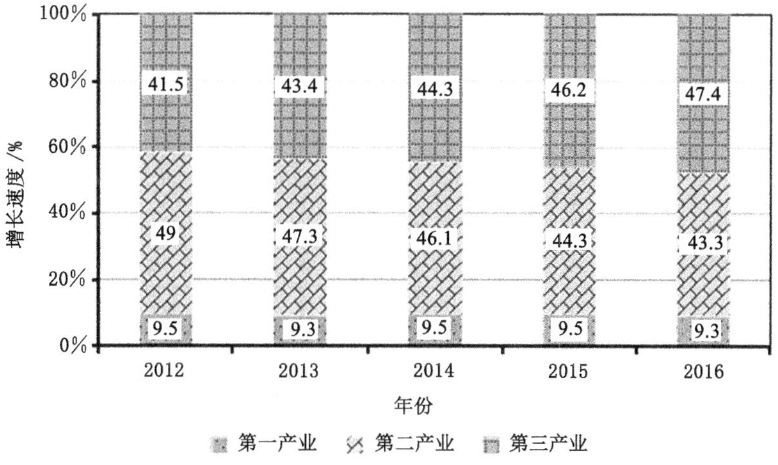

图 10-7　2012-2016 年徐州市三次产业结构情况

第二节　徐州市产业结构演进对经济发展贡献实证分析

1969 年，格兰杰提出了一种基于“预测”的因果关系（格兰杰因果关系），后经西蒙斯的发展，形成了格兰杰因果检验法。这种检验方法可以判断一个变量的变化是否是引起另一变量变化的原因。

在时间序列情形下，对两个经济变量 X、Y 之间的格兰杰因果关系进行界定：如果在包含了变量 X、Y 的过去信息的条件下，对变量 Y 的预测效果要优于只单独由 Y 的过去信息对 Y 进行的预测效果，即变量 X 有助于解释变量 Y 的将来变化，则认为变量 X 是引致变量 Y 的格兰杰原因。

格兰杰因果检验有一个前提条件：时间序列一定要具有平稳性，否则可能会出现虚假回归问题。因此，在进行格兰杰因果关系检验之前，首先要对各指标的时间序列数据的平稳性进行单位根检验。一般来说，常用增广迪基-福勒检验（ADF 检验）进行检验。

一、数据的选取与处理

本书实证研究选取徐州市 1978—2016 年的相关数据作为样本数据，数据来源于《徐州统计年鉴 2017》。具体见表 10-1 和表 10-2。

表 10-1　1978—2016 年徐州市地区生产总值及三次产业产值　单元：万元

年份	GDP	第一产业	第二产业	第三产业	年份	GDP	第一产业	第二产业	第三产业
1978	213 899	94 036	89 475	30 388	1998	5 367 632	1 124 458	2 479 489	1 763 685
1979	248 679	107 103	106 042	35 534	1999	5 770 945	1 135 814	2 700 239	1 934 892
1980	286 203	112 976	129 855	43 372	2000	6 162 952	1 185 711	2 835 638	2 141 603
1981	303 742	125 809	131 965	45 968	2001	6 814 908	1 260 273	3 143 812	2 410 823
1982	354 094	144 961	152 552	56 581	2002	7 493 386	1 340 458	3 511 425	2 641 503
1983	422 603	169 141	177 376	76 086	2003	8 522 604	1 346 800	4 198 275	2 977 529
1984	496 828	203 530	205 616	87 682	2004	10 311 200	1 615 900	5 116 400	3 578 900
1985	555 667	221 573	237 589	96 505	2005	12 266 500	1 742 400	6 201 400	4 322 900
1986	630 445	246 074	259 605	124 766	2006	14 647 400	1 900 500	7 564 900	5 181 900
1987	719 853	272 596	296 863	150 394	2007	17 478 700	2 075 800	9 093 300	6 309 600
1988	846 322	302 814	364 213	179 295	2008	21 188 400	2 300 000	11 057 600	7 830 800
1989	992 598	347 872	402 214	242 512	2009	23 901 600	2 499 000	12 490 400	8 912 200
1990	1 128 406	386 894	449 104	292 408	2010	29 421 400	2 828 200	14 909 200	11 684 000

表 10-1(续)

年份	GDP	第一产业	第二产业	第三产业	年份	GDP	第一产业	第二产业	第三产业
1991	1 300 510	436 804	501 072	362 634	2011	35 516 500	3 345 400	17 770 400	14 400 700
1992	1 621 503	468 032	702 902	450 569	2012	40 165 800	3 824 600	19 685 200	16 656 000
1993	2 205 695	558 606	1 036 980	610 109	2013	45 198 200	4 188 800	21 400 300	19 609 100
1994	3 147 560	797 131	1 482 083	868 346	2014	49 639 100	4 735 400	22 462 400	22 441 300
1995	4 034 596	1 006 725	1 841 433	1 186 438	2015	53 198 800	5 047 600	23 550 600	24 600 700
1996	4 880 421	1 156 698	2 232 087	1 491 636	2016	58 085 200	5 428 800	25 138 500	27 517 900
1997	5 042 259	1 079 337	2 338 385	1 624 537					

表 10-2　1978—2016 年徐州市地区生产总值及三次产业产值指数

年份	GDP	第一产业	第二产业	第三产业	年份	GDP	第一产业	第二产业	第三产业
1978	100.0	100.0	100.0	100.0	1998	908.9	306.8	1 497.6	1 463.2
1979	106.0	92.1	117.4	115.4	1999	1 000.7	325.8	1 653.4	1 632.9
1980	121.3	96.3	143.7	133.0	2000	1 100.8	341.4	1 827.0	1 828.8
1981	127.0	104.3	146.7	139.2	2001	1 221.9	363.6	2 048.1	2 044.6
1982	145.5	112.8	171.8	169.7	2002	1 361.2	386.5	2 320.5	2 277.7
1983	172.7	126.8	202.1	228.0	2003	1 531.4	379.5	2 719.6	2 576.1
1984	197.5	144.7	232.9	256.5	2004	1 745.8	417.5	3 135.7	2 929.0
1985	207.6	142.9	258.6	257.8	2005	1 995.4	434.1	3 606.1	3 453.3
1986	224.3	146.3	276.6	311.3	2006	2 297.7	452.8	4 248.1	3 995.7
1987	240.6	146.2	305.0	343.2	2007	2 650.4	471.4	4 998.2	4 637.6
1988	251.0	132.2	347.5	334.5	2008	3 009.5	498.7	5 698.9	5 351.0
1989	263.4	145.3	345.5	387.4	2009	3 429.3	526.1	6 528.3	6 185.3
1990	291.3	149.0	384.7	456.7	2010	3 909.4	548.3	7 554.0	7 063.6
1991	334.7	165.8	422.8	581.4	2011	4 439.1	572.9	8 653.8	8 084.7
1992	407.0	176.2	566.1	707.6	2012	5 025.1	602.1	9 908.6	9 168.0
1993	459.1	184.5	730.3	679.3	2013	5 616.0	620.6	11 129.5	10 337.5
1994	537.1	200.2	867.6	832.8	2014	6 203.3	643.3	12 123.3	11 745.1
1995	625.2	229.0	996.0	1 012.7	2015	6 792.6	665.8	13 311.4	12 943.1
1996	722.7	248.0	1 181.3	1 171.7	2016	7 349.6	678.9	14 472.9	14 118.5
1997	810.1	282.2	1 319.5	1 311.1					

注:按可比价格计算,以 1978 年为 100。

为了消除价格变动带来的影响，按不变价格计算，以 1978 年为基期计算徐州市地区生产总值和三次产业产值。以 GDR 为例，计算方法为：

某年 GDP＝某年 GDP 指数×1978 年 GDP/100

消除价格变动影响后的结果见表 10-3。

表 10-3　1978—2016 年消除价格变动影响后的徐州市相关数据　单位：亿元

年份	GDP (Y)	第一产业产值(X_1)	第二产业产值(X_2)	第三产业产值(X_3)	年份	GDP (Y)	第一产业产值(X_1)	第二产业产值(X_2)	第三产业产值(X_3)
1978	21.389 9	9.403 6	8.947 5	3.038 8	1998	194.412 8	28.850 2	133.997 8	44.463 7
1979	22.673 3	8.660 7	10.504 4	3.506 8	1999	214.048 7	30.636 9	147.938 0	49.620 6
1980	25.945 9	9.055 7	12.857 6	4.041 6	2000	235.460 0	32.103 9	163.470 8	55.573 6
1981	27.165 2	9.808 0	13.126 0	4.230 0	2001	261.363 2	34.191 5	183.253 7	62.131 3
1982	31.122 3	10.607 3	15.371 8	5.156 8	2002	291.159 3	36.344 9	207.626 7	69.214 7
1983	36.940 4	11.923 8	18.082 9	6.928 5	2003	327.564 9	35.686 7	243.336 2	78.282 5
1984	42.245 1	13.607 0	20.838 7	7.794 5	2004	373.424 9	39.260 0	280.566 8	89.006 5
1985	44.405 4	13.437 7	23.138 2	7.834 0	2005	426.814 1	40.821 0	322.655 8	104.938 9
1986	47.977 5	13.757 5	24.748 8	9.459 8	2006	491.475 7	42.579 5	380.098 7	121.421 3
1987	51.464 1	13.748 1	27.289 9	10.429 2	2007	566.917 9	44.328 6	447.213 9	140.927 4
1988	53.688 6	12.431 6	31.092 6	10.164 8	2008	643.729 0	46.895 8	509.909 1	162.606 2
1989	56.341 0	13.663 4	30.913 6	11.772 3	2009	733.523 8	49.472 3	584.119 6	187.958 9
1990	62.308 8	14.011 4	34.421 0	13.878 2	2010	836.216 8	51.559 9	675.894 2	214.648 7
1991	71.592 0	15.591 2	37.830 0	17.667 6	2011	949.519 1	53.8732	774.2988	245.677 9
1992	87.056 9	16.569 1	50.651 8	21.502 5	2012	1 074.863 9	56.6191	886.572 0	278.597 2
1993	98.201 0	17.349 6	65.343 6	20.642 6	2013	1 201.256 8	58.3587	995.812 0	314.136 0
1994	114.885 2	18.826 0	77.628 5	25.307 1	2014	1 326.879 7	60.4934	1 084.732 3	356.910 1
1995	133.729 7	21.534 2	89.117 1	30.773 9	2015	1 452.930 3	62.6092	1 191.037 5	393.314 9
1996	154.584 8	23.320 9	105.696 8	35.605 6	2016	1 572.072 1	63.8410	1 294.962 7	429.033 0
1997	173.279 6	26.537 0	118.062 3	39.841 7					

采用取对数的方法对相关数据进行处理，结果见表 10-4。

表 10-4　1978—2016 年取对数后的徐州市相关数据

年份	$\ln Y$	$\ln X_1$	$\ln X_2$	$\ln X_3$	年份	$\ln Y$	$\ln X_1$	$\ln X_2$	$\ln X_3$
1978	3.062 9	2.241 1	2.191 4	1.111 5	1998	5.270 0	3.362 1	4.897 8	3.794 7
1979	3.121 2	2.158 8	2.351 8	1.254 7	1999	5.366 2	3.422 2	4.996 8	3.904 4
1980	3.256 0	2.203 4	2.553 9	1.396 6	2000	5.461 5	3.469 0	5.096 6	4.017 7
1981	3.301 9	2.283 2	2.574 6	1.442 2	2001	5.565 9	3.532 0	5.210 9	4.129 2
1982	3.437 9	2.361 5	2.732 5	1.640 3	2002	5.673 9	3.593 1	5.335 7	4.237 2
1983	3.609 3	2.478 5	2.895 0	1.935 6	2003	5.791 7	3.574 8	5.494 4	4.360 3
1984	3.743 5	2.610 6	3.036 8	2.053 4	2004	5.922 7	3.670 2	5.636 8	4.488 7
1985	3.793 4	2.598 1	3.141 5	2.058 5	2005	6.056 3	3.709 2	5.776 6	4.653 4
1986	3.870 7	2.621 6	3.208 8	2.247 0	2006	6.197 4	3.751 4	5.940 4	4.799 3
1987	3.940 9	2.620 9	3.306 5	2.344 6	2007	6.340 2	3.791 6	6.103 0	4.948 2
1988	3.983 2	2.520 2	3.437 0	2.318 9	2008	6.467 3	3.847 9	6.234 2	5.091 3
1989	4.031 4	2.614 7	3.431 2	2.465 8	2009	6.597 9	3.901 4	6.370 1	5.236 2
1990	4.132 1	2.639 9	3.538 7	2.630 3	2010	6.728 9	3.942 7	6.516 0	5.369 0
1991	4.271 0	2.746 7	3.633 1	2.871 7	2011	6.856 0	3.986 6	6.652 0	5.504 0
1992	4.466 6	2.807 5	3.925 0	3.068 2	2012	6.979 9	4.036 3	6.787 4	5.629 8
1993	4.587 0	2.853 6	4.179 7	3.027 4	2013	7.091 1	4.066 6	6.903 6	5.749 8
1994	4.743 9	2.935 2	4.351 9	3.231 1	2014	7.190 6	4.102 5	6.989 1	5.877 5
1995	4.895 8	3.069 6	4.490 0	3.426 7	2015	7.281 3	4.136 9	7.082 6	5.974 6
1996	5.040 7	3.149 4	4.660 6	3.572 5	2016	7.360 1	4.156 4	7.166 2	6.061 5
1997	5.154 9	3.278 5	4.771 2	3.684 9					

二、时间序列数据检验

（一）时间序列数据平稳性检验

在对非平稳的时间序列数据进行参数估计时，很有可能会出现“虚假回归”的问题，从而会严重影响数据分析结果。因此，需要先对数据进行平稳性检验。用 EViews 软件选用 ADF 检验方法对 $\ln Y$、$\ln X_1$、$\ln X_2$、$\ln X_3$ 进行单位根检验，具体结果见图 10-8 和表 10-5。从图 10-8 可以看出，$\ln Y$、$\ln X_1$、$\ln X_2$、$\ln X_3$ 的截距均大于 0，随着时间的变化，四个变量也在变化。因此，在 ADF 检验中应该存在截距项和趋势项。

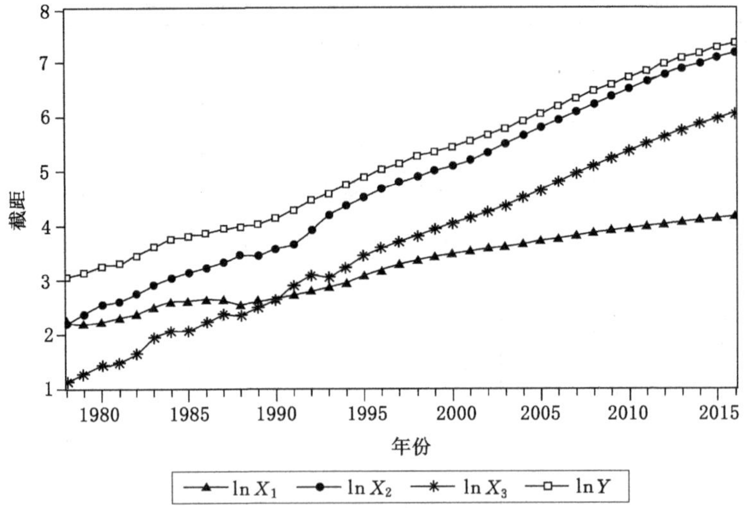

图 10-8　各时间序列的趋势图

表 10-5　各时间序列单位根检验

变量	检验类型(C,T,K)	ADF 检验值	各显著水平下的单位根检验临界值			检验结果
			1%	5%	10%	
$\ln Y$	(C,T,4)	−3.076 954	−4.252 879	−3.548 490	−3.207 094	不平稳
$\ln X_1$	(C,0,1)	−1.625 563	−4.226 815	−3.536 601	−3.200 320	不平稳
$\ln X_2$	(C,T,4)	−3.139 680	−4.252 879	−3.548 490	−3.207 094	不平稳
$\ln X_3$	(C,T,4)	−3.273 595	−4.252 879	−3.548 490	−3.207 094	不平稳
$D(\ln Y)$	(C,T,4)	−4.006 172	−4.262 735	−3.552 975	−3.209 642	平稳 * *
$D(\ln X_1)$	(C,0,0)	−5.678 205	−4.226 815	−3.536 601	−3.200 320	平稳 * * *
$D(\ln X_2)$	(C,0,0)	−4.410 550	−4.226 815	−3.536 601	−3.200 320	平稳 * * *
$D(\ln X_3)$	(C,0,1)	−6.567 424	−4.234 972	−3.540 328	−3.202 445	平稳 * * *

对 $\ln Y$、$\ln X_1$、$\ln X_2$、$\ln X_3$ 进行单位根检验，从表 10-5 的 ADF 检验结果可以看出，$\ln X_1$、$\ln X_2$、$\ln Y$ 三者在 1%、5%、10%水平下的 ADF 值均大于相应的单位根检验临界值，$\ln X_3$ 在 1%、5%水平下的 ADF 值均大于单位根检验临界值，故接受原假设，认为 $\ln Y$、$\ln X_1$、$\ln X_2$、$\ln X_3$ 都存在单位根，是不平稳的。接下来对 $\ln Y$、$\ln X_1$、$\ln X_2$、$\ln X_3$ 进行一阶差分，由检验结果可知，$D(\ln X_1)$、$D(\ln X_2)$、$D(\ln X_3)$三者在 1%、5%、10%水平下的 ADF 值均小于相应的单位根检验临界值，$D(\ln Y)$在 5%、10%水平下的 ADF 值均小于相应的单位根检验

临界值，故拒绝原假设，认为 $\ln Y$、$\ln X_1$、$\ln X_2$、$\ln X_3$ 在一阶差分后都不存在单位根，可知其时间序列数据是平稳的，因此四组数据都是一阶单整数据。

（二）协整性检验

根据上述平稳性分析可知，$\ln Y$、$\ln X_1$、$\ln X_2$、$\ln X_3$ 皆为同阶单整数据，因此可对四组数据进行协整性检验，从而判断几组数据之间是否存在长期均衡关系。

首先，建立用于协整的回归方程：

$$\ln Y = c + b_1 \ln X_1 + b_2 \ln X_2 + b_3 \ln X_3 + e \tag{10-1}$$

其次，设定原假设为四组数据之间不具有协整性，备选假设为具有协整性。

最后，通过 OLS 估计方法对 $\ln Y$、$\ln X_1$、$\ln X_2$、$\ln X_3$ 的回归方程进行估计，得到回归模型如下：

$$\ln Y = 1.133\ 11 + 0.071\ 584 \ln X_1 + 0.662\ 653 \ln X_2 + 0.182\ 553 \ln X_3 + e \tag{10-2}$$

对上述回归方程的残差 e 进行单位根检验，得到的 ADF 检验统计量为 $-2.379\ 252$，在 5% 显著水平下的临界值为 $-1.949\ 856$，则 ADF 绝对值大于 5% 显著水平下的临界值绝对值，因而拒绝原假设，认为 e 不存在单位根，所以残差的时间序列数据是平稳的。由此可知，$\ln Y$ 与 $\ln X_1$、$\ln X_2$、$\ln X_3$ 之间存在协整关系，即 1978—2016 年徐州市产业结构变动与经济增长之间存在长期均衡的关系。这个结果比较符合徐州市经济发展现实，即徐州市第二、第三产业对经济发展的贡献程度较大，其中，第二产业对经济发展发挥主导作用。

（三）格兰杰因果检验

为了探究四组数据之间相互影响、作用的关系，本书采用格兰杰因果检验进行检验，结果见表 10-6。

表 10-6　格兰杰因果关系

原假设	F 统计量	p 值	检验结果
$\ln X_2$ 不是 $\ln X_1$ 的格兰杰原因	3.778 82	0.033 6	拒绝
$\ln X_1$ 不是 $\ln X_2$ 的格兰杰原因	2.206 78	0.126 5	接受
$\ln X_3$ 不是 $\ln X_1$ 的格兰杰原因	0.973 85	0.388 5	接受
$\ln X_1$ 不是 $\ln X_3$ 的格兰杰原因	0.051 81	0.949 6	接受
$\ln Y$ 不是 $\ln X_1$ 的格兰杰原因	3.267 20	0.051 1	接受
$\ln X_1$ 不是 $\ln Y$ 的格兰杰原因	0.276 61	0.760 1	接受
$\ln X_3$ 不是 $\ln X_2$ 的格兰杰原因	6.875 89	0.003 3	拒绝
$\ln X_2$ 不是 $\ln X_3$ 的格兰杰原因	2.382 43	0.108 5	接受

表 10-6(续)

原假设	F 统计量	p 值	检验结果
$\ln Y$ 不是 $\ln X_2$ 的格兰杰原因	3.597 62	0.039 0	拒绝
$\ln X_2$ 不是 $\ln Y$ 的格兰杰原因	1.035 80	0.366 5	接受
$\ln Y$ 不是 $\ln X_3$ 的格兰杰原因	0.570 14	0.571 1	接受
$\ln X_3$ 不是 $\ln Y$ 的格兰杰原因	0.728 37	0.490 5	接受

由表 10-6 可知，在 5%的显著性水平下，$\ln X_2$ 是 $\ln X_1$ 的格兰杰原因，$\ln X_3$ 是 $\ln X_2$ 的格兰杰原因，$\ln Y$ 是 $\ln X_2$ 的格兰杰原因。

三、回归分析

由上述格兰杰因果分析可知，在一定程度上，徐州市产业结构变动与经济发展相互影响、相互作用。现对 $\ln Y$、$\ln X_1$、$\ln X_2$、$\ln X_3$ 进行回归分析，从而研究徐州市产业结构和经济发展之间的内在关系。采用和第八章相同的方法对徐州市产业结构和经济发展关系进行回归分析。构建徐州市产业结构和经济发展关系模型：

$$\ln Y = \beta_0 + \beta_1 \ln X_1 + \beta_2 \ln X_2 + \beta_3 \ln X_3 \tag{10-3}$$

利用 OLS 估计方法进行回归，得到 EViews 数据表，回归结果具体见表 10-7。

表 10-7　回归结果

变量	回归系数	标准误差	t 统计值	p
β_0	1.133 110	0.152 943	7.408 699	0.000 0
$\ln X_1$	0.071 584	0.098 669	0.725 496	0.473 0
$\ln X_2$	0.662 653	0.093 731	7.069 721	0.000 0
$\ln X_3$	0.182 553	0.088 702	2.058 043	0.047 1

由表 10-1 可知，三次产业对经济发展的影响十分显著，徐州市产业结构与经济发展的关系模型为：

$$\ln Y = 1.133 + 0.072\ln X_1 + 0.663\ln X_2 + 0.183\ln X_3 \tag{10-4}$$

即：

$$Y = e^{1.133} X_1^{0.072} X_2^{0.663} X_3^{0.183} \tag{10-5}$$

由模型(10-4)和模型(10-5)可以看出，徐州市 1978—2016 年三次产业对地区生产总值(GDP)的回归系数估计分别为0.072、0.663、0.183。其中，第二产业对经济发展贡献最大，其次是第三产业，最后是第一产业。

四、结果解释

（1）根据对相关数据的平稳性检验和协整性检验，表明徐州市产业结构变动和经济发展之间存在长期稳定的协整关系。虽然徐州市产业结构变动和经济发展都不具有平稳性，但从长远角度来看，肯定存在着某种经济体制使得它们之间有着共同的随机趋势。而误差修正模型的建立有力地论证了徐州市产业结构演变对于经济发展的影响具有滞后性。

（2）通过格兰杰因果检验，表明徐州市的经济发展推动第二产业的发展，第二产业的发展推动第一产业的发展，第三产业的发展推动第二产业的发展。第二产业的发展仍然是徐州市经济发展的主要源泉。

（3）由回归分析结果可知，徐州市第一产业增长1%，就会拉动经济增长0.072%；第二产业增长1%，就会拉动经济增长0.663%；第三产业增长1%，就会拉动经济增长0.183%。这充分表明，第二产业的发展对徐州市经济发展的贡献率最大，而第三产业拉动经济发展的潜力还没有充分发挥。

第三节　信息社会水平对徐州市经济发展作用实证分析

根据研究目的和需要，本节采用和第八章相同的模型进行回归分析。

一、数据的选取与处理

选取2012—2016年徐州市信息社会指数的相关数据，数据来源于《中国信息社会发展报告》2014—2017、《江苏省信息社会发展报告》2015—2016。具体见表10-8。

表10-8　2012—2016年徐州市信息社会分类指标指数及ISI

	2012	2013	2014	2015	2016
信息经济指数	0.309 6	0.330 2	0.350 8	0.371 4	0.370 8
网络社会指数	0.335 3	0.373 1	0.410 9	0.448 7	0.500 1
在线政府指数	0.445 2	0.482 7	0.520 2	0.557 7	0.557 7
数字生活指数	0.347 0	0.380 3	0.413 6	0.446 9	0.461 0
徐州ISI	0.342 1	0.373 4	0.404 6	0.435 8	0.455 4

选取2012—2016年徐州市三次产业的相关数据作为样本数据，数据来源于江苏省统计局《江苏统计年鉴》(2013—2017)、《徐州统计年鉴》(2017)徐州市国民经济和社会发展统计公报(2012—2016)等。

由于价格的浮动会影响生产总值和投资，因此，需要消除价格指数的影响。

以2012年为基年，整理后的数据见表10-9至表10-12。

表10-9　2012—2016年消除价格影响后的徐州市第一产业相关数据

年份	第一产业增加值/亿元	居民消费价格指数（上年=100）	消除价格影响的Y_1/亿元	固定资产投资/亿元	固定资产投资价格指数（上年=100）	消除价格影响的K_1/亿元	从业人数L_1/万人
2012	382.46	100	382.460 0	51.46	100	51.46	180.4
2013	432.38	102.3	422.658 8	31.09	100.5	30.935 3	171.5
2014	473.54	102.2	463.346 4	44.75	101.1	44.263 1	162.7
2015	504.76	101.7	496.322 5	48.95	96.2	50.883 6	152.80
2016	542.88	102.3	530.674 5	40.37	98.8	40.860 3	144.30

表10-10　2012—2016年消除价格影响后的徐州市第二产业相关数据

年份	第二产业增加值/亿元	居民消费价格指数（上年=100）	消除价格影响的Y_2/亿元	固定资产投资/亿元	固定资产投资价格指数（上年=100）	消除价格影响的K_2/亿元	从业人数L_2/万人
2012	1 968.52	100	1 968.52	1 519.18	100	1 519.18	140.3
2013	2 118.32	102.3	2 070.694 0	1 696.05	100.5	1 687.6119	145.8
2014	2 246.24	102.2	2 197.886 5	1 978.31	101.1	1 956.7854	150.7
2015	2 355.06	101.7	2 315.693 2	2 334.68	96.2	2 426.9023	155.6
2016	2 513.85	102.3	2 457.331 4	2 668.61	98.8	2 701.0223	159.9

表10-11　2012—2016年消除价格影响后的徐州市第三产业相关数据

年份	第三产业增加值/亿元	居民消费价格指数（上年=100）	消除价格影响的Y_3/亿元	固定资产投资/亿元	固定资产投资价格指数（上年=100）	消除价格影响的K_3/亿元	从业人数L_3/万人
2012	1 665.60	100	1 665.60	1 115.25	100	1 115.25	158.0
2013	1 885.12	102.3	1 842.7370	1 363.00	100.5	1 356.2189	161.4
2014	2 244.13	102.2	2 195.8219	1 648.49	101.1	1 630.5539	167.5
2015	2 460.07	101.7	2 418.9479	1 882.49	96.2	1 956.8503	173.7
2016	2 751.79	102.3	2 689.9218	2 088.35	98.8	2 113.7146	179.2

表 10-12　2012—2016 年消除价格影响后的徐州市 GDP 等相关数据

年份	GDP/亿元	居民消费价格指数（上年＝100）	消除价格影响的 Y/亿元	固定资产投资/亿元	固定资产投资价格指数（上年＝100）	消除价格影响的 K/亿元	从业人数 L/万人
2012	4 016.58	100	4 016.580 0	2 685.89	100	2 685.89	478.7
2013	4 519.82	102.3	4 418.201 0	3 090.13	100.5	3 074.756 2	478.7
2014	4 963.91	102.2	4 857.054 8	3 671.56	101.1	3 631.612 3	480.9
2015	5 319.88	101.7	5 230.953 8	4 266.12	96.2	4 434.636 2	482.10
2016	5 808.52	102.3	5 677.927 7	4 797.33	98.8	4 855.597 2	483.40

对 Y_i、K_i、L_i 分别取对数，并加上徐州市 ISI 取对数的结果，得到表 10-13 至表 10-16。

表 10-13　取对数后的第一产业相关数据

年份	$\ln Y_1$	$\ln K_1$	$\ln L_1$	ln ISI
2012	5.946 6	3.940 8	5.195 2	−1.072 7
2013	6.046 6	3.431 9	5.144 6	−0.985 1
2014	6.138 5	3.790 2	5.091 9	−0.904 9
2015	6.207 2	3.929 5	5.029 1	−0.830 6
2016	6.274 1	3.710 2	4.971 9	−0.786 6

表 10-14　取对数后的第二产业相关数据

年份	$\ln Y_2$	$\ln K_2$	$\ln L_2$	ln ISI
2012	7.585 0	7.325 9	4.943 8	−1.072 7
2013	7.635 6	7.431 1	4.982 2	−0.985 1
2014	7.695 3	7.579 1	5.015 3	−0.904 9
2015	7.747 5	7.794 4	5.047 3	−0.830 6
2016	7.806 8	7.901 4	5.074 5	−0.786 6

表 10-15　取对数后的第三产业相关数据

年份	$\ln Y_3$	$\ln K_3$	$\ln L_3$	ln ISI
2012	7.417 9	7.016 8	5.062 6	−1.072 7
2013	7.519 0	7.212 5	5.083 9	−0.985 1

表 10-15(续)

年份	$\ln Y_3$	$\ln K_3$	$\ln L_3$	ln ISI
2014	7.694 3	7.396 7	5.121 0	−0.904 9
2015	7.791 1	7.579 1	5.157 3	−0.830 6
2016	7.897 3	7.656 2	5.188 5	−0.786 6

表 10-16　取对数后的 GDP 等相关数据

年份	$\ln Y$	$\ln K$	$\ln L$	ln ISI
2012	8.298 2	7.895 8	6.171 1	−1.072 7
2013	8.393 5	8.031 0	6.171 1	−0.985 1
2014	8.488 2	8.197 4	6.175 7	−0.904 9
2015	8.562 3	8.397 2	6.178 2	−0.830 6
2016	8.644 3	8.487 9	6.180 8	−0.786 6

二、岭回归分析

根据上述分析结果，运用 SPSS 软件对徐州市信息社会发展水平与三次产业增加值及经济总量的关系进行岭回归分析。在 SPSS 软件中，设定因变量为 $\ln Y_i$，自变量为 $\ln K_i$、$\ln L_i$、ln ISI。

（一）信息社会发展水平对徐州市第一产业经济发展贡献回归分析(图 10-9)

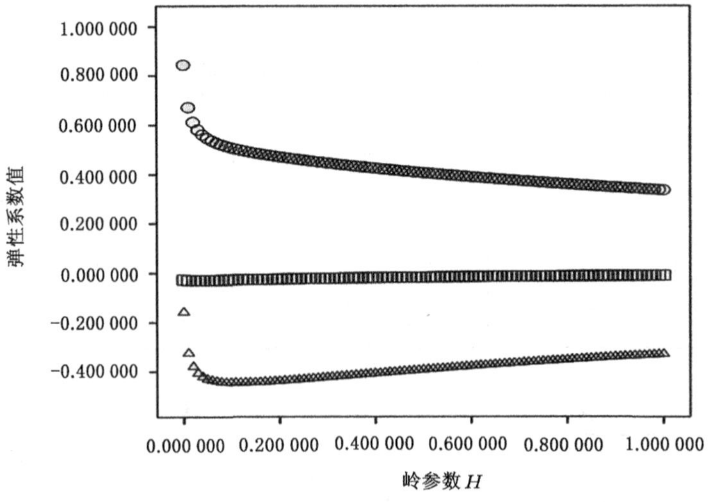

图 10-9　徐州市第一产业回归模型各解释变量岭迹图

当岭参数 H 以 0.01 的步长在 0～1 之间变化时，各岭回归系数的值也随之变化，R^2 也随 H 值变化，H 越大 R^2 越小。出现这些变化是因为岭回归是有偏估计，H 大小反映了偏置程度，H 越大，偏置程度也就越大。因此，在选择岭参数 H 时，应当在考虑模型整体的显著性前提下，选择一个比较小的 H 值，在这个较小的 H 值上，岭迹中的回归系数基本保持平稳。由图 10-9 可知，在岭参数 H 取 0.1 时，各个解释变量的岭迹趋于稳定。此时，$F=56.704\ 206\ 19$，$R^2=0.994\ 155\ 895\ 6$，解释变量系数估计值见表 10-17。

表 10-17　徐州市第一产业岭回归系数

	未标准化系数	标准误差	标准化系数	t 值
$\ln K_1$	−0.017 227 45	0.043 372 82	−0.027 615 76	−0.397 194 74
$\ln L_1$	−0.647 265 57	0.089 628 29	−0.444 478 67	−7.221 665 62
ln ISI	0.569 799 17	0.068 953 14	0.508 689 27	8.263 570 97
常量	10.001 651 05	0.473 917 00	0.000 000 00	21.104 225 15

根据表 10-17，构建基于信息社会发展水平因素的徐州市第一产业回归模型：

$$\ln Y_1=10.001\ 7-0.027\ 6\ln K_1-0.444\ 5\ln L_1+0.508\ 7\ln \text{ISI} \quad (10\text{-}6)$$

由式(10-6)可知，资本、劳动以及信息社会发展水平对第一产业经济发展的贡献度分别为：−0.027 6、−0.444 5、0.508 7。由此可以看出，信息社会发展水平的贡献度最大。

(二) 信息社会发展水平对徐州市第二产业经济发展贡献回归分析(图 10-10)

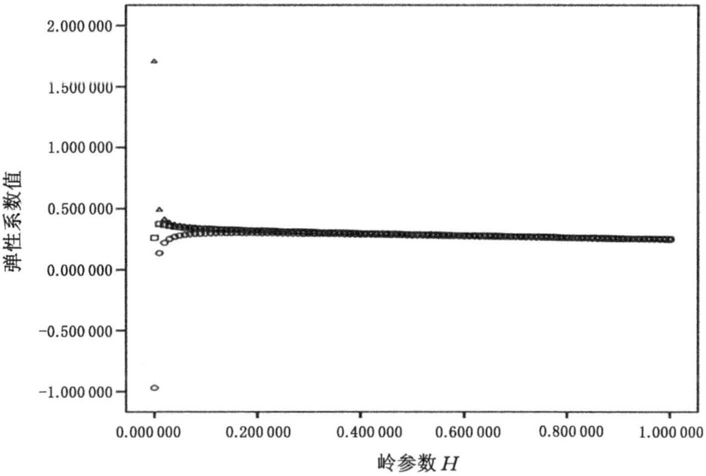

图 10-10　徐州市第二产业回归模型各解释变量岭迹图

由图 10-10 可以看出，在岭参数 H 取 0.1 时，各个解释变量的岭迹趋于稳定。此时，$F=42.300\ 742\ 00$，$R^2=0.992\ 181\ 527\ 8$，解释变量系数估计值见表 10-18。

表 10-18　徐州市第二产业岭回归系数

	未标准化系数	标准误差	标准化系数	t 值
ln K_2	0.121 509 26	0.030 423 64	0.333 434 03	3.993 909 98
ln L_2	0.573 472 11	0.083 673 51	0.337 584 25	6.853 687 38
ln ISI	0.224 899 65	0.044 891 84	0.296 000 79	5.009 811 39
常量	4.101 200 18	0.374 688 74	0.000 000 00	10.945 618 98

根据表 10-18，构建基于信息社会发展水平因素的徐州市第二产业回归模型：

$$\ln Y_2=4.101\ 2+0.333\ 4\ln K+0.337\ 6\ln L_2+0.296\ 0\ln \text{ISI} \qquad (10\text{-}7)$$

由式(10-7)可知，资本、劳动以及信息社会发展水平对第二产业经济发展的贡献度分别为：0.333 4、0.337 6、0.296 0。由此可以看出，劳动的贡献度最大，其次是资本，最后是信息社会发展水平。

（三）信息社会发展水平对徐州市第三产业经济发展贡献回归分析(图 10-11)

由图 10-11 可知，在岭参数 H 取 0.1 时，各个解释变量的岭迹趋于稳定。此时，$F=43.193\ 352\ 51$，$R^2=0.992\ 341\ 862\ 8$，解释变量系数估计值见表 10-19。

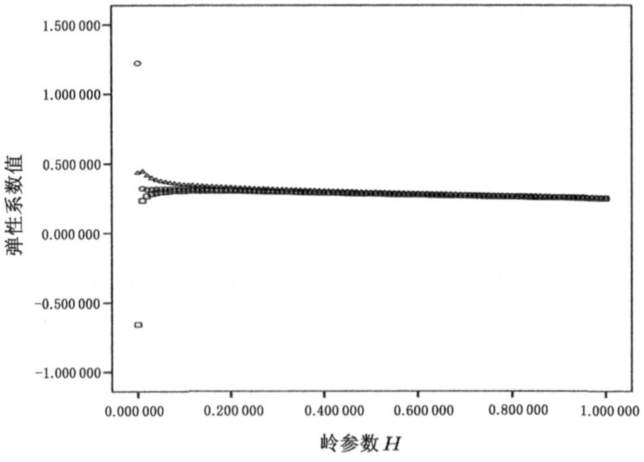

图 10-11　徐州市第三产业回归模型各解释变量岭迹图

表 10-19 徐州市第三产业岭回归系数

	未标准化系数	标准误差	标准化系数	t 值
$\ln K_3$	0.225 987 026	0.041 296 087	0.303 365 151	5.472 359 242
$\ln L_3$	1.325 513 724	0.331 411 100	0.349 562 561	3.999 605 702
lnISI	0.532 117 257	0.080 803 815	0.314 535 555	6.585 298 676
常量	−0.304 862 476	1.559 865 165	0.000 000 000	−0.195 441 556

根据表 10-19，建立基于信息社会发展水平因素的徐州市第三产业回归模型：

$$\ln Y_3 = -0.304\,9 + 0.303\,4\ln K_3 + 0.349\,6\ln L_3 + 0.314\,5\ln \mathrm{ISI} \quad (10\text{-}8)$$

由式(10-8)可知，资本、劳动以及信息社会发展水平对第三产业经济发展的贡献度分别为：0.303 4、0.349 6、0.314 5。由此可以看出，劳动的贡献度最大，其次是信息社会发展水平，最后是资本。

（四）信息社会发展水平对徐州市三次产业经济总量发展贡献回归分析（图10-12）

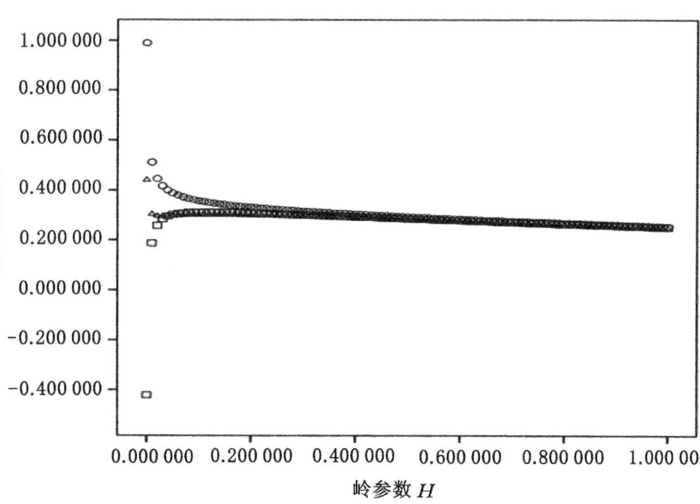

图 10-12 徐州市 GDP 回归模型各解释变量岭迹图

由图 10-12 可知，在岭参数 H 取 0.1 时，各个解释变量的岭迹趋于稳定。此时，$F=59.033\,014\,73$，$R^2=0.994\,385\,146\,7$，解释变量系数估计值见表10-20。

表 10-20 徐州市经济总量(GDP)岭回归系数

	未标准化系数	标准误差	标准化系数	t 值
$\ln K$	0.176 758 12	0.025 947 68	0.312 367 22	6.812 098 08
$\ln L$	9.773 142 39	2.912 455 63	0.301 616 79	3.355 636 49
lnISI	0.431 862 26	0.083 581 16	0.358 170 05	5.166 980 63
常量	−52.933 496 22	17.950 640 01	0.000 000 00	−2.948 836 15

根据表 10-20，建立基于信息社会发展水平因素的徐州市 GDP 回归模型：

$$\ln Y = -52.933\,5 + 0.312\,4\ln K + 0.301\,6\ln L + 0.358\,2\ln \mathrm{ISI} \quad (10\text{-}9)$$

由回归模型(10-9)可知，资本、劳动以及信息社会发展水平对三次产业总值经济发展的贡献度分别为：0.312 4、0.301 6、0.358 2。由此可以看出，信息社会发展水平的贡献度最大，其次是资本，最后是劳动。

综上所述，可得到如下四个模型(表 10-21)：

表 10-21 徐州市信息社会发展水平对产业经济发展影响回归模型

产业	回归模型
第一产业	$\ln Y_1=10.001\,7-0.027\,6\ln K_1-0.444\,5\ln L_1+0.508\,7\ln \mathrm{ISI}$
第二产业	$\ln Y_2=4.101\,2+0.333\,4\ln K_2+0.337\,6\ln L_2+0.296\,0\ln \mathrm{ISI}$
第三产业	$\ln Y_3=-0.304\,9+0.303\,4\ln L_3+0.349\,6\ \ln L_3+0.314\,5\ln \mathrm{ISI}$
GDP	$\ln Y=-52.933\,5+0.312\,4\ln K+0.301\,6\ln L+0.358\,2\ln \mathrm{ISI}$

（五）回归结果对比分析

所采用的信息社会指数测评体系涵盖了信息社会的四个方面，在一定程度上客观、真实地反映了徐州市的信息社会发展水平。基于生产函数建立回归模型估计信息社会发展水平对徐州市三次产业经济发展的贡献度，经过分析判断选取岭回归方法进行参数估计，克服了变量间存在共线性的问题，使得最终得出的估计结果能够真实地反映出信息社会发展水平对徐州市三次产业经济发展的影响。

从模型回归结果可以看出，徐州市信息社会指数每增长 1%，就会带动第一产业经济增长 0.508 7%，带动第二产业经济增长 0.296 0%，带动第三产业经济增长 0.314 5%，带动徐州 GDP 增长 0.358 2%。这表明信息社会指数与徐州市三次产业经济发展呈正相关性，信息社会发展水平的提高能够促进徐州市三次产业经济发展。其中，第一产业经济发展主要依靠信息社会的发展，大量的资本和劳动的投入将会阻碍第一产业的经济发展；第二产业经济发展主要依赖于大量资本和劳动的投入，但信息社会的发展也可拉动第二产业经济发展；劳动的投入在第三产业经济发展中占最大比重，资本、劳动的投入和信息社会的发展均可有效地拉动第三产业经济发展。

三、结论

利用徐州市1978—2016年三次产业相关数据，基于线性方程的OLS估计方法，探讨了产业结构演进对徐州市经济发展的影响。利用徐州市2012—2016年信息社会指数对徐州市信息社会发展水平进行了分析。运用修正的C-D生产函数对信息社会发展水平与徐州市三次产业经济发展之间的关系进行了多元线性回归，判断出数据之间存在多重共线性。然后，利用岭回归分析，深入研究了信息社会发展水平对三次产业经济发展的影响。结合分析研究结果提出了相应对策和建议，给新时代徐州市信息社会建设、产业结构优化升级、经济持续健康发展提供参考。主要研究结论如下：

(1) 徐州市信息社会建设工作进展良好。由于拥有良好的信息化社会发展环境，徐州市的信息化基础设施建设比较完善，农业、工业和服务业充分应用了信息技术，信息人才所占比重逐年上升。然而，徐州市信息社会建设中还存在着信息经济发展缓慢、信息资源利用率低、农村数字生活水平提升缓慢、农民受教育程度低、信息服务体系建设不完善等一系列问题。当前，徐州市的信息社会建设推进工作已经取得了显著的成效，但总体来说，徐州市的信息社会发展水平仍处于中国平均水平，在应用状况、投入水平和影响度等方面还有待进一步提高。

(2) 产业结构优化升级对徐州市经济发展贡献很大。第一产业增长1%，GDP就增长0.072%；第二产业增长1%，GDP就增长0.663%，第三产业增长1%，GDP就增长0.183%。徐州市第二产业在国民经济中仍然发挥着主导作用，而第一产业和第三产业对国民经济发展的贡献较小。通过合理地调整产业结构，充分发挥徐州市第二产业发展带动第一产业发展、第三产业发展带动第二产业发展的作用，从而有效地促进徐州市经济发展方式的转变。

(3) 推进信息社会建设对于优化徐州市产业结构和促进徐州市经济发展的效果非常显著。ISI每提高1%，第一产业经济增长0.51%，第二产业经济增长0.30%，第三产业经济增长0.31%，GDP增长0.36%。由此可见，推进信息社会建设是徐州市改变传统产业结构、转变经济发展方式的有效途径。

(4) 信息社会发展水平对徐州市经济发展的正向作用非常显著，ISI每提高1%，GDP就提高0.36% 。而资本和劳动力的贡献度也很高，每当资本提高1%，GDP就提高0.31%；每当劳动投入提高1%，GDP就提高0.30%。经济发展的惯性作用极为明显，上述结果都非常稳健。

第四节　徐州市信息社会建设、产业结构发展存在的问题与建议

一、存在问题分析

近年来，徐州市信息社会建设虽然取得了较大的进步，但相比江苏省其他各市而言，徐州市依旧处于落后地位。同时，产业结构变动对经济发展的影响在徐州市国民经济发展中非常显著，然而，徐州市产业结构在发展中不可避免地存在着结构不合理、发展不平衡等问题。信息社会建设、产业结构优化升级是一个系统工程，有些问题需要解决。

（一）产业结构比例失衡

产业结构不合理。徐州市第二产业在国民经济中发挥着主导作用，第一产业和第三产业对国民经济发展影响较小。假定产业结构按照这一比例持续发展，那么第一产业产值将会在未来的一段时间内呈现逐年下降的趋势，而第三产业产值将会呈现先逐年递增、再逐年下降的趋势，从而影响全市 GDP 的发展，并最终呈现下降趋势。

产业结构发展不协调、不平衡。在徐州市所管辖的县区内还存在着一些贫困地区，根据 2016 年江苏省发布的各市县的 GDP 数据可以看出，徐州市相对贫困地区主要集中在徐州市的中北部，这些地区以发展农业为主，第一产业所占比重过高，第三产业所占比重偏低，呈现出典型的城乡二元经济结构。

（二）信息经济发展缓慢

信息基础设施建设不全面。虽然徐州市信息资源和基础设施建设工作已有良好进展，但仍存在一些不足之处。在信息社会建设方面，徐州市已提供了大量的资金支持和相关的政策扶持，但城乡之间的信息基础设施差距依然很大，还需要进一步完善。

信息人才的缺乏。人才匮乏问题是徐州市信息社会建设面临的困难之一，大量的人力资源从农村流向城市，导致了城乡之间人力资源的极度不平衡。徐州市政府虽然加大了对人力资源的投入，加快了人才培养的步伐，但结果不尽如人意。

（三）数字生活水平提升缓慢

技术和产品研发不到位。近年来，网络和数字产品已成为人们的生活必需品，而信息技术和信息含量越来越高的传统生活用品，也已成为人们日常生活必不可少的信息终端。徐州市在数字化技术和产品研发等领域上的投入相对不足。

二、对策及建议

信息已成为当今社会最具活力和影响力的重要资源之一。随着社会的发展，信息必将为社会经济的繁荣发展带来更多意想不到的收益。近年来，徐州市信息社会建设取得了显著成绩，信息社会水平稳步提升，带动了产业经济的全面发展。处于全球建设信息社会的新时代中，为了更好地推动新时代徐州市经济发展，徐州市应出台更为科学合理的政策和发展策略，促进信息社会、产业经济的发展。建议如下：

（一）加强政策支持

首先，政府应通过多种形式普及信息社会知识和推广信息社会相关政策，增强市民对信息社会的认知，为徐州市信息社会建设奠定坚实的基础。

其次，政府应加强宏观调控，加强对信息社会建设工作的统一领导、规划、协调和管理，在信息社会建设方面制定和完善相应的政策。与此同时，应加快对信息社会建设工作管理体系的完善改革，创造有利于徐州市信息社会建设发展的条件，切实保证徐州市信息社会建设快速进行。当下，徐州市信息社会发展仍处于准备阶段，尤其需要政府积极推动、引导和大力支持。有效地提升徐州市的信息社会发展水平，需要政府部门、企业和社会各方面的共同努力。

在信息社会法制建设方面，结合徐州市的实际情况，加快制定并完善信息社会建设的地方性法规，维护良好的信息市场秩序，创造公平的竞争机制，建立严格的信用体系，提升徐州市关于信息社会建设的软件设施，为信息社会建设过程中的各主体营造一个良好的法律环境。

（二）完善信息基础设施建设

信息基础设施建设主要包括网络、电视及广播等的建设。首先，在电视、广播方面，当下徐州市广播和电视综合人口覆盖率均为100%，因此应把重点放在基础设施质量方面，主要集中在综合利用有线、微波、卫星等技术手段完成广播电视传输网的升级改造，建成以光缆传输为主，卫星、微波传输为辅的广播电视传输骨干网，继续实施全市(含县、乡镇、村三级)广播电视分配网的升级改造，努力提升信息化质量。其次，在信息网络建设方面，这也是目前徐州市信息基础设施建设的核心工程，应以政府为主导，有计划地打造覆盖城乡的信息网络，尤其应加大偏远地区的建设力度。逐步实现区域宽带化、光纤化和智能化，为企业和居民提供坚实的网络支撑。积极发展各行业、各领域和专门需要的计算机网，包括企业、政府、高等院校及科研单位等部门，按照工作实际需要，建设和完善计算机应用网络。

加快信息化改革，逐步对网络结构进行优化，从而提高整体网络性能，进而以业务、网络和终端等层面为切入点，加快有线电视网、电信网和计算机网“三网合一”的建设进程，实现网络资源共享，减少网络重复建设。目前，全市有线电视网和电信网已具有基本规模，个人电脑拥有量持续增长。条块分割的旧体制阻碍了“三网合一”的实现。相对来说，市场导向和利益共享机制可以更好地促进三网联合。在这方面，以局部领域的“一卡通”为切入点，如银行IC卡“一卡通”、公共交通IC卡“一卡通”和社会保障IC卡“一卡通”，逐步加强各部门之间的联系。

（三）信息人才的培养和引入

信息人才是信息社会建设过程中不可或缺的核心力量，是信息社会发展的有力支撑。首先，以培养信息人才为切入点，形成多层次、多类别的培养方式。第一，加强学校信息人才培养。推进徐州市教育体系的完善，拓宽继续教育和成人教育，加强再学习人群有关信息技术方面的培训。第二，鼓励企业培养信息人才。实施理论与实践相结合的培养模式，为徐州市培养复合型信息人才创造良好条件。企业通过与各高校建立合作关系，企业员工和高校学生进行角色互换，大学生们在企业环境中实践可以培养其较强的职业能力，企业员工在高校可以系统地进行专业知识的学习。第三，加大社会宣传力度，广泛普及信息技术应用和计算机使用等知识，为徐州市信息人才的培养形成一个良好的氛围。其次，以人才引进为切入点，建立和完善一套合理的人才引入机制及奖惩制度，实行科学化管理，鼓励人才流动，简化人才引进手续，如高等院校和科研机构等可以通过建立奖励机制来吸引国内外各类信息人才，提高徐州市培养信息人才的能力，促进徐州市信息社会发展水平的提升。

（四）加强信息技术的应用，促进产业结构优化升级、协调发展

加强信息技术的应用，加速产业信息化进程，加大国民经济各部门应用高新信息技术的力度，改变传统经济部门的运行方式，减少运行成本，提升运行效率，为实现经济信息化以及社会信息化创造条件。产业信息化的进程扩大了对信息技术的需求，促进了信息技术的开发和信息产业的发展，从而推动徐州市产业结构的改造、优化和经济发展方式的转变，实现国民经济更好更快地发展。

（五）加大技术和产品研发投入

加大在数字化技术和产品研发等领域的投入。依托新技术，推动新产品的开发和技术含量的提高，提升数字化产品专利拥有量，开发拥有自主知识产权的新技术，从而推进徐州市数字生活的发展。

参考文献

[1] 安筱鹏,李瑶.信息社会研究综述[J].情报杂志,2006(1):44-46.

[2] 陈建龙,胡磊,于嘉.国内外宏观信息化测度的发展历程及比较研究[J].情报科学,2008,26(9):1432-1436.

[3] 符新伟,周玲,段捷.基于 ESDA 的中国高校研发投入时空分异格局研究[J].科技管理研究,2017(15):104-110

[4] 国家信息中心“信息社会发展研究”课题组.从工业社会加速向信息社会转型:《中国信息社会发展报告 2015》[N].光明日报,2015-07-08(16).

[5] 国家信息中心课题组. 建设信息社会已是世界各国共同愿景[N]. 社会科学报,2016-06-02(1).

[6] 韩小爽.安徽省城市-区域空间格局研究:基于经普数据[D].上海:华东师范大学,2017.

[7] 胡伟,陈晓东,金碚.信息社会背景下区域协调发展的新思考[J].区域经济评论,2017(6):39-47.

[8] 黄少宽,黄晓斌.我国信息社会学的研究进展与发展方向[J].新世纪图书馆,2016(8):60-65.

[9] 蒋秀莲.农村信息化与农村经济增长关系实证研究:以江苏省徐州市农村为例[J].江苏农业科学,2016,44(7):579-582.

[10] 冷昕,张少杰.“金砖五国”信息产业国际竞争力比较研究[J].情报科学,2014,32(6):8-13.

[11] 李国秋,吕斌.从若干权威国际测评体系调整看信息社会测度发展方向[J].中国图书馆学报,2011,37(196):102-112.

[12] 李翔,邓峰.中国产业结构优化对经济增长的实证分析[J].工业技术经济,2017(2):3-9

[13] 刘燕妮,安立仁,金田林.经济结构失衡背景下的中国经济增长质量[J].数量经济技术经济研究,2014(2):20-35.

[14] 龙飞.信息化、转变经济增长方式与经济增长:基于全国 31 省域面板数据的实证分析[J].现代管理科学,2016(5):33-35.

[15] 陆明涛,袁富华,张平.经济增长的结构性冲击与增长效率:国际比较的启示[J].世界经济,2016(1):24-51.
[16] 吕斌,李国秋.论新一代信息化测度[J].图书情报知识,2015(6):10-19.
[17] 孟楠.金融结构、产业结构与经济增长的关系研究[D].西安:西北大学,2016.
[18] 宁进厅,邱娟,汪明峰.中国互联网产业发展的区域差异及其动态演进:基于生产和消费的视角[J].世界地理研究,2010,19(4):58-64.
[19] 仇方道,朱传耿,袁荷,等.徐州都市圈产业结构转型对经济增长贡献的空间异质性[J].经济地理,2017,37(6):36-44.
[20] 沈宏婷,陆玉麒.中国省域 R&D 投入的区域差异及时空格局演变[J].长江流域资源与 环境,2015,24(6):917-924.
[21] 宋海艳,郑建明.社会信息化之信息资源测度指标构建及发展水平测度研究[J].图书情报工作,2008,52(5):58-61.
[22] 宋周莺,刘卫东.中国信息化发展进程及其时空格局分析[J].地理科学,2013,33(3):257-265.
[23] 苏丽锋,李俊杰."一带一路"沿线国家教育对经济增长影响效应分析:基于地域和收入水平的分类比较[J].教育与经济,2017,33(2):33-41.
[24] 孙琳琳,郑海涛,任若恩.信息化对中国经济增长的贡献:行业面板数据的经验证据[J].世界经济,2012(2):3-25.
[25] 孙伟平,赵宝军.信息社会的核心价值理念与信息社会的建构[J].哲学研究,2016(9):120-126.
[26] 万勇.中国科技创新投入的空间分布及其优化措施研究:以 R&D 投入为例[J].经济体制 改革,2013(1):42-45.
[27] 汪传雷,管静文,汪涛.全球信息社会发展的困惑及其应对之道[J].电子政务,2011(11):76-83.
[28] 汪明峰,邱娟.中国互联网技术的空间扩散与区域差异—基于探索性空间数据分析[J].南京社会科学,2011,31(1):42-48.
[29] 汪明峰,邱娟.中国互联网用户增长的省际差异及其收敛性分析[J].地理科学,2011,31(1):42-48.
[30] 王丽芳.北京研发投入与经济增长的协整分析[J].科技创新导报,2018(23):253-256.
[31] 魏和清,方智.我国研发投入要素的区域差异及时空演化特征[J].统计与决策,2020(6):48-53.
[32] 吴迎春.信息化水平与经济增长关系的实证研究:来自全国 31 省的样本分

析[D].上海:复旦大学,2009.
[33] 肖锋,李国璋. 我国信息社会发展与波动研究[J]. 兰州学刊,2015(3):175-179.
[34] 谢印成,高杰.互联网发展对中国经济增长影响的实证研究[J].经济问题,2015(7):58-61,105.
[35] 信息社会发展研究课题组.信息社会发展水平测评指标与阶段划分:基于信息社会发展报告(2015)的研究[J].中国流通经济,2015(9):38-45.
[36] 徐瑾.地区信息化对经济增长的影响分析[J].统计研究,2010,27(5):74-80.
[37] 杨道玲,王璟璇,李祥丽."一带一路"沿线国家信息基础设施发展水平评估报告[J].电子政务,2016(9):2-15.
[38] 叶迎."一带一路"背景下人力资本对经济增长影响的实证研究[J].商业经济研究,2015(33):50-52.
[39] 丁斌斌.产业结构调整与生产率提升的经济增长效应:基于中国城市动态空间面板模型的分析[J].中国工业经济,2015(12):83-98.
[40] 张春玲.信息技术的经济效应研究[D].保定:河北大学,2014.
[41] 张红历.中国信息社会发展水平的时空分异研究:2007—2016 年[J].情报科学,2017,35(12):3-9,15.
[42] 张景波.城市经济高质量发展的空间差异及收敛性研究[D].大连:东北财经大学,2019.
[43] 张文娟.信息社会概念溯源:背景 产生 发展[J].情报科学,2007,25(7):1006-1010.
[44] 张莹.信息产业融合度的测算及其对经济增长影响的计量分析:以辽宁为例[D].大连:东北财经大学,2015.
[45] 张跃胜.信息化与中国经济增长:理论与经验分析[J].经济与管理研究,2015,36(4):63-69.
[46] 周子学.信息社会的基本特征和趋势探讨[J].理论前沿,2004(23):19-20.
[47] 朱晓华,邓宝义.我国产业结构对经济增长影响的实证分析[J].企业经济,2013(7):132-136.
[48] 邹琳,曾刚,曹贤忠.基于 ESDA 的长三角城市群研发投入空间分异特征及时空演化[J].经济地理,2015,35(3):73-79.
[49] "中国信息社会测评研究"课题组.冲出迷雾:中国信息社会测评报告 2013[J].电子政务,2013(10):2-18.